KB105536

**경제기사를 읽어야
경제가 보인다**

경제기사를 읽어야 경제가 보인다

초판 1쇄 발행 · 2023년 3월 31일

지은이 · 임현우
펴낸이 · 김동하

편집 · 이주형
마케팅 · 강현지
펴낸곳 · 책들의정원
출판신고 · 2015년 1월 14일 제2016-000120호
주소 · (10881) 경기도 파주시 회동길 445, 4층 402호
문의 · (070) 7853-8600
팩스 · (02) 6020-8601
이메일 · books-garden1@naver.com
인스타그램 · www.instagram.com/thebooks.garden

ISBN 979-11-6416-148-5(03320)

• 이 책은 저작권법에 따라 보호받는 저작물이므로 무단 전재와 무단 복제를 금합니다.
• 잘못된 책은 구입처에서 바꾸어 드립니다.
• 책값은 뒤표지에 있습니다.

지금까지 몰랐다! 부자들만 알았던 경제기사 읽는 법

경제기사를 읽어야 경제가 보인다

임현우 지음

책들의정원

차례

1장

성장

2장

물가

왜 국내외 경제기사를 읽어야 할까

첫째, '잡주'를 많이 산다.

둘째, '몰빵'하는 경향이 있다.

셋째, '단타'를 많이 한다.

넷째, 그래서 손실을 많이 본다.

누구 이야기인지 대략 감이 오지 않는가. 그렇다. '개미들의 특징'이다. 동학개미운동이 한창이던 2020년 주식을 거래한 개인 투자자 약 20만 명의 매매 내역을 자본시장연구원이 분석한 결과*는 이렇게 요약된다. '뭘 사도 오른다'라는 말이 나올 정도였던 상승장에서조차 개미들은 증시 전체 상승률을 밑도는 성과를 냈다는 것이다. 게다가 부랴부랴 주식에 뛰어든 '주린이'일수록 성적표가 나빴다.

불과 10년 전, 20년 전만 해도 투자의 세계에는 개미들이 들어가기 어려운 영역이 꽤 있었다. 다양한 간접투자 상품이 등장하고 핀테크 서비스

---

* 김민기·김준석, 2021, 〈코로나19 국면의 개인투자자: 투자행태와 투자성과〉, 자본시장연구원 이슈보고서 21-11

가 발달하면서 이런 진입장벽은 대폭 낮아졌다. 이제는 단돈 몇천 원으로도 채권과 빌딩 투자에 도전할 수 있게 됐다. 밤잠 설칠 필요 없이 한국에서 24시간 미국 주식을 사고팔 수도 있다. 석유와 농산물 같은 원자재 상품은 '공격형 개미'들을 유혹하고 있고 암호화폐 투자도 대중화됐다.

투자 기회가 넓어진 만큼 투자자들이 챙겨봐야 할 정보는 훨씬 많아졌다. 투자가 쉬워졌다고 해야 할까, 어려워졌다고 해야 할까. 어쩌면 투자하기 쉬워진 만큼 돈을 잃기도 더 쉬워진 것은 아닐까.

저평가된 우량 자산을 골라 장기·분산 투자하라는 대가(大家)들의 가르침을 개미들도 모르는 게 아니다. 하지만 같은 실수를 반복한다. 기대하는 수익률은 높은데 한정된 정보로 조급하게 의사결정을 내리다 보니 일이 꼬인다는 게 보고서의 요지다. '부린이'와 '코린이' 사정도 크게 다르지 않다.

물론 뜨거웠던 투자 열풍을 거치면서 경제에 대한 대중의 관심과 정보력이 부쩍 높아진 것은 사실이다. 유튜브와 소셜미디어(SNS)에서는 과거와 비교할 수 없는 양의 경제 콘텐츠가 소비되고 있다. 그렇지만 어떤 면에서는 불안불안해 보일 때가 있다. 파편적이고 자극적인 정보가 넘쳐나고 있어서다.

투자의 패착은 요행을 찾으려다 생기는 법이다. 뜨는 테마를 찾다가, 운 나쁘게 고점에 물리고, 물타기를 하다가, 손실이 더 불어나는 악순환을 반복하는 식이다. 정체불명 전문가와 리딩방, '찌라시'가 사라지지 않는 이유일 듯싶다.

자산시장이 일제히 가파른 내리막길을 걸은 2022년은 개미들에게 유독 힘겨웠을 터다. 한 해 동안 한국 주식(코스피지수)이 24.9% 내렸고, 미국 주식(S&P500지수)은 19.4% 주저앉았다. 전국 아파트값(한국부동산원 시세)도 16.8% 꺾였다. 채권, 금(金), 비트코인까지 모든 자산이 비틀거렸다. 이에 따라 개미들의 손실률도 더욱 커질 수밖에 없었다.

자, 이제 해가 바뀌었다. 그러나 투자 기상도에는 여전히 안개가 자욱하다. 경제 전반에 불확실성이 더 커졌기 때문이다. 긴축, 위기, 경기 침체, 거래 절벽 같은 암울한 단어들이 뉴스를 채우고 있다. 전문가들조차 시장의 향방을 자신 있게 예측하지 못한다. "당분간은 기업 실적과 경기 상황을 지켜보며 쉬어가라"라고 조언하는 사람도 많다. 어려울수록 기본으로 돌아가라고 했다. 모두가 몸을 사리는 지금, 다시 차분하게 경제 공부를 시작하기에 좋은 시기다. 장기적으로 보면 기회는 반드시 돌아오게 돼 있다. 그 기회를 잡을 수 있도록 기본기를 다져놓자. 돈이 몰리는 투자처를 찾기에 앞서 돈의 움직임을 읽는 눈을 키워두자는 것이다. 하지만 어떻게 해야 돈의 움직임을 읽는 눈을 키울 수 있을까?

꾸준히 높은 수익률을 올린 잘나가는 펀드매니저들에게 비결을 물으면 시장의 펀더멘털(fundamental)에 집중했다는 답이 돌아온다. 투자 대상의 기초 체력, 본질적 가치에 주목했다는 의미다. 뻔한 이야기지만 펀더멘털을 구성하는 요소들을 생각해보면 결코 만만찮은 일이다.

어느 기업의 펀더멘털을 파악하려면 매출과 이익이 잘 나오는지, 재무 상태는 탄탄한지, 산업의 업황과 성장성은 어떤지 등을 꼼꼼하게 따져봐야 한다. 국가의 펀더멘털에는 경제성장률, 물가상승률, 재정수지, 경상수지, 외환보유액, 고용지표 등 종합적인 경제 여건이 집약돼있다. 이런 복잡한 통계 지표들을 모두 손에 들고 있다고 해도 어떻게 해석하느냐에 따라 손실과 이득이 결정된다. 결국, 투자를 잘하려면 쏟아지는 뉴스와 통계 지표에서 경중을 가려내고, 큰 그림으로 연결 지어 판단하는 내공을 쌓아야 한다. 이런 역량을 기르기 위한 가장 확실한 방법은 경제기사를 읽는 것이다. 하지만 초보자에게는 낯선 용어와 머리 아픈 그래프 때문에 덜컥 겁이 난다. 게다가 글로벌 시대에는 국내 뉴스만 챙겨봐야 하는 게 아니다. 국내를 넘어 세계로 시야를 돌려야 경제 흐름의 맥을 짚을 수 있기 때문이다.

주식 투자자들은 오늘 한국 증시가 전날 밤 뉴욕 증시에 크게 좌우된다는 점을 잘 알고 있다. '미국이 재채기하면 한국은 감기 걸린다'는 말이 괜히 나온 게 아니다. 미국의 거침없는 기준금리 인상이 금융시장을 흔들던 날, 한국은행 총재는 "한은이 정부로부터는 독립적이지만 미국 중앙은행(Fed)으로부터는 그렇지 않다"라고 했다. 내 마이너스통장 금리에 한국은행이 아닌 Fed의 입김도 강하게 작용한다는 이야기다.

러시아의 우크라이나 침공은 라면, 햄버거, 가구, 철근값을 줄줄이 끌어올리더니 대한민국 가정집에 '난방비 폭탄'을 떨어뜨렸다. 인도네시아에서 팜유값이 폭등하면 서울 치킨집에 비상이 걸린다. 반도체 공급난 때문에 우리 집 신차 뽑는 데 1년 넘게 기다려야 할 수도 있는 세상이다. 한국 경제가 세계 경제와 떼려야 뗄 수 없는 관계라는 것이 새로운 얘기는 아니다. 다만 상호 관계는 '초연결', 전파 속도는 '실시간'급으로 갈수록 강력해지고 있다.

미국 소비자물가지수(CPI)가 발표된 다음 날 카카오 주가가 왜 떨어졌을까? 인플레이션감축법(IRA)이 통과되고 LG에너지솔루션 주가가 오른 이유는 뭘까? 중국 양회(兩會)가 코앞인데 현대제철과 무슨 관련이 있을까? 이런 질문에 가능한 답변을 떠올릴 수 있는가.

달러인덱스가 오르는데 금값이 왜 떨어지는지 모르겠다면? 해외 펀드 고르다가 'H'와 'UH'를 처음 봤다면? 중국 IT주에 투자하려는데 '공동부유(共同富裕)'라는 말을 생전 처음 들어본다면? 조금 더 준비가 필요하다. 나를 도와줄 경제 지식 가이드가 필요한 것이다.

"손해날 일 없다고 해서……."
"좋다고 하니까……."
"믿고 사인했을 뿐인데."

꼭 투자가 목적이 아니더라도 경제의 흐름을 아는 것은 중요하다. 해마다 1만 명 넘는 사람이 금융상품 불완전판매로 속을 태우고, 30만 명 이상이 사기 범죄의 희생양이 된다. 극단적인 예시를 들지 않더라도 자본주의 사회에서 소중한 내 자산을 지키는 일은 '생존의 필수 조건'이다. 사실, 우리는 12년 동안 초·중·고등학교를 다녀도 '돈을 다루는 법'을 제대로 배우지 못했다. 저축도, 빚도, 재테크도, 대부분 사회에 나가 좌충우돌하며 스스로 체득해야 했다. 그래서일까. 경제·금융 지식에 있어 개인별

편차가 너무나 큰 게 현실이다. 사회초년생뿐 아니라 산전수전 다 겪은 중장년층조차 예외가 아니다. 더 싸게 받을 수 있었던 대출, 아낄 수 있었던 보험료, 돌려받을 수 있었던 세금을 몰라서 놓치는 일도 생긴다. 딱딱해 보이는 경제 법안 하나가 나의 소득, 내 자녀의 일자리, 내 가족의 보금자리를 흔들 수도 있다.

이 책은 다시 처음부터, 차근차근, 경제 공부를 시작하는 사람들을 위한 길라잡이다. 국내 뉴스는 물론 미국, 중국, 일본, 유럽 등의 사례를 다양하게 담았다. 경제뉴스에 자주 등장하는 핵심 개념을 추리고, 최근 기사와 함께 쉽게 풀었다. 용어의 의미가 무엇이고, 어떤 맥락에서 등장하는지 큰 틀에서 이해를 돕는 데 초점을 맞췄다. 찬반이 나뉘거나 긍정적·부정적 평가가 갈리는 사안에는 양쪽 시각을 모두 소개했다.

경제기사를 꾸준히 읽으면 일단은 재테크나 취업에 이득이지만, 장기적으로 세상을 보는 시각을 넓히는 데도 많은 도움을 준다. 수요와 공급, 비용과 효용 등으로 대표되는 경제학의 기본원리를 활용하면 복잡다단한 현상들의 본질을 한결 명쾌하게 파악할 수 있다.

경제와의 막연한 거리감을 좁히는 데 이 책이 도움이 되었으면 한다. 출간을 무사히 마치기까지 도와준 책들의정원에 감사드린다. 사랑하는 가족들과 한경 식구들에게도 고마움을 전하고 싶다.

2023년 3월
임현우

경제기사가 처음이라면 이렇게 시작하자

"나는 아침마다 경제신문을 본다. 온라인으로 보면 읽고 싶은 뉴스
만 읽게 되기 때문이다."
- 제이미 다이먼(JP모간체이스 회장)

"커피를 들고 조용히 신문을 읽는 동안 두뇌를 재충전한다."
- 제프 베이조스(아마존 창업자)

성공한 국내외 기업인과 투자자들이 경제기사 읽기로 하루를 시작한
다는 것은 널리 알려진 사실이다. 조금만 부지런해지면 우리도 다이먼,
베이조스와 똑같은 '모닝 루틴'을 살 수 있다는 것, 솔깃한 일 아닐까? 물
론 경제기사 읽기를 처음 시작하는 사람들이 대부분 맞닥뜨리는 장애물
이 있다. '너무 어렵고 딱딱하다'라는 것이다.

경제기사는 불친절한 구석이 분명 있다. 용어부터 무미건조하고, 배경
지식이 충분치 않으면 맥락이 잘 잡히지 않는다. 기자들이 기사를 쉽게
쓰려고 나름대로 노력은 한다. 하지만 매번 처음부터 끝까지 설명할 수

없으니, 경제활동을 하는 사람들에게 어느 정도 익숙한 개념은 생략하게 된다. 뒤집어 말하면, 이런 약간의 간극만 극복하면 경제기사를 한결 편하게 읽을 수 있다는 것이다. 그렇다면 처음 경제기사를 읽기 시작한 사람은 어디에서부터 시작해야 할까?

1. 스마트폰 대신 종이신문으로 읽자

요즘처럼 손쉽게 온라인 뉴스를 접할 수 있는 시대에 무슨 말이냐 싶겠지만, 경제기사를 꾸준히 읽을 사람에게는 종이신문을 권하고 싶다. 네이버·카카오 등 포털 뉴스는 빠르고 공짜지만, 사람이 아닌 인공지능이 비슷한 기사를 배열하기 때문에 해당 소식에 대한 가치 판단이 어렵다. 즉, 어떤 소식이 더 중요한지 알기 어렵다는 의미이다. 처음이라면 공부하는 느낌으로 경제기사 지면의 여백을 활용하자. 이해가 안 되는 단락이 있다면 빨간펜을 그어가며 그 의미를 천천히 짚어보는 것도 좋은 방법이다.

2. 믿을 수 있는 매체를 선택하자

한경·매경·서경 등의 경제지는 경제기사의 양도 많고 종합지보다 질적으로도 훨씬 깊이가 있다. 경제지는 투자자와 기업인들이 관심을 가질 만한 정보인지를 기준으로 뉴스를 선별하는데, 때로는 전문적인 내용도 있어 어렵게 느껴질 수 있다. 반면에 조선·중앙·동아 등 종합지의 경제 섹션은 소비자 생활에 밀접한 기사를 압축적으로 다룬다. 그런 의미에서 가볍게 경제 공부를 하고 싶은 초보자라면 처음에는 종합지 경제 섹션으로 시작하는 것도 나쁘지 않은 선택이다. 다만, 종합지는 입문하기에는 쉬워도 본격적으로 공부를 하려는 이들에게는 아쉬울 수 있다. '제대로' 경제 공부하는 게 목적이라면 정통 경제지에 도전하는 것을 추천한다.

3. 다 읽어야 한다는 부담을 버리자

처음부터 모든 기사를 읽을 수는 없다. 특히, 경제신문은 본면(A섹션)만 매일 30~40면에 달하기 때문에 더더욱 그렇다. 신문의 얼굴은 1면이다. 1면의 뉴스를 꼼꼼히 읽어보고 2면, 3면으로 넘어가자. 경제지마다 조금씩 다르긴 하지만 보통 1면에는 가장 중요한 기사가 실리고 2면에는 눈길을 끌 수 있는 화제성 기사, 3면부터는 경제계 주요 현안에 대해 상세하게 다룬다. 이런 특징을 알고 있다면 자신이 어느 부분을 우선적으로 읽어야 하는지, 어떤 부분을 더 꼼꼼히 읽어야 하는지를 알 수 있다.

4. 핵심 경제 지표에 주목하자

낯선 경제용어들을 어디서부터 익혀야 할지 막막하다면, 경제신문 1면에 자주 등장하는 핵심 개념들에 주목해보자. 경제성장률, 물가상승률, 환율, 금리, 고용률과 실업률, 경상수지, 무역수지, 재정수지, 유가 등은 눈에 띄는 변화가 있을 때마다 1면 머리기사에 단골로 등장하는 주제들이다. 경제주체의 의사 결정에 매우 큰 영향을 미치는 지표들이어서다. 이어지는 각 장에서 구체적인 정의와 결정 원리를 찬찬히 확인할 수 있다.

5. 해외 뉴스도 꼭 챙겨 보자

미국은 세계 최대 경제 대국이자 달러화를 보유한 기축통화국이다. 미국 경제를 건너뛰고 해외 경제 흐름을 읽는 것은 불가능하다. 2022년 미국의 성장 둔화, 물가 급등, 공격적인 기준금리 인상, 강달러 현상이 불러온 변화를 복기해보는 것도 큰 도움이 될 것이다.

중국은 한국의 최대 수출국이라는 점에서 우리 기업 실적에 직접적인 영향을 미친다. 철광석, 구리, 알루미늄 같은 핵심 주요 원자재는 중국 수요에 따라 국제 가격이 춤을 춘다. 중국 공장들이 얼마나 활발하게 돌아가고, 중국인들이 얼마나 지갑을 여는지도 중요하게 관찰해야 한다.

6. 직접 경험해 보고, 투자해 보자

취업준비생과 사회초년생들은 경제기사가 어렵다고 너무 조급해할 필요는 없다. 경제활동의 경험이 쌓일수록 이해도는 자연스럽게 오르기 때문이다. 직접 월급을 받고 세금을 내기 시작하면 4대 보험이나 연말정산에 대한 기사가 다르게 와닿을 것이다. 주식에 투자하거나 땅에 관심이 생긴다면 증권이나 부동산 뉴스도 알아서 술술 읽힌다. 경제를 보는 눈은 그렇게 차근차근 넓어지는 법이다. 여러 금융상품에 조금씩 투자해보는 것도 고려해볼 만하다. ××전자 주식도 조금 사고, S&P500 ETF도 조금 담아보고, 우리나라 국채도 조금 사보는 것이다. 일단 내 돈이 들어가면 관심의 정도가 확 달라지는 게 사람 마음이다. 물론 손실이 나더라도 '수업료'로 생각하고 넘길 수 있을 정도의 적은 금액이어야 하겠다.

7. 나만의 시각을 기르자

모든 경제 이슈에 딱 떨어지는 정답이 있는 것은 아니다. 정부가 좋은 취지로 정책을 만들어도 혜택 보는 쪽과 손해 보는 쪽이 동시에 생기게 마련이다. 재계와 노동계의 주장이 극명하게 엇갈리지만 양쪽 모두 일리 있는 얘기일 때도 있다. 언론사들도 성향이 제각각이어서 같은 사안을 다른 눈으로 해석하곤 한다. 우리가 경제기사를 읽는 궁극적 목적은 경제 흐름을 파악하는 자신만의 시각을 기르기 위해서다. 다양한 매체를 비교하고 사설과 칼럼도 적극 활용해 '입체적으로 읽기'에 집중해 보자.

intro

1950년대만 해도 세계 최빈국 중 하나였던 한국이 10위 경제 대국으로 발돋움한 비결은 '끊임없는 성장'이었다. 경제가 성장한다는 것은 기업의 생산이 증가하고, 투자와 고용이 활발해지고, 국민의 소득과 소비가 늘어난다는 의미다. 복지와 분배를 강화하는 것 역시 성장이 멈춘 상태에서는 한계가 있을 수밖에 없다. 방법은 달라도 어느 국가, 어느 정부든 지속적인 성장을 경제정책의 최우선 목표로 삼는 것은 이 때문이다.

1장

성장

경제성장률

실질 국내총생산(GDP)의 증감률.
일정 기간 동안 나라의 경제 규모가 얼마나 커졌는지를 종합적으로 보여준다.

-0.4%...2년반 만에 역성장

지난해 4분기 경제성장률이 전분기 대비 -0.4%를 기록했다. 코로나 19 확산 초기인 2020년 2분기(-3.0%) 후 2년6개월 만의 역성장이다. 글로벌 경기 둔화로 수출 부진이 이어지는 가운데 버팀목 역할을 해온 민간소비마저 꺾이면서다. 고금리 여파로 소비가 더 악화하면 올해 1분기에도 마이너스 성장이 이어질 것이라는 분석이 나온다.

26일 한국은행에 따르면 지난해 4분기 성장률(속보치)은 10분기 만에 처음으로 마이너스를 기록했다. 민간소비는 사회적 거리두기 해제로 지난해 2분기(2.9%)와 3분기(1.7%)에 크게 증가하면서 경제 성장을 이끌었지만 4분기(-0.4%)에는 전분기 대비 뒷걸음질쳤다. 수출은 반도체, 화학제품 등의 부진으로 5.8% 감소했다. 3개월 만에 마이너스로 돌아섰다. 그나마 정부 소비가 3.2% 증가하며 4분기에 경제가 더 큰 폭으로 추락하는 걸 막았다.

4분기 성장률 기여도를 부문별로 보면 순수출이 -0.6%포인트, 민간소비는 -0.2%포인트였다. 민간의 성장률 기여도는 -1.1%포인트였다. 그나마 정부 소비(0.8%포인트)가 성장률 추가 하락을 막았다. 지난해 4분기 역성장에도 연간 기준 성장률은 2.6%로 당초 한은 전망치에 부합했다.

조미현 기자, 〈한국경제〉, 2023. 1. 27

① **경제성장률은 분기 단위로 발표됩니다. 먼저 몇 %인지 수치를 확인하세요.**

→ 4분기 우리나라 경제 규모는 3분기보다 0.4% 역성장

② **성장률에 부정적 영향을 미친 요인은 무엇인지 정리해보세요.**

→ 경제 버팀목 역할을 해온 민간소비가 0.4%, 수출이 5.8% 감소

③ **성장률에 긍정적 영향을 미친 요인을 함께 파악해보세요.**

→ 정부가 지출을 3.2% 늘려 성장률 하락을 일부 방어

④ **향후 성장률 흐름을 예측해보세요.**

→ 경기 둔화와 소비 위축 이어지면 마이너스 성장률 지속될 우려

경제신문에 쏟아지는 수많은 지표 중 가장 중요한 내용을 딱 하나만 고르라 한다면, 단연 경제성장률이다. 국가 경제의 현재 상황과 향후 성장 잠재력을 압축적으로 나타내기 때문이다. 정부에게는 경제정책 운용의 중요 목표이자, 결과를 보여주는 종합 성적표이기도 하다.

경제성장률은 한국은행이 분기 단위로 발표하는 실질 국내총생산 (GDP·Gross Domestic Product) 통계에서 확인할 수 있다. 바로 전 분기와 비교한 실질 GDP의 증감률이 바로 경제성장률이다. 분기가 아닌 연간 단위로 경제성장률을 말할 때는 바로 전년도와 비교한 것이다.

'GDP'는 일정 기간 동안 한 나라 영토 안에서 가계, 기업, 정부 등 모든 경제주체가 생산한 부가가치를 다 더한 것이다. 그 자체로 국가의 경제 규모를 보여준다. '실질'이라는 개념이 붙는 이유는 물가 변동으로 인한 착시현상을 제거하고, 순수하게 생산량 변동만을 계산하기 위해서다. '증감률'을 보는 것은 과거 시점과 비교해 늘었는지 줄었는지가 중요하기 때문이다.

일반적으로 경제 발전 초기의 경제성장률은 매우 높게 나타난다. 그러다 일정 수준의 궤도에 오르면 속도가 차츰 느려진다. 한국의 경제성장률은 1970~1980년대 고도성장기에는 10% 안팎을 넘나들었고, 1997년 외환위기 전까지도 7%대를 기록했다. 하지만 최근엔 3% 달성도 버거워졌다. 성장률이 떨어지는 현상은 경제 발전 과정에서 불가피한 측면이 있다. 0점 받던 학생이 50점 받긴 쉬워도, 90점 맞던 학생이 95점으로 오르긴 쉽지 않은 것과 같은 이치다. 하지만 성장률 하락은 경제의 활력이

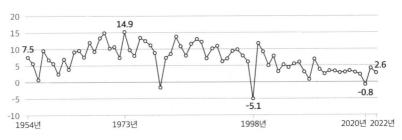

*자료: 한국은행

식었다는 뜻인 만큼 '원래 그렇다'라고 넘길 수 없는 일이다.

경제성장률은 많은 기업과 투자자의 의사결정에 중요한 잣대이기 때문에 최신 통계를 얼른 알고 싶어하는 사람이 많다. 그래서 속보치 → 잠정치 → 확정치의 순서로 공개한다. 속보치는 한 분기가 끝난 후 28일 안에 나오고, 잠정치는 좀 더 정밀한 집계를 거쳐 70일 안에 발표된다. 잠정치가 속보치보다 떨어지면 투자 심리에 악영향을 주기도 한다. 확정치는 그보다 한참 뒤에 나오다 보니 큰 주목은 받지 못한다.

국내외 여러 기관들이 내놓는 경제성장률 예측도 참조해볼 만하다. 경제협력개발기구(OECD), 국제통화기금(IMF), 세계은행(WB) 같은 국제기구들은 한국을 포함한 주요 국가와 세계 전체의 경제성장률 전망치를 정기적으로 발표하고 있다. 세계 3대 신용평가회사인 무디스, 스탠더드앤드푸어스(S&P), 피치와 각종 투자은행, 연구소 등도 나름의 관측치를 제시하고 있다. 예컨대 여러 기관이 한국의 성장률 전망치를 잇따라 하향 조정한다면 거시경제 여건이 어두운 상황이라고 볼 수 있다.

| 참고 |

美·中 경제성장률이 한국과 다른 점

통계를 해석할 때는 비교 시점이 중요하다. 한국은 '전 분기 대비' 성장률을 주된 지표로, '전년 동기 대비' 성장률은 보조지표로 발표한다. 전 분기 대비는 경기의 흐름을 신속하게 파악할 수 있다는 장점 때문에 대다수 선진국이 채택한 방식이다. 그런데 미국과 중국은 다르다. 중국은 전년 동기 대비 성장률을 주지표로, 전 분기 대비는 보조지표로 발표한다. 미국은 전 분기를 기준으로 하되 연율(年率)로 성장률을 내놓는다. 전 분기의 성장 속도가 1년 동안 이어진다고 가정해 환산한 수치다. 두 나라가 특이한 사례라고 보면 된다. 이걸 몰라도 당장 경제기사를 읽는 데 큰 지장은 없다. 다만 비교 시점이 다른 국가의 성장률을 단순 비교해선 안 된다는 점은 참고해 두자.

잠재성장률

한 나라의 경제가 보유한 자본, 노동력, 자원 등 모든 생산요소를 사용해 물가 상승과 같은 부작용을 유발하지 않으면서 최대한 이룰 수 있는 경제성장률 전망치.

'잠재성장률 4%대' 달성은 쉽지 않아

윤석열 대통령 당선인은 '성장 잠재력 두 배 확대'를 주요 공약 중 하나로 내세웠다. 현재 한국의 잠재성장률이 2% 안팎인 만큼 4%로 높이겠다는 의미다. 하지만 제반 환경을 고려했을 때 이 같은 공약은 달성하기가 만만치 않다는 것이 중론이다.

한국은행은 잠재성장률이 2001~2005년 5.0~5.2%에서 2006~2010년 4.1~4.2%로, 2021~2022년에는 2.0%로 떨어진 것으로 추산했다. 저출산·고령화로 인구가 빠르게 줄어들고 있는 데다 주력 산업의 성장세가 둔화한 결과다. 윤 당선인은 역동적 혁신성장 등을 바탕으로 생산성과 잠재성장률을 높이겠다는 복안이다.

하지만 인구 감소로 인해 노동력이 빠르게 감소하는 것이 문제다. 생산가능인구(노동가능인구·15~64세)는 2020년 3737만 명에서 2025년 3561만 명으로 줄어들 것으로 예상됐다. 자본스톡(축적자본의 총량) 증가율은 2000년대 연평균 0.3%에서 2010년대 0.0%로 떨어졌다. 총요소생산성 증가율도 2000~2010년 연평균 3.1%였지만 2011~2017년에는 1.1%로 하락했다. 금융연구원 등은 이를 반영해 잠재성장률이 2030년에는 0%대로 낮아질 것이라고 내다봤다.

김익환 기자, 〈한국경제〉, 2022. 3. 11

① **한국의 잠재성장률은 어떻게 변화해왔고 몇 %인지 확인하세요.**

　　→ 2000년대 초반 5%대에서 꾸준히 하락해 현재 2% 수준

② **잠재성장률이 계속 떨어지는 이유를 파악해보세요.**

　　→ 저출산·고령화와 주력 산업의 성장 둔화로 노동력·자본 투입에 한계

③ **잠재성장률을 최대한 끌어올릴 수 있는 대안은 무엇인지 정리해보세요.**

　　→ 기술 혁신과 법·제도 개선을 통해 생산성 높여야

머리는 좋은데 공부를 열심히 하지 않아 반에서 늘 20등을 했던 중학

생 A군은 고등학교에 입학하면서 마음을 고쳐먹었다. 친구들과 놀거나 잠자는 시간을 줄이고, 책상에 앉으면 최대한 집중하고, 영양제도 챙겨 먹고 있다. 오랫동안 수많은 학생을 봐온 담임교사는 A군 부모님과 상담하며 이렇게 장담했다. "A가 지금처럼 열심히 하면 3등까지 충분히 오를 수 있어요."

잠재성장률은 한 나라가 갖고 있는 자본, 노동력, 자원 등을 활용해 달성할 수 있는 경제성장률의 최대치를 뜻한다. 공부에 올인한 A군이 3등까지 가능할 것이란 담임교사의 전망과 비슷한 개념이다. 다만 잠재성장률엔 전제조건이 하나 있다. 경기가 과열돼 물가가 치솟는 등의 부작용을 일으키진 않아야 한다. 매일 밤을 세서 공부하면 결국 쓰러질 테니 말이다.

잠재성장률은 국가 경제의 성장 잠재력 지표로 활용된다. 한국의 잠재성장률은 1990년대 말 외환위기, 2000년대 말 금융위기 같은 특수한 상황을 제외하곤 대체로 실제 성장률과 비슷한 흐름을 보였다. 한국은행은 통상 5~10년 동안 성장률 전망을 고려해 잠재성장률을 산출하고 있다. 경제성장률과 마찬가지로 국내외 다양한 기관들도 잠재성장률을 발표하고 있다.

한국의 잠재성장률 하락은 두 가지 측면에서 볼 수 있다. 하나는 경제가 성숙 단계에 접어들며 나타나는 불가피한 현상이란 점이다. 어느 나라든 선진국이 되면 성장률은 둔해진다. 다른 하나는, 그럼에도 불구하고 잠재력을 높일 돌파구를 찾아야 한다는 점이다. 기왕 공부할 바에 1등을 해야지 3등에 만족할 수는 없지 않은가.

잠재성장률을 끌어올리는 게 말처럼 쉽진 않다. 저출산과 고령화가 빠르게 진행되고 있어 노동 투입량을 확 늘리기 어렵다. 경제 규모가 이미 커져 자본 투입량을 늘리는 데도 한계가 있다. 이런 상황에선 생산성 향상이 유일한 해법이다. 효율성이 떨어지는 공공, 노동, 금융부문 등의 구조개혁을 통해 한국의 성장 잠재력을 높여야 한다는 게 많은 전문가들의 조언이다.

낙수효과/분수효과
(trickle down effect/fountain effect)

낙수효과는 고소득층·대기업의 소득 증대,
분수효과는 저소득층·중소기업의 소득 증대가 경기 활성화를 촉진할 수 있다는 이론.

트러스 英총리 '1호 부양책'은 감세

리즈 트러스 영국 총리가 경기 침체를 극복하기 위해 적극적인 감세 카드를 꺼내들었다. 법인세 인상 계획을 취소하고 소득세율도 낮추기로 했다. 기업에는 적극적인 감면을 통해 투자를 유도하기로 했다.

쿼지 콰텡 영국 재무장관은 "높은 세율은 근로 의욕을 줄이고 투자 억제와 기업 활동 저해를 일으킨다"며 세금 감면 및 투자 지원 대책을 23일 발표했다. 이번 대책에는 법인세율을 25%로 올리려던 기존 계획을 취소하고 G20(주요 20개국) 국가 중 가장 낮은 수준인 19%로 유지하는 내용이 담겼다. 소득세 기본세율은 20%에서 19%로 낮추기로 했다. 연소득이 15만파운드(약 2억3500만원) 이상인 고소득자에게 물리는 최고세율은 45%에서 40%로 5%포인트나 깎았다.

영국 중앙은행(BOE)에 따르면 전분기 대비 영국의 국내총생산(GDP) 증가율은 지난 1분기 0.8%였지만 2분기에는 −0.1%를 기록했다. 경기 침체가 가시화하자 영국 정부는 추가 감세 카드를 내놨다. 우선 지난 5월 도입한 국민보험세 인상안을 취소하기로 했다. 국민보험세는 국민 건강, 사회복지 등에 쓰이는 정부 지출을 대기 위한 세금 항목이다. 또 주류세 인상안을 폐지할 뿐 아니라 주택 구입 시 납부하는 인지세 역시 대폭 낮추기로 했다. 누적 감세 규모는 2027년까지 450억파운드 (약 70조5000억원)에 이를 전망이다.

이주현 기자, 〈한국경제〉, 2022.9.24

① **기사에 나온 정책은 낙수효과·분수효과 중 어느 쪽인지 파악해보세요.**

→ 법인세·소득세 등 대규모 감세라는 점에서 낙수효과에 기반

② **기대할 수 있는 효과는 무엇인지 생각해보세요.**

→ 대기업의 투자와 부유층의 소비를 늘려 침체된 경기를 활성화하려는 목적

③ **이런 정책에 제기될 수 있는 반대 논리를 정리해보세요.**

→ 불황기에 양극화를 부추길 수 있고, 세수가 줄어 재정건전성이 나빠질 수 있다

④ **국내에도 비슷한 사례가 있는지 연결 지어 생각해보세요.**

→ 윤석열 정부도 법인세·종합부동산세 감면 등을 공약했으나 야당 반발 직면

모든 국가는 경제 발전을 원한다. 하지만 경제 발전에 쓸 수 있는 자원은 한정돼 있다. 그렇다면 어느 쪽에 집중적으로 지원해야 효과를 극대화할 수 있을까. 이를 놓고 팽팽하게 대립하는 두 가지 시각이 바로 낙수효과와 분수효과다.

낙수효과는 정부가 대기업과 고소득층의 부를 먼저 늘려주면, 경기가 살아나면서 중소기업과 저소득층에도 혜택이 돌아가고, 결국 경제 전체를 활성화하는 데 도움이 된다는 주장이다. 흘러내린 물이 바닥을 적신다는 '트리클 다운'에서 유래했다. 법인세와 소득세를 깎아주고, 대기업에 적극적인 규제 완화 혜택을 주는 것 등은 낙수효과에 근거한 경제정책으로 볼 수 있다.

분수효과는 서민과 중소기업부터 지원하면 총수요 진작과 경기 활성화를 촉진해 궁극적으로 경제 전체에 도움이 된다는 주장이다. 부유층보다는 저소득층이 정부 지원을 받을 때 소비에 더 적극적으로 나선다는 것이다. 물이 아래에서 위로 솟구치면서 주위를 적시는 분수에서 따온 표현이다. 이른바 '경제민주화'나 '소득주도성장' 정책의 이론적 토대가 됐다고 할 수 있다.

낙수효과가 맞느냐, 분수효과가 맞느냐는 정치적 관점이 반영되는 논쟁거리이기도 하다. 보수 진영은 성장, 진보 진영은 분배를 더 중시하고 여기에 기반한 정책을 펴기 때문이다. 어느 한쪽이 완벽한 정답이라고 말하기 어렵다.

낙수효과는 부자들에 혜택을 몰아줘 양극화를 심화시킬 뿐이라는 비판을 줄기차게 받았다. 국제통화기금(IMF)은 2015년 150여 개 국가 사례를 실증 분석한 보고서에서 상위 20% 소득이 1%포인트 늘면 이후 5년 경제성장률은 오히려 0.08% 하락한 점 등을 들어 낙수효과는 허구라고 주장했다. 분수효과가 현실에서 한계를 드러내기도 했다. 유럽연합(EU) 일부 국가는 분수효과를 노리고 복지지출을 대대적으로 늘렸지만, 이렇다할 효과를 보지 못하고 재정난에 빠져든 사례가 있다.

| 참고 |

승수효과 vs 구축효과

정부가 경기를 살리기 위해 나랏돈을 투입하는 것을 놓고도 엇갈린 시각이 있다. 승수효과(multiplier effect)는 재정 지출을 늘리면 경제 전체의 총수요 증대 효과는 그보다 더 크다는 이론이다. 예산을 들여 새 도로를 지으면 건설사만 돈을 버는 게 아니라 주주와 노동자들의 소득도 늘면서 소비 활성화로 이어진다는 것이다. 구축효과(crowding out effect)는 재정 지출을 늘리면 민간 투자는 위축된다는 이론이다. 경제적 자원이 한정된 상황에서 정부가 빚을 내 씀씀이를 키우면, 가계와 기업에 돌아가는 돈이 그만큼 줄어든다는 논리다. 둘 중 어느 효과가 더 크냐에 따라 재정정책의 '약발'이 달라진다.

국민총소득 (GNI·Gross National Income)

한 나라 국민들이 국내외에서 벌어들인 소득의 합계.
1인당 GNI는 국민의 생활 수준을 보여주는 지표다.

1인당 국민소득 3만5000弗 시대…"수년내 4만弗 돌파"

지난해 한국의 1인당 국민총소득(GNI)이 사상 처음으로 3만5000달러를 돌파했다. 실질 경제성장률이 4%를 기록한 데 힘입었지만 물가 상승과 원화 가치 상승 덕도 봤다. 한국은행은 안정적 성장을 이어간다면 수년 안에 국민소득이 4만달러를 돌파할 것이라고 내다봤다.

한국은행이 3일 발표한 '2021년 국민소득'(잠정)을 보면 지난해 1인당 국민소득은 3만5168달러(약 4024만7000원)로 전년(3만1881달러)보다 10.3% 뛰었다.

1인당 국민소득이 3년 만에 큰 폭 반등한 것은 이를 구성하는 경제 성장률, 물가, 원화 가치 등 지표가 모두 전년 대비 크게 높아진 결과다. 국민소득 지표는 명목 기준 달러 단위로 표시돼 물가와 원화 가치가 높아지면 덩달아 국민소득도 늘어난다.

지난해 미국 달러 대비 원화 가치는 3.0% 상승했다. 작년 실질 경제성장률은 4.0%로 2010년(6.8%) 후 최고치를 기록했다. 여기에 국민경제의 종합적인 물가 수준을 나타내는 GDP디플레이터(명목GDP를 실질GDP로 나눈 값)는 2.3%로 나타났다. 실질 성장률에 물가를 반영한 명목 성장률은 지난해 6.4%를 기록했다.

김익환 기자, 〈한국경제〉, 2022. 3. 4

① **1인당 GNI는 국민의 생활 수준을 보여줍니다. 우선 최신 수치를 확인하세요.**

→ 2021년 3만 5,168달러 기록, 1년 전보다 10.3% 증가

② **1인당 GNI는 경제 성장과 밀접한 관계가 있습니다. GDP는 어떻게 변했을까요.**

→ 실질 GDP가 4% 증가한 데 힘입어 3년 만에 반등

③ **경제 성장 외에 다른 요인은 없었는지 확인해보세요.**

→ 원화 가치가 3.0% 오르고, 물가 수준이 2.3% 높아진 영향도 작용

한 나라의 경제가 얼마나 잘나가는지 보여주는 지표는 앞서 설명했듯

실질 GDP의 증감률, 즉 경제성장률이다. GDP는 국가의 경제력을 나타내지만 개인의 삶의 질까지 설명하진 못한다는 한계가 있다. 그렇다면 그 나라 국민 개개인이 얼마나 잘사는지 궁금하면 무엇을 봐야 할까. 정답은 국민총소득(GNI)을 인구수로 나눈 값, 즉 1인당 GNI다.

GNI는 국민이 국내는 물론 해외에서 생산활동에 참여한 대가로 벌어들인 총소득을 의미한다. GDP에서 자국민이 해외에서 받은 소득은 더하고, 외국인에게 지급한 소득은 빼면 GNI를 계산할 수 있다. GNI를 인구로 나눈 1인당 GNI는 국민의 평균적인 소득·생활 수준을 나타낸다. 유럽, 중동 등에는 1인당 GNI가 미국 등을 앞지르는 강소국도 많다.

1인당 GNI가 3만 달러를 돌파하면 선진국에 진입했다는 의미로 받아들여진다. 한국은 2017년 3만 1,734달러를 기록해 사상 처음 3만 달러를

GDP와 GNI, 순위가 다르다 (단위: 달러)

명목 GDP			1인당 GNI		
1위	미국	22조 9,396억	1위	싱가포르	10만 2,450
2위	중국	16조 8,630억	2위	카타르	10만 450
3위	일본	5조 1,031억	3위	룩셈부르크	8만 3,230
4위	독일	4조 2,302억	4위	노르웨이	8만 2,840
5위	영국	3조 1,084억	5위	아일랜드	7만 9,370
6위	인도	2조 9,461억	6위	스위스	7만 5,810
7위	프랑스	2조 9,404억	7위	아랍에미리트	7만 1,280
8위	이탈리아	2조 1,202억	8위	미국	7만 480
9위	캐나다	2조 160억	9위	덴마크	6만 6,720
10위	한국	1조 8,239억	10위	브루나이	6만 6,480

*2021년 기준. 자료: 국제통화기금(IMF)·세계은행(WB)

넘어섰다. 인구가 5,000만 명 이상이면서 1인당 GNI가 3만 달러 이상인 국가는 일명 '30-50 클럽'이라 부른다. 이 클럽에 들어간 나라는 미국, 독일, 영국, 일본, 프랑스, 이탈리아 뿐이었는데 한국이 합류하면서 일곱 개가 됐다.

한국의 1인당 GNI는 6·25전쟁이 끝난 1953년 67달러였다. 고속성장의 길을 달리면서 1977년 1,000달러, 1994년 1만 달러, 2006년 2만 달러를 넘겼다. 이후 11년 만에 3만 달러를 돌파한 것이다. 우리나라가 양적으로 보나 질적으로 보나 선진국 대열에 올라섰다고 자부해도 좋다.

다만 1인당 GNI에는 착시현상을 부를 수 있는 요인도 숨어있다는 점을 감안해야 한다. GNI는 기본적으로 GDP를 따라 움직이지만, 환율에도 많은 영향을 받는다. 국가별로 비교하기 위해 미국 달러화로 환산하기 때문이다. 원화 가치가 상승(원·달러 환율 하락)하면 GNI는 덩달아 늘어나게 된다. 서민의 체감경기와 괴리가 발생할 수도 있다. GNI에는 가계소득뿐 아니라 기업과 정부의 소득이 모두 포함되기 때문이다.

지니계수/소득 5분위 배율/ 상대적 빈곤율

부의 불평등 정도를 측정하는 3대 소득분배지표.
모두 숫자가 높아질수록 불균형이 심하다는 뜻이다.

40년 고성장 中, 3%도 아슬아슬…"美 GDP 추월 물 건너갔다"

중국은 덩샤오핑이 개혁·개방을 선언한 1978년 이후 30여 년 동안 고성장 시대를 유지했다. 2010년에는 국내총생산(GDP) 규모에서 일본을 넘어섰다. 미국과 어깨를 나란히 하는 'G2(주요 2개국)'에 올랐다. 하지만 이후 성장세는 눈에 띄게 둔화됐다. 부동산산업에 대한 과도한 의존과 인구 감소, 빈부격차 확대 등의 구조적 문제는 계속 커지고 있다.

중국의 빈부격차는 갈수록 심화하고 있다. 중국의 지니계수는 2000년 0.41로 이미 위험 수준이라는 0.4를 넘었다. 중국 당국은 2017년 0.47 이후 지니계수 발표를 중단했다. 지니계수는 부의 불평등을 0~1로 나타내는 지표다. 1로 갈수록 부가 집중돼 있다는 의미다. 제로 코로나 3년 동안 일용직 근로자와 영세 상인 등 취약계층은 상대적으로 더 큰 피해를 봤다. 지니계수가 더 커졌을 것으로 관측되는 이유다. 최근 지니계수가 0.6에 달한다는 민간 연구도 있다.

경제적 불평등의 고착화는 중국 젊은이들을 자포자기 상태로 몰아가고 있다. '탕핑(드러누움)'에 이어 최근에는 '바이란(흐트러뜨림)'이란 말이 널리 쓰이고 있다. 바이란은 노력마저 포기한다는 의미로, 최소한의 생활만 하겠다는 탕핑보다 더 비관적인 의미를 담고 있다. 스레이 푸단대 교수는 "청년층의 비관주의적 태도는 둔화하는 중국 경제에 위협이 될 수 있다"고 우려했다.

강현우 기자, 〈한국경제〉, 2023. 1. 4

① 부의 불평등 정도를 파악할 수 있는 통계 지표를 찾아보세요.

→ 중국의 지니계수는 2017년 0.47, 코로나 이후 더 높아졌을 것으로 추정

② 이런 소득분배 상황은 경제에 어떤 영향을 미칠까요.

→ 불평등 심해지면서 경제주체에 비관주의 확산, 성장 활력 떨어뜨릴 위험

③ 불평등을 완화하기 위한 정책을 함께 파악해보세요.

→ 중국은 '공동부유' 정책을 내걸고 독점 기업 규제, 도농 격차 완화 등을 추진

◇◇◇◇◇◇◇◇◇◇◇◇◇◇

경제가 꾸준히 성장하더라도 그 과실이 모두에게 똑같이 돌아가진 못하는 게 현실이다. 부유층은 더 부유해지고 빈곤층은 더 빈곤해지는 양극화(polarization) 문제는 모든 국가가 직면한 숙제다. 소득이 얼마나 공평하게 분배되고 있는지를 보여주는 소득분배지표는 여러 종류가 있는데, 가장 많이 쓰이는 세 가지를 소개한다.

지니계수는 부의 불평등 정도를 나타내는 가장 대표적인 소득분배지표다. 이탈리아의 인구통계학자 코라도 지니가 고안했다고 해서 붙은 이름이다. 지니계수는 0에서 1 사이의 값을 갖는다. 0에 가까울수록 평등, 1에 가까울수록 불평등이라는 점만 기억하면 웬만한 경제기사를 읽는 데 어려움이 없다.

지니계수를 활용하면 국가 간의 소득분배 상황을 비교할 수 있고, 한 국가의 소득분배 균형이 시간의 흐름에 따라 어떻게 변화했는지 쉽게 파악할 수도 있다. 통상 지니계수가 0.5를 넘어가면 폭동이 일어날 법한 심각한 불평등 상태로 여겨진다. 한국을 포함한 경제협력개발기구(OECD) 회원국은 평균 0.3 안팎을 유지하고 있다.

소득 5분위 배율은 부유층 소득이 빈곤층 소득의 몇 배인지를 보여준다. 전체 인구를 소득순으로 5개 그룹으로 구분한 뒤, 최상위 20% 그룹(5분위 계층)의 평균소득을 최하위 20% 그룹(1분위 계층)의 평균소득으로 나눈 값이다. 분배가 완전히 평등하다면 소득 5분위 배율은 1이 되고, 불평등이 극단적으로 심해지면 무한히 커질 수도 있다. 통계청에 따르면 2021년 우리나라의 소득 5분위 배율은 5.96이었다. 5분위 계층의 소득이 1분위 계층보다 5.96배 많았다고 해석하면 된다.

상대적 빈곤율은 빈곤 위험에 처한 인구의 비중을 말한다. 소득이 중위소득의 50% 미만인 계층이 전체 인구 중 몇 %나 되는지를 의미한다. 중위소득이란 모든 국민을 소득순으로 줄 세웠을 때 딱 중간에 있는 사람의 소득이다. 2021년 우리나라의 상대적 빈곤율은 15.1%, 중위소득은 3,174만 원으로 집계됐다. 한국인의 15.1%는 연 1,578만 원(3,174만 원의 절반)도 안 되는 돈으로 살아갔다는 뜻이다.

경기 침체의 정의는?
'리세션'이 뭐길래······위키피디아 난장판 된 사연

누구나 자유롭게 참여할 수 있는 개방형 인터넷 백과사전으로 유명한 위키피디아. 2022년 7월 이곳에서 경기 침체(recession)라는 단어를 놓고 한바탕 '편집 전쟁'이 벌어졌다. 한 네티즌이 "일반적으로 2개 분기 연속 국내총생산(GDP)이 감소하면 경기 침체"라는 내용을 추가했는데, 위키피디아 관리자가 "출처가 불분명하다"며 지워버린 게 발단이었다. 여기에 반발한 네티즌이 다시 등록하면 또 지워지는 일이 반복되면서 1주일 만에 180회 넘는 수정이 이뤄졌다. 결국 위키피디아는 신규 이용자는 편집에 참여할 수 없도록 한동안 자물쇠를 채워버렸다. 미국 경제지 〈포천(fortune)〉은 "나라 전역을 달군 경기 침체 논쟁이 인터넷 백과사전으로 번진 것"이라고 전했다.

당시 미국에서는 경제가 하강기에 진입했는지 아닌지를 놓고 갑론을박이 팽팽했다. 미국 경제성장률은 2022년 1분기 -1.6%에 이어 2분기 -0.9%를 기록했다. 통상 시장에서는 경제성장률이 두 분기 연속 마이너스로 나오면 이른바 '기술적 경기 침체'에 진입한 것으로 간주한다. 다만

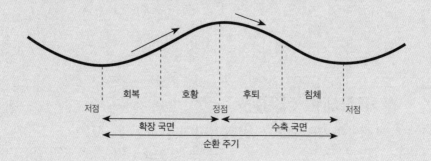

회복　　호황　　후퇴　　침체

저점　　　　　　　　정점　　　　　　　저점

확장 국면　　　　　　　수축 국면

순환 주기

대다수 전문가와 언론이 그렇게 본다는 것이지 공식적인 기준까진 아니다. 미국 정부와 중앙은행은 고용, 소비 등 다른 지표가 탄탄하다는 점을 강조하며 '경기 침체가 아니다'라고 반박하고 있었다.

우리가 일상적으로 쓰는 경기(景氣)라는 단어는 국민 경제의 총체적인 활동 수준을 뜻한다. 1년마다 사계절이 있는 것처럼 경기도 상승과 하강을 되풀이한다. 경제학에서는 이런 현상을 경기 순환(business cycle)이라고 부른다. 경기 순환 이론에 따르면 경제는 정점과 저점을 오가며 호황기, 후퇴기, 침체기, 회복기를 반복한다. 불황의 긴 터널을 지나다가도 언젠가는 바닥을 치고 올라갈 기대감을 가질 수 있는 이유다.

사실 복잡하게 얽히고설킨 한 나라 경제가 순환 주기상 어느 지점에 있는지를 정확하게 집어내기는 쉽지 않다. 그래서 여러 나라가 공식적인 경기 판단을 전문가 집단에 맡기고 있다.

미국에서 경기 침체 여부를 판단하는 곳은 경제학자들의 연구 모임인 미국경제학회(NBER) 산하 경기사이클판정위원회다. 이들은 경기 침체를 '경제 전반으로 퍼지고 몇 달 이상 지속되는 경제활동의 커다란 감소'로 규정한다. 채점표처럼 딱 떨어지는 기준이 있는 게 아니라 GDP와 함께 소득, 지출, 고용, 생산 등 여러 지표를 종합적으로 보고 판단한다. 우리나라에서는 통계청의 국가통계위원회가 전문가 의견을 모아 경기의 정점과 저점을 공표하고 있다. 예를 들어 2019년 9월 정부는 "2017년 9월이 경기 정점이었다"라고 발표했는데, 그 이후로 경기가 내리막길을 걷는 중이라는 얘기다.

이들 기관이 '오피셜 경기 침체'를 선언하기까지는 1년 넘게 걸리는 경우가 많다. 실시간이 아닌 사후적 분석이란 데서 오는 한계이자, 경기 진단이 그만큼 어려운 일이라는 걸 보여주는 대목이기도 하다.

역사적으로 두 분기 연속 역성장은 공식적인 경기 침체 선언으로 이어진 적이 많았다. 하지만 그렇지 않은 사례도 있는 만큼 GDP만 보고 섣불리 판단해서는 안 된다는 견해가 있다. 위키피디아의 편집 전쟁 역시 이런 문구를 적는 것으로 정리됐다. "경기 침체의 정의는 국가와 학자에 따라 다양하지만, 2개 분기 연속 실질 GDP 감소를 일반적으로 사용한다."

intro

물가는 경제활동을 하는 모든 이들의 일상생활과 가장 밀접한 주제다. 물가상승률은 해마다 기업 노사의 임금 협상에서 중요한 근거로 활용될 뿐만 아니라 국민연금, 최저임금, 최저생계비 등에도 반영된다. 또 중앙은행이 물가를 반영해 기준금리를 결정하는 만큼 경제 전반에 중요한 지표라고 할 수 있다. 그렇다면 물가 통계는 어떻게 집계하는 것이고, 물가 뉴스에서 우리는 무엇에 주목해야 할까.

2장

물가

물가상승률

소비자들이 많이 구입하는 대표 품목을 정해 계산한
소비자물가지수(CPI)의 증감률.

공공요금발 물가 폭탄…1월 소비자물가 5.2% 상승

지난달 소비자물가가 1년 전보다 5.2% 상승했다. 3개월 만에 상승폭이 커졌다. '공공요금발(發) 인플레이션' 압력이 커지면서 당분간 5%대 고물가가 이어질 것이라는 전망이 나온다.

2일 통계청에 따르면 소비자물가 상승률은 지난달 5.2%(전년 동월 대비)를 기록했다. 지난해 10월 5.7% 이후 11월 5.0%, 12월 5.0%로 둔화했지만 올해 1월 다시 상승폭이 커졌다. 물가 상승률은 9개월 연속 5%를 웃돌았다. 이는 외환위기 때인 1997년 12월~1998년 11월 이후 25년 만의 최장기 고물가다.

미국 소비자물가 상승률이 6개월 연속 둔화한 상황에서 한국 물가가 다시 불안한 모습을 보이는 것은 공공요금 인상 때문이다. 올 1월 전기·가스·수도 물가지수는 전년 동월 대비 28.3% 올랐다. 관련 통계를 작성한 2010년 이후 최고치다. 지난달 상승률(5.2%) 중 전기·가스·수도의 기여도는 0.94%포인트다. 지난해 물가 고공행진을 이끈 석유류(0.23%포인트)와 가공식품(0.89%포인트)보다 더 크다.

물가의 기조적 흐름을 보여주는 근원물가(농산물·석유류 제외 지수)도 전년 동월 대비 5.0% 상승했다. 2009년 2월(5.2%) 후 14년 만의 최고 수준이다.

도병욱 기자, 〈한국경제〉, 2023.2.3

① **물가지수 종류는 다양하지만 보통 소비자물가지수에 가장 주목해요.**

→ 1월 국내 소비자물가는 1년 전보다 5.2% 상승

② **물가 통계는 매달 발표됩니다. 변화 추이를 파악해보세요.**

→ 3개월 만에 상승폭 확대, 25년 만의 최장기 고물가 지속 중

③ **물가 변동에 가장 큰 영향을 준 품목과 그 원인을 확인해보세요.**

→ 공공요금이 상승 주도, 전체 물가 상승의 약 5분의 1을 전기·가스·수도가 유발

④ **정부와 중앙은행의 대응책을 예상해보세요.**

→ 공공요금 인상 중단과 같은 서민 물가 대책, 기준금리 추가 인상 등이 가능할 듯

◇◇◇◇◇◇◇◇◇◇◇◇

2022년 세계 경제의 불안 요인으로 급부상한 것은 물가였다. 미국 물가상승률이 40여 년 만에 신기록을 갈아치웠고, 유로존(유로화를 쓰는 19개국) 물가는 유럽연합(EU) 출범 이후 최고로 치솟았다. 한국도 예외가 아니어서 물가 오르는 속도가 외환위기 때 수준으로 가팔라졌다. 불과 3년 전만 해도 물가가 너무 잠잠해 '경기 침체'를 걱정하던 상황과 정반대가 됐다.

물가(物價)는 시장에서 거래되는 상품과 서비스의 전반적인 가격 수준을 의미한다. 손에 잡히지 않는 이 물가라는 개념을 쉽게 파악하기 위해 작성하는 통계가 물가지수다. 물가지수에는 소비자물가지수(CPI·consumer price index), 생산자물가지수(PPI·producer price index), 수출입물가지수(import and export price index) 등 여러 종류가 있다. 보통 경제뉴스에서 '물가상승률'이라고 하면 이 중 소비자물가지수가 1년 전보다 몇 %나 오르거나 내렸는지를 뜻한다.

소비자물가지수는 통계청이 매달 발표한다. 가계가 많이 구입하는 458개 품목을 선정하고 중요도에 따라 가중치를 부여해 산출한다. 2020년의 물가를 100으로 잡고 상대적인 수준을 계산한다. 조사 대상 품목에는 쌀, 라면, 사과, 삼겹살 같은 식료품부터 전세, 월세, 휘발유, 아파트관리비, 대중교통요금, 학원비, 통신비 등까지 친숙한 것들이 두루 망라돼 있다. 예를 들어 이달 소비자물가지수가 121이고, 1년 전엔 110이었다고 하자. 물가상승률은 10%가 된다. 이번 달에 기준연도(2020년)와 똑같은 품질의 상품과 서비스를 똑같은 양만큼 소비했다면 총비용은 21% 늘어났다고 해석할 수도 있다.

소비자물가지수에 어떤 품목 반영하나 (단위: %)

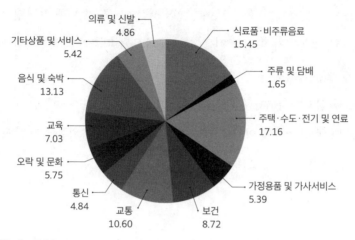

의류 및 신발
4.86

기타상품 및 서비스
5.42

음식 및 숙박
13.13

교육
7.03

오락 및 문화
5.75

통신
4.84

교통
10.60

보건
8.72

식료품·비주류음료
15.45

주류 및 담배
1.65

주택·수도·전기 및 연료
17.16

가정용품 및 가사서비스
5.39

*2020년 기준. 자료: 통계청

소비자물가는 때때로 '욕을 많이 먹는' 통계 지표이기도 하다. 정부 통계상의 물가와 자신이 느끼는 장바구니 물가의 괴리가 크다고 느끼는 소비자가 많아서다. 체감 물가가 통계와 다른 이유는, 서민들이 일상적으로 구입하는 품목의 가격 변동이 전체 물가상승률에는 부분적으로 반영되기 때문이다. 가격이 오른 것은 잘 기억해도 내린 것은 쉽게 잊어버리는 인간의 심리적 요인도 작용한다.

생산자물가지수는 가계가 아닌 기업의 관점에서 작성된 물가지수다. 국내 생산자가 국내 시장에 공급하는 상품·서비스의 가격 변동을 측정하는 것으로 891개 품목이 조사 대상이다. 소비자물가지수에 반영되지 않는 원재료와 중간재도 조사 대상에 포함하기 때문에 범위가 더 넓다. 향후 소비자물가지수의 움직임을 예측할 수 있는 선행지표 역할도 한다. 소비자물가가 '소매 가격'을 보여준다면 생산자물가는 '도매 가격'을 보여준다. 생산자물가가 뛰면 기업들이 그 부담을 소비자가격에 전가할 가능성이 높아진다.

수출입물가지수는 수출 또는 수입되는 상품의 가격 동향을 파악하고, 이것이 국내 물가에 미치는 영향을 사전에 측정하기 위한 물가지수다. 수출 212개 품목, 수입 234개 품목이 조사 대상이다.

근원물가/기대인플레이션

근원물가는 농산물·석유류를 제외한 나머지 품목의 물가.
기대인플레이션은 경제주체가 예상하는 미래의 물가상승률.

美 인플레 둔화세 느려져…내달 금리 0.25%P 올릴 듯

미국 소비자물가지수(CPI) 상승률이 7개월 연속 하락했다. 하지만 물가 상승률이 시장 예상보다 높아 인플레이션을 잡으려는 미국 중앙은행(Fed)의 긴축이 계속될 것으로 전망된다.

미국 노동부는 지난달 CPI가 전년 동월보다 6.4% 올랐다고 14일 발표했다. 6.5%를 기록한 지난해 12월보다 낮았지만 시장 추정치(6.2%)보다는 높았다. 다만 일각에서 우려한 것처럼 물가 상승폭이 더 커지지는 않았다. 미국 CPI는 지난해 6월 9.1% 급등한 이후 7월부터 지난달까지 7개월 연속 둔화하고 있다.

에너지와 식료품을 뺀 근원 CPI는 지난달에 전년 동월보다 5.6%

올랐다. 역시 시장 예상치(5.5%)를 웃돌았다. 전달 상승률(5.7%)보다는 0.1%포인트 하락했다.

지난해 10월 이후 떨어지던 단기 기대인플레이션율도 하락세를 멈췄다. 뉴욕연방은행이 전날 발표한 지난달 기준 1년 기대인플레이션율은 한 달 전과 같은 5.0%를 기록했다. 1년 기대인플레이션율은 지난해 6월 6.8%로 정점을 찍은 뒤 계속 내려와 9월 5.4%까지 떨어졌다. 하지만 10월 다시 5.9%로 올랐다가 11월 5.2%로 큰 폭으로 떨어진 뒤 12월 5.0%로 재차 하락했다.

정인설·김리안 기자, 〈한국경제〉, 2023. 2. 15

① **소비자물가와 근원물가의 상승률이 어떻게 다른지 파악해보세요.**

→ 1월 미국 소비자물가는 1년 전보나 6.4% 상승, 근원물가는 5.2% 올라

② **근원물가 상승률은 어떻게 해석해야 할까요.**

→ 에너지와 식료품을 제외한 물가도 전달(5.7%)보단 낮지만 시장 예상치(5.5%) 상회

③ **기대인플레이션을 통해 경제주체의 물가 전망을 확인해보세요.**

→ 미국인들은 1년 뒤 물가상승률을 5.0%로 예상, 최근 하락 추세가 멈췄음

④ **정부와 중앙은행의 대응책을 예상해보세요.**

→ 물가 안정화 징후가 뚜렷하지 않아 Fed의 기준금리 추가 인상 가능성 높아짐

물가를 대표하는 통계는 소비자물가지수(CPI)지만 물가를 다룬 경제뉴스에는 이보다 다양한 지표가 함께 등장한다. 소비자물가지수에 포함된 458개 품목이 너무 광범위한 데다 특성도 제각각인 만큼 일부 품목을 추려내 또 다른 통계를 이것저것 뽑아보는 것이다.

근원물가지수는 소비자물가지수에서 농산물과 석유류를 제외한 401개 품목으로 작성한 물가지수를 말한다. 농산물과 석유류는 계절적 요인이나 일시적 외부 충격으로 가격이 요동칠 때가 많다. 이런 품목을 제거하고 나머지만 보면 물가의 장기적 추세를 파악하는 데 도움이 된다. 근원(根源)의 사전적 의미대로 기초 경제 여건에 따라 결정된 물가상승률인 셈이다. 미국도 식료품과 에너지 품목을 제외한 근원(core) CPI를 발표하고 있다.

국내에는 누구나 일상적으로 자주 사는 144개 품목을 대상으로 하는 생활물가지수와 과일, 채소, 생선 등 55개 품목만 보는 신선식품지수도 있다. 이는 서민들의 체감 물가를 파악하는 데 유용하다.

소비자물가지수가 아닌 국내총생산(GDP)을 활용해 물가 수준을 들여다보는 방법도 있다. 명목 GDP를 실질 GDP로 나눈 GDP디플레이터(GDP deflator)를 통해서다. 앞서 경제성장률을 산출할 때는 물가 상승으로 인한 착시현상을 없애고 생산량 변동만 보기 위해 명목 GDP 대신 실질 GDP를 사용한다는 점을 설명했다. 이 두 수치를 비교하면 국내에서 생산된 모든 상품의 물가 변화를 포괄적으로 볼 수 있다.

사람들이 예상하는 미래의 물가상승률을 알고 싶다면 기대인플레이션 (expected inflation)을 보면 된다. 한국은행이 소비자들에게 과거 물가상승률을 알려준 다음 향후 1년간 물가상승률이 얼마가 될 것 같은지 질문해 평균을 내는 방식으로 구한다. 미국에서도 미시간대, 뉴욕연방은행 등 다양한 기관이 기대인플레이션을 조사한다. 들어맞을지 빗나갈지 알 수 없는 숫자를, 전문가도 아닌 일반인에게 왜 굳이 묻는 걸까. 인플레이션에 대한 기대 심리가 실제 물가 상승으로 이어질 수 있기 때문이다. 물가가 불안하다는 인식이 퍼지면 식당 주인들은 너도나도 가격을 올리고, 근로자들은 임금 인상을 강하게 요구할 것이다.

인플레이션/디플레이션 (inflation/deflation)

인플레이션은 물가가 지속적으로 상승하는 현상.
디플레이션은 물가가 지속적으로 하락하는 현상.

디플레 탈출 절박한 日…정부가 기업에 "임금 올려라"

기시다 후미오 일본 총리 내각이 저출산과 함께 임금 인상을 올해 양대 중점 정책으로 정했다. 글로벌 인플레이션을 기회로 삼아 '잃어버린 30년'으로 불리는 장기 침체의 주범인 디플레이션에서 탈출하기 위해서다.

기시다 총리는 지난 4일 신년 기자회견에서 "지금까지와는 차원이 다른 저출산 대책에 도전할 것"이라며 "올해 춘계 임금 협상(춘투)에서 물가 상승률을 뛰어넘는 임금 인상을 실현하겠다"고 밝혔다. 치솟는 물가를 잡는 데 고심하는 다른 나라와 정반대 움직임이다.

에너지와 식량 수입 의존도가 높은 일본도 작년 하반기부터 물가가 가파르게 오르고 있다. 지난해 11월 소비자물가지수(CPI) 상승률은 3.7%로 40여 년 만에 최고치를 나타냈다. 하지만 같은 달 미국 CPI(7.1%)의 절반 수준이다.

문제는 임금 상승률이 물가를 쫓아가지 못하면서 일본인의 실질 임금이 7개월 연속 마이너스를 기록했다는 점이다. 실질 임금이 감소하자 내각 지지율은 최저 수준으로 떨어졌다. 또 소비 침체도 우려된다. 이 때문에 임금 인상은 정권의 명운을 좌우하는 문제가 됐다. 일본 정부는 임금 인상률을 물가 상승률 이상으로 높일 수 있다면 소비가 늘고 물가가 안정적으로 오르면서 디플레에서 탈출할 수 있다고 보고 있다.

정영효 기자, 〈한국경제〉, 2023. 1. 6

① 물가상승률이 비교적 안정적인데도 정부가 걱정하는 이유는 무엇일까요.

→ 임금은 물가만큼 오르지 않아 국민의 실질적 구매력이 떨어지고 있기 때문

② 디플레이션은 왜 '장기 침체의 주범'으로 불리는지 정리해보세요.

→ 물가 하락이 소득 감소, 내수 위축, 불황 장기화의 악순환으로 이어질 수 있음

③ 디플레이션을 벗어나기 위한 해결책을 생각해보세요.

→ 적절한 수준의 임금 인상과 물가 상승을 유도해 소비 수요를 활성화

◇◇◇◇◇◇◇◇◇◇◇◇◇◇

물가는 경기가 상승 국면일 때는 같이 뛰고, 하강 국면에선 함께 떨어지는 경향이 있다. 물가가 지속적으로 상승하는 현상을 인플레이션이라 한다. 물가 오르는 걸 달가워하는 사람은 많지 않다. 하지만 물가는 전혀 안 오르는 것이 좋은 게 아니라 경제가 감내할 수 있는 범위에서 안정적으로 올라야 좋다.

물가 상승은 경제 성장 과정에서 자연스레 따라오는 측면이 있다. 한국 최초의 라면인 삼양라면이 출시된 1963년 가격은 10원이었다. 요즘은 한 봉지에 800원이 넘는다. 비슷한 시기 15원이던 짜장면은 6,000원, 12원이던 영화 관람료는 1만 5,000원을 훌쩍 넘어섰다. 제품값 자체만 놓고 보면 엄청난 상승이지만, 그동안 우리 경제 규모 또한 커졌고 삶의 질은 풍요로워졌다.

물론 선을 넘는 인플레이션은 경제에 불안 요인으로 작용한다. 물가가 오르면 내가 갖고 있는 돈의 실질적인 가치는 그만큼 하락하게 된다. 물가 상승분만큼 소득이 늘지 않으면 급여나 연금을 받는 사람은 앉아서 손해를 보는 셈이다. 인플레이션에 '숨은 세금(hidden tax)', '보이지 않는 세금(stealth tax)'이라는 수식어가 붙는 이유다. 화폐 가치가 떨어지면 부동산과 같은 실물자산의 가치는 상승한다. 사람들이 열심히 저축하지 않고 부동산 투기 등에 몰리게 만들 수 있다. 근로 의욕 저하와 생산 활동 위축은 건전한 경제 성장에 걸림돌이 된다.

인플레이션은 원인에 따라 크게 '수요 견인 인플레이션'과 '비용 상승 인플레이션' 두 가지로 나뉜다. 전자는 경기가 과열되거나 돈이 너무 많이 풀리면서 물가를 끌어올리는 현상을 말하고, 후자는 원자재값이나 임금 같은 생산비용의 상승이 물가를 자극하는 것을 가리킨다.

세계 각국은 경제 성장을 해치지 않는 범위에서 안정적인 물가 상승 수준을 뜻하는 '물가안정목표'를 설정하고 공들여 관리하고 있다. 한국과 미국, 일본, 유럽연합(EU) 등의 중앙은행은 모두 소비자물가 상승률이 2%를 유지하는 것을 목표로 삼고 있다.

인플레이션의 반대말, 즉 물가가 지속적으로 하락하는 현상은 디플레이션이라고 한다. 잠깐 한두 달 떨어졌다고 이렇게 부르진 않는다. 국제통화기금(IMF)은 2년 이상 물가 하락이 이어지는 상태를 디플레이션으로 정의한다.

경기 침체와 맞물려 물가가 계속 내려가면 경제주체들은 어떤 선택을 하게 될까. 이런 상황에선 돈을 당장 쓰기보다 그냥 갖고 있는 게 이득이다. 물건값이 더 싸질 텐데 서둘러 살 필요가 없기 때문이다. 신규 투자를 구상하던 기업들도 부동산, 기계 등의 가격이 더 내려갈 것으로 예상하고 계획을 미룬다. 너도나도 씀씀이를 줄이면 시중에 돈이 잘 돌지 않는다. 판매가 위축된 기업들은 투자와 고용을 줄일 수밖에 없다. 근로자의 임금이 오르지 않고, 실업자는 늘어난다. 이는 다시 가계소득을 떨어뜨려 소비 침체를 부추기는 악순환을 낳는다.

빚을 내 집을 샀거나 주식에 투자한 사람들도 타격이 크다. 디플레이션이 깊어지면 이들이 보유한 자산의 가치는 자동으로 하락한다. 물가 하락은 곧 실질금리(명목금리-물가상승률) 상승을 의미하므로 부채 상환 부담이 커진다. 빚을 갚기 빠듯해진 사람들이 집과 주식을 내다 팔기 시작하면 실물경제는 더 깊은 침체의 수렁으로 빠져든다. 장기 불황이 현실화할 수 있다는 얘기다.

디플레이션에 빠진 경제는 무기력증 환자에 비유된다. 흥분한 사람에겐 진정제를 주면 되지만, 아무것도 하기 싫다는 사람이 활력을 되찾게 만드는 것은 훨씬 어렵다. 이런 이유로 경제전문가들은 "인플레이션보다 디플레이션이 더 위험하다"라고 말한다.

스태그플레이션 (stagflation)

경기가 침체된 상황에서 오히려 물가가 오르는 현상.

올 성장률 2.7%로 하향…점점 커지는 'S의 공포'

한국 경제가 24년 만에 처음으로 '4%대 물가, 2%대 성장'을 경험할 가능성이 커졌다. 한국은행이 26일 올해 소비자물가 상승률 전망치를 4.5%로 높이는 동시에 경제성장률 전망치를 3.0%에서 2.7%로 낮추면서다. 스태그플레이션(물가 상승 속 경기침체) 우려도 커지고 있다.

한은은 이날 '수정 경제 전망'에서 올해 경제성장률 전망치를 2.7%로 낮췄다. 지난해 성장률(4.0%)과 비교하면 1.3%포인트 하락한 수치다. 한은은 중국의 봉쇄 조치, 우크라이나 사태 등 대외여건 악화가 경기 하방 압력으로 작용할 것이라고 지적했다. 수출 증가세가 둔화되고, 건설투자도 당분간 부진할 것으로 전망했다.

2%대 저성장과 4%대 고물가 현실화되면 1998년 외환위기 이후 24년 만이다. 당시 한국 경제는 −5.1%의 성장률과 7.5%의 물가 상승률을 기록했다. 한은은 스태그플레이션 가능성엔 선을 그었다. 이창용 한은 총재는 이날 기자간담회에서 "2.7%라는 경제 성장률 전망치는 여전히 잠재 성장률보다 높은 수준"이라고 말했다.

그러나 국내외 경제 전문가들 사이에선 "안심할 수 없는 상황"이라는 말이 나온다. 성태윤 연세대 경제학부 교수는 "한국은 전형적으로 공급 비용 상승의 충격이 유발하는 스태그플레이션이 발생한 상황"이라고 진단했다.

임도원 기자, 〈한국경제〉, 2022. 5. 27

① 스태그플레이션을 우려하는 근거를 정리해보세요.

→ 경제성장률은 떨어지는데 물가상승률은 높아질 것으로 예상되기 때문

② 과거 저성장·고물가 사례를 파악해보세요.

→ 외환위기 직후인 1998년처럼 경제가 매우 어려웠던 시기에 발생

③ 스태그플레이션에 정책적 대응이 어려운 이유는 무엇일까요.

→ 물가를 잡으려면 금리를 올려야 하지만, 금리를 올리면 불황이 더욱 심화

◇◇◇◇◇◇◇◇◇◇◇◇◇◇◇

일반적으로 인플레이션은 경기가 팽창하는 시기에 발생한다. 성장이 과열되고 수요가 공급을 초과할 때 물가 또한 뛴다. 하지만 경기가 좋지 않아 생산활동이 위축되고 실업률이 높아지는 상황에서 물가가 뛰는 경우도 있다. 바로 스태그플레이션(stagflation)이다.

스태그플레이션은 경기 침체(stagnation)와 물가 상승(inflation)을 합친 말이다. 이 단어는 1·2차 오일 쇼크가 세계 경제를 덮친 1970년대에 처음 등장했다. 핵심 원자재인 원유 가격이 급등하자 기업들은 늘어난 생산비용을 가격 인상으로 만회하려 했다. 연쇄 급등하는 물가에 놀란 소비자들은 지갑을 꽉 닫았다. 기업들은 투자와 고용을 줄여야 했고, 일부는 수익성 악화를 견디지 못하고 도산하기도 했다. 결국 경기는 엉망인데 물가는 고공 행진하게 됐다.

이전까지 경제학자들은 임금상승률(물가상승률)과 실업률은 반비례한다는 '필립스 곡선'을 굳게 믿고 있었다. 바꿔 말하면 경제 성장과 물가 안정 중 어느 하나를 포기하면 나머지 하나는 자동으로 달성할 수 있다고 믿었다. 스태그플레이션은 그런 이분법을 깨 버렸다.

스태그플레이션이 무서운 것은 정부가 내놓을 수 있는 해결책이 마땅치 않다는 점이다. 돈을 풀면 물가를 자극하고, 돈을 죄면 경기가 얼어붙는다. 정부는 이러지도 저러지도 못하고 국민은 이중고에 시달리는 상황이 이어질 수 있다. 디플레이션이 무기력증이라면 스태그플레이션은 난치병에 비유되는 이유다.

하이퍼인플레이션? 디스인플레이션?

하이퍼인플레이션(hyperinflation)은 물가가 통제 불가능한 수준으로 폭등하는 상황을 말한다. 우리말로는 초(超)인플레이션이라고 한다. 통상 한 달 물가상승률이 50%를 넘어서면 하이퍼인플레이션에 접어든 것으로 본다.

디스인플레이션(disinflation)은 인플레이션이 지속되긴 하지만 상승폭이 차츰 줄어드는 상황을 말한다. 예를 들어 5%였던 소비자물가 상승률이 4%, 3%, 2% 식으로 내려가면 디스인플레이션이다. 디플레이션은 상승률이 아예 마이너스일 때를 의미하기 때문에 혼동해선 안 된다.

역사상 최악의 인플레이션은?
1946년 7월 헝가리 물가, '4경 1,900조%' 뛰었다

"인플레이션은 노상강도만큼 폭력적이고 살인청부업자만큼 치명적이다."

미국의 40대 대통령 로널드 레이건이 남긴 말이다. 인플레이션은 모두의 살림살이를 팍팍하게 하지만 가난한 나라, 가난한 사람에 더욱 혹독한 고통을 안긴다. 실제로 하이퍼인플레이션은 전쟁, 혁명 등으로 혼란에 빠졌거나 정부가 재정정책을 방만하게 운영한 나라에서 주로 나타났다.

역사상 최악의 하이퍼인플레이션 사례로 제2차 세계대전 직후 헝가리가 꼽힌다. 당시 이 나라는 펭괴(pengö)라는 화폐를 썼다. 1944년만 해도 최고액권은 1,000펭괴였다. 그런데 정부가 돈을 마구 찍어내 부족한 예산을 메꾸는 '나쁜 습관'에 빠지면서 사실상 화폐 역할을 할 수 없을 정도로 가치가 무너졌다. 1945년 7월부터 1년 동안 펭괴의 통화 유통량은 2,000조 배 불어났다. 1946년 7월 헝가리의 물가상승률은 4경 1,900조%. 14시간 49분이 지날 때마다 물가가 두 배로 뛰었다는 얘기다. 급기야 0이

스무 개 붙은 1해(垓)짜리 펭괴 지폐까지 만들어야 했다.

이쯤 되면 화폐를 기반으로 한 물물 거래는 붕괴된다. 근로자가 아무리 열심히 일해 돈을 벌어도 실질소득은 뒷걸음질하기 때문이다. 헝가리인들은 저축은커녕 돈의 가치가 더 떨어지기 전에 서둘러 써버리려 했다. 결국 1946년 8월 새로운 화폐인 포린트(forint)가 등장하면서 펭괴는 역사 속으로 사라졌다. 교환 비율이 '400,000,000,000,000,000,000,000,000,000 펭괴=1포린트'였으니 화폐 가치가 얼마나 형편없는 수준까지 추락했는지 짐작할 수 있다.

2009년에는 아프리카의 짐바브웨가 하이퍼인플레이션을 감당하지 못하고 '통화주권 포기'를 선언했다. 자국 화폐인 짐바브웨달러 사용을 전면 중단하고 미국 달러화를 쓰기로 한 것이다. 2008년 11월 짐바브웨의 물가상승률은 796억%. 당시 이 나라 사람들은 돈다발을 수레에 실어 100조 짐바브웨달러를 들고 가도 달걀 세 개밖에 살 수 없었다고 한다.

가장 근래의 하이퍼인플레이션 사례로는 베네수엘라를 들 수 있다. 지금은 베네수엘라 하면 '포퓰리즘으로 무너진 빈국'을 떠올리는 사람이 많지만 1960년대만 해도 세계 4위 경제 대국이었다. 석유 매장량이 워낙 풍부한 나라여서다. 하지만 모든 것을 국가가 주도하는 사회주의 정책이 민간 경제 기능을 마비시켰고, 선심성 복지 정책도 버리지 못하면서 위기를 자초했다.

베네수엘라 물가상승률이 폭등하기 시작한 것은 2016년부터인데, 2019년 1월 268만 8,670%로 정점을 찍었다. 정부가 물가상승률 집계를 아예 포기한 탓에 국회가 대신 추정한 수치다. 생활고가 이어지자 국민 3,200만 명 중 600만 명이 이웃나라로 빠져나갔다. 베네수엘라 난민들은 휴지 조각이 된 볼리바르(bolivar) 지폐로 지갑, 벨트, 핸드백 같은 공예품을 만들어 생활비를 벌기도 했다.

intro

"아, 일하기 싫다!" 직장인들이 습관적으로 하는 말이다. 하지만 한편으론 이런 생각도 든다. 일하지 않는 삶이 반드시 행복하다고 할 수 있을까. 사람에게 노동은 생계유지의 도구인 동시에 자아실현의 수단이라고들 한다. 국가 관점에서도 노동은 부가가치를 창출하고 경제를 성장시키는 핵심 생산요소 중 하나다. '조기 은퇴'가 선망의 대상이 되고 '조용한 퇴사'가 유행하는 세상이라지만, 땀 흘려 일하는 것의 가치는 여전히 유효하다.

3장

고용

고용률/실업률 (employment rate/unemployment rate)

고용률은 생산가능인구 중 취업자의 비율,
실업률은 경제활동인구 중 실업자의 비율.

작년 고용 81만명 늘었지만…올핸 10만명도 빠듯

코로나19 방역조치 해제에 따른 일상 회복으로 지난해 취업자가 81만여 명 늘며 22년 만에 최대 상승폭을 기록했다. 고용률도 역대 최고치를 경신했다. 하지만 취업자 증가세는 7개월 연속 둔화하는 등 경기 침체의 신호가 곳곳에서 감지되고 있다.

통계청이 11일 발표한 '2022년 12월 및 연간 고용동향'에 따르면 지난해 취업자는 2808만9000명으로 전년 대비 81만6000명(3.0%) 증가했다. 2000년(88만2000명) 후 최대 상승폭이다. 고용률은 62.1%로 전년 대비 1.6%포인트 상승해 1963년 통계 작성 이후 최고 수준을 나타냈다.

실업률은 2.9%로 전년 대비 0.8%포인트 하락했다. 실업자는 83만

3000명으로 1년 전보다 20만5000명 줄었다. 공미숙 통계청 사회통계국장은 "일상 회복에 따른 활동 증가, 돌봄 수요 확대, 상반기 수출 호황 등이 맞물렸다"고 분석했다.

하지만 전체 취업자 수 증가분의 55%에 달하는 45만2000명이 60세이상 고령층이었다. 경제활동의 허리를 담당하는 30·40대는 증가폭이 4만9000명에 불과했다. 업종별로도 보건업 및 사회복지서비스업(18만명)이 가장 많이 늘었다. 정부 예산으로 만들어진 노인 일자리 증가의 영향이 크다는 평가가 나온다.

황정환 기자, 〈한국경제〉, 2023. 1. 12

① **고용률과 실업률은 핵심적 일자리 지표입니다. 우선 최신 수치를 확인하세요.**

→ 2022년 고용률 62.1%로 역대 최고, 실업률은 2.9%로 전년 대비 하락

② **취업자 수의 증감 추이도 함께 살펴보세요.**

→ 1년 동안 81만 6,000명 증가, 22년 만에 최대폭 증가

③ **이와 같은 고용 지표 변화를 이끈 원인을 파악해보세요.**

→ 코로나 방역 완화로 경제활동이 활발해지면서 고용 회복세 견인

④ **'좋은 일자리'가 얼마나 늘었는지, 즉 고용의 질에 대한 평가도 정리해보세요.**

→ 정부 예산으로 만든 60대 이상 일자리가 주로 늘어난 점이 아쉬움

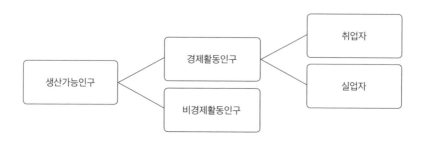

일자리도 시장에서 거래되는 하나의 상품이라 할 수 있다. 직원을 뽑으려는 사람, 그리고 직업을 구하려는 사람 사이에 '수요'와 '공급'이 맞아떨어져야 하기 때문이다. 노동시장 현황을 보여주는 기본적 지표로 고용률과 실업률을 꼽을 수 있다. 통계청이 한 달에 한 번 발표하는 고용동향 자료에서 확인할 수 있으며 다른 나라들도 매달 수치를 공표하고 있다.

고용률과 실업률을 쉽게 이해하려면 먼저 인구 통계와 관련한 용어를 짚고 갈 필요가 있다. 생산가능인구는 15세 이상 인구를 뜻하는데, 경제활동인구와 비경제활동인구로 나눈다. 여기서 '경제활동'이란 취업해서 일하고 있는 것과 취업을 위한 구직 활동을 모두 포함한다. 따라서 경제활동인구는 취업자와 실업자로 구분할 수 있다. 비경제활동인구는 나이는 생산가능인구에는 포함되지만 경제활동에 참가할 의사나 능력은 없는 사람들이다. 전업주부, 은퇴자, 학생 등을 생각하면 된다. 다시 고용지표로 돌아가 보자.

고용률은 생산가능인구 중 취업자의 비율이다. 15세 이상 인구 가운데 얼마나 많은 사람이 실제 취업 중인지를 나타낸다. 참고로 경제협력개발기구(OECD)가 고용률을 계산할 때는 생산가능인구를 15~64세로 정의하기 때문에 통계청은 국내 기준과 OECD 기준 고용률을 함께 발표하고 있다.

실업률은 경제활동인구 중 실업자의 비율이다. 경제활동에 참여하길 원하지만 취업하지 못한 사람이 얼마나 되는지를 보여준다. 보통 '취준생'이나 '취포자'를 실업자로 생각하기 쉽지만 통계상 이들은 실업률에 반영되지 않는다. 취업 상태도 실업 상태도 아닌 비경제활동인구로 분류돼서다. 청년실업률은 연령을 15~29세로 한정해 계산한 실업률이다.

언뜻 보기에 고용률이 오르면 실업률은 떨어지고, 고용률이 낮아지면 실업률은 오르는 역(逆)의 관계가 성립한다고 오해할 수 있다. 반드시 그런 것은 아니다. 비경제활동인구가 고용률을 산출할 땐 포함되고 실업률을 계산할 땐 빠지기 때문이다. 취업난이 장기간 이어져 취업준비자와 구직단념자가 증가한다면 실업률은 오히려 떨어질 수 있다.

경기가 회복되는 시기에 고용률과 실업률이 동시에 뛰는 일도 가능하다. 한쪽에선 취업에 성공하는 사람이 늘어나 고용률이 상승하고, 다른 한쪽에선 구직을 포기했던 사람들까지 일자리 찾기에 다시 도전하면서 통계상 실업자 규모가 증가해 실업률도 오르는 것이다.

고용지표는 경기 외에 인구 구조 변화에도 영향을 많이 받는다. 취업자 수가 감소했어도 인구가 더 큰 폭으로 줄었다면 고용률이 상승하는 착시현상이 나타날 수 있다. 이처럼 한 가지 지표만 단편적으로 봐서는 고용 동향을 정확하게 파악하기 어려운 만큼 취업자 수의 증감, 고용률, 실업률 등을 균형 있게 들여다봐야 한다는 게 통계 전문가들의 공통된 설명이다.

완전고용 (full employment)

일할 의사와 능력이 있고 취업을 희망하는 사람은 모두 고용되는 상황.
통상 실업률이 2~3% 정도면 완전고용으로 본다.

美·유럽·日, 저성장인데 완전고용…"원인은 일손 부족"

선진국들이 '일자리가 풍부한 경기침체(jobful recession)'라는 수수께끼 같은 상황을 동시에 맞았다. 경제는 저성장 또는 침체 상태인데 실업률은 완전고용 수준으로 낮아 경제학의 통념과 어긋난다. 월스트리트저널(WSJ)은 이 같은 현상의 원인은 고령화에 따른 근로자 부족, 코로나19 팬데믹(세계적 대유행) 동안 이민자 유입 감소 등이라고 7일(현지시간) 보도했다.

미국은 지난 1분기와 2분기 국내총생산(GDP)이 역성장해 기술적 경기 침체에 빠졌다. 하지만 지난달인 7월 미국의 실업률은 3.5%로 1969년 이후 최저였던 2020년 2월과 같았다. 2차 세계대전 뒤 미국이 겪은 과거 12번의 경기침체는 모두 경기 위축과 실업률 상승을 동반했다는 점을 감안할 때 현재 상황은 특이하다고 WSJ는 전했다.

유럽연합(EU) 경제대국인 독일은 2분기 GDP 증가율이 0%로 잠정 집계됐다. 러시아가 우크라이나를 침공한 이후 발생한 에너지 대란 때문이다. 하지만 6월 실업률은 2.8%로 40년 만에 최저치를 기록했다. 일본의 지난 6월 실업률도 2.6%로 선진국 경제 중에서도 손꼽히는 수준으로 낮다.

이 같은 현상은 2008년 글로벌 금융위기 이후 나타난 '고용 없는 회복(jobless recovery)'과는 정반대다. 글로벌 금융위기 뒤 미국, EU 등의 경제가 성장세로 돌아섰음에도 실업률은 수년 동안 계속 높았다.

이고운 기자, 〈한국경제〉, 2022. 8. 9

① '완전고용'이라 불리는 선진국의 실업률 수준을 확인해보세요.

→ 미국 3.5%, 독일 2.8%, 일본 2.6%

② 실업률이 낮은 원인은 무엇인지 파악해보세요.

→ 고령화와 코로나 봉쇄 영향으로 노동력 공급이 부족해진 것으로 추정

③ 경기와 고용 사이에 어떤 관계가 있는지 정리해보세요.

→ 통상 경기 침체는 실업률 상승을 동반하기 때문에 최근 통계는 이례적

코로나19가 걷잡을 수 없이 퍼지기 시작한 2020년 4월, 미국의 실업률은 14.7%로 치솟았다. 미국 정부가 실업률 집계를 시작한 1948년 이후 사상 최고치였다. 2차 오일 쇼크로 경제가 휘청이던 1982년 11월 찍었던 종전 최고 기록(10.8%)마저 뛰어넘었다. '대공황 이후 최악의 일자리 쇼크'라는 비명이 터져 나왔다. 그런데 불과 2년 뒤 미국 실업률은 뚝 떨어져 코로나 이전 수준으로 돌아갔다. 일할 사람을 구하지 못해 여기저기서 아우성이었다. 사실상 완전고용 상태가 됐다는 평가를 들었다.

실업률이 0%가 아닌데 왜 완전고용이라고 하는 것일까. 경제학에서 완전고용은 일할 의사와 능력이 있고 취업을 원하는 사람이라면 원칙적으로 전부 고용되는 상황, 즉 노동시장에서 수요와 공급이 일치하는 상태다. '실업자 제로'는 현실에서 불가능하다. 아무리 호황이어도 구직, 이직 등의 과정에서 일시적으로 일을 쉬는 '마찰적 실업'이 어느 정도 발생하기 때문이다. 경제가 완전고용을 유지하는 중에서도 지속되는 실업률을 자연실업률이라 부른다.

실업률이 얼마일 때 완전고용이라는 획일적인 기준은 없다. 다만 미국이나 일본 같은 선진국 규모의 경제에서는 2~3% 안팎의 실업률이면 완전고용으로 보는 것이 일반적이다.

우리나라도 최근 실업률이 2~3%대를 기록할 때가 많지만 완전고용이란 말은 잘 나오지 않는다. 실제 노동시장 분위기는 그렇지 않기 때문이다. 한국은 원래 다른 나라보다 실업률이 낮게 나오는 경향이 있다. 산업구조 차이와 인구학적 특성이 주된 원인으로 꼽힌다. 우선 일하고 싶은 마음은 있지만 현실적으로 일자리를 찾기 어려워 구직 활동을 포기하는 경력단절여성과 고령자가 많다. 또 농림어업과 자영업의 비중이 선진국보다 높은데, 이들은 일을 쉬게 되면 다른 직업을 찾기보다 비경제활동인구로 빠지는 사례가 많은 점도 영향을 미친 것으로 분석된다.

| 참고 |

실업률보다 빠른 美실업수당 통계

국제뉴스에서 미국 노동부가 매주 공개하는 '신규 실업수당 신청 건수'(initial jobless claims)로 미국의 고용 동향을 분석하는 기사를 자주 볼 수 있다. 이 숫자가 폭증했다면 실직자가 쏟아지고 있다는 얘기다. 한 달에 한 번 발표되는 실업률에 비해 속보성이 뛰어나고, 몇 주치 흐름을 보면 방향성을 파악할 수 있다는 게 장점이다. 한국에서도 구직급여 신청 건수가 공개되지만 활용도는 낮은 편이다. 월간 단위로 나오는 데다 선진국처럼 해고가 쉽지 않은 국내 노동시장 특성도 있어 경기를 가늠하는 잣대로서 한계가 있다.

최저임금 (minimum wage)

사업주가 근로자에게 의무적으로 지급해야 하는 최소한의 임금.

韓 임금수준, 日 추월했다

한국 임금 수준이 최저임금에서부터 월급통장에 들어오는 명목임금까지 모든 부문에서 일본보다 높아졌다는 분석이 일본에서 나왔다. 일본무역진흥기구(JETRO)는 최근 보고서를 통해 한국 최저임금이 일본에서 최저임금이 가장 비싼 도쿄를 앞질렀다고 밝혔다.

2023년 한국 최저임금은 9620원으로 올해보다 5% 오른다. 5일 환율(100엔=960원)을 적용하면 1002엔이다. 일본의 내년(2022년 10월~2023년 9월) 평균 최저임금은 961엔으로 한국보다 41엔 낮다. JETRO는 "문재인 정부가 지난 5년간 최저임금을 6570원에서 9160원으로 41.6% 끌어올린 영향"이라고 분석했다.

일본은 47개 광역 지방자치단체별로 최저임금이 다르다. 가장 비싼 도쿄의 내년 최저임금은 1072엔으로 한국보다 70엔 높다. 하지만 일본에 없는 주휴수당이라는 제도를 적용하면 상황이 달라진다고 JETRO는 설명했다. 주휴수당은 1주일에 15시간 이상 일하는 근로자에게 하루분의 수당을 추가 지급하는 제도다. 주휴수당을 반영한 한국의 실질적인 최저임금은 9620원보다 20% 많은 1만1544원(약 1202엔)이 된다. 도쿄의 최저임금보다 130엔 높다. 한국에서 1인당 소득이 가장 낮은 제주의 편의점에서 1주일에 15시간 이상 일하는 아르바이트생 시급이 도쿄보다 높은 셈이다.

정영효 기자, 〈한국경제〉, 2022. 12. 6

① 최저임금은 여러 선진국이 도입한 제도입니다. 올해 한국에선 얼마일까요.

→ 2023년 9,620원, 1년 전보다 5% 인상

② 최저임금 제도의 긍정적·부정적 효과를 각각 따져보세요.

→ 근로자의 삶의 질 향상에 기여하지만 일자리 감소, 물가 상승 등을 유발할 수도

③ 해외의 최저임금이 한국과 다른 점은 무엇인지 파악해보세요.

→ 일본은 지역마다 경제 여건에 따라 최저임금을 달리 적용

◇◇◇◇◇◇◇◇◇◇◇◇

최저임금은 국가가 임금의 최저 수준을 정하고, 어느 일터에서든 그 이상의 임금을 지급하도록 법으로 강제하는 제도다. 1894년 뉴질랜드를 시작으로 미국·영국·일본 등 여러 선진국이 도입했다. 한국에서 본격 시행된 것은 1988년부터다. 헌법 32조는 국가가 최저임금제를 시행해야 한다고 규정했다. 근로자를 한 명 이상 고용했다면 무조건 지켜야 하고, 위반 시 징역이나 벌금형에 처한다.

모든 근로자에게 최소한의 삶의 질을 보장해야 한다는 최저임금의 취지는 당연히 선한 것이다. 다만 경제학의 눈으로 본 최저임금은 직접적인 '가격 통제' 정책에 속한다. 원칙적으로 시장에서 정해져야 할 가격에 정부가 개입하면 순기능과 부작용을 동시에 불러온다.

노동계는 근로자 소득이 크게 늘면 결국 내수 경기 활성화에도 도움이 된다고 주장한다. 반면 경영계는 과도한 인상은 기업 생산성을 깎아먹게 된다고 맞선다. 최저임금을 급격히 올릴수록 비숙련·저임금·아르바이트 일자리부터 줄어든다는 점도 강조한다.

최저임금은 사회적 합의기구를 통해 1년 단위로 정한다. 근로자 대표 9명, 사용자 대표 9명, 공익위원 9명까지 총 27명으로 구성된 최저임금위원회가 인상안을 의결해 정부에 제출하면, 고용노동부 장관이 8월 5일까지 확정해 고시하는 방식으로 운영된다. 해마다 봄이 되면 다음 해 최저임금을 논의하는 회의가 시작하는데, 최대한 올리려는 노동계와 조금만 올리려는 경영계의 '기싸움'을 연례행사처럼 볼 수 있다. 400만 명에 이르는 저임금 노동자와 영세 자영업자, 소상공인, 중소기업의 이해관계가 복잡하게 맞물린 사안이기 때문이다.

전 국민에 같은 최저임금을 적용하는 한국과 달리 해외에서는 업종과 지역에 따라 유연하게 운영하는 사례가 많다. 일본은 47개 지방자치단체를 A·B·C·D 네 등급으로 나눠 최저임금을 달리 적용한다. 지역마다 근로자의 생산성과 고용주의 능력이 다르다는 이유에서다. 미국은 정부가 연방 최저임금을 정하되 주(州)에 따라 최저임금을 다르게 설정할 수 있다. 캐나다 역시 주별로 최저임금을 결정하며 직종에 따라서도 차등을 두고 있다. 예컨대 식당 직원은 팁을 받는다는 이유로 최저임금이 다른 근로자보다 낮고, 재택근무자는 전기·난방요금을 부담한다는 이유로 많이 받는다. 영국과 네덜란드는 숙련도를 감안해 나이가 어린 청년에게는 낮은 최저임금을 적용하는 사례다.

국내에서도 업종, 지역, 연령 등에 따라 최저임금에 차등을 둬야 한다는 요구가 경영계에서 꾸준히 나오고 있다. 하지만 특정 직종이 '저임금 일자리'로 낙인찍힐 수 있고, 사회 평등을 저해한다는 반론도 커 쉽게 받아들여지긴 어려워 보인다.

합계출산율 (total fertility rate)

여성 한 명이 평생에 걸쳐 낳을 것으로 예상되는 평균 출생아 수.

'젊은 부부' 몰려드는 캐나다…청소년 3명 중 1명은 이민가정

캐나다는 주요 7개국(G7) 가운데 인구 증가율이 가장 높은 나라다. 지난해 캐나다 인구증가율은 5.2%였다. 캐나다의 합계출산율이 2020년 사상 최저를 찍을 만큼 저출산 기조가 장기간 이어진 점을 감안하면 의아해지는 숫자다. 정답은 이민이다. 1980년대부터 미래의 '인구절벽' 가능성에 대처하기 위해 적극적으로 이민을 받은 결과다.

캐나다 역시 여느 선진국처럼 저출산과 고령화 문제를 안고 있다. 캐나다의 2020년 합계출산율은 1.41명으로 사상 최저를 기록했다. 인구 규모를 유지하는 데 필요한 대체 출산율(2.1명)에 턱없이 못 미친다. 고령화도 빠르게 진행 중이다. 캐나다 정부는 근로자 대 은퇴자 비율이 50년 전 7 대 1에서 2035년엔 2 대 1로 바뀔 가능성을 우려하고 있다.

캐나다가 고령화 속도를 늦추는 방법은 이민이다. 최근 노동력 증가분의 거의 전부가 이민자다. 2032년엔 캐나다 인구 증가의 100%가 이민자 유입에 의존할 전망이다.

캐나다 통계청에 따르면 지난해 캐나다 인구의 23%(약 830만 명)가 이민자(영주권자 포함)였다. G7 중 가장 높은 비율이자 캐나다 역사상 최고치다. 세계 곳곳에서 젊은 이민자가 몰리면서 캐나다의 '노화' 속도가 늦어졌다. 캐나다의 전체 인구 중 생산가능인구(15~64세)가 차지하는 비중은 65%로 G7 중에서 최상위권이다.

이고운 기자, 〈한국경제〉, 2022.11.29

① **인구 감소가 경제에 악영향을 끼치는 이유를 생각해보세요.**

→ 노동력이 줄어 생산·소비·투자·고용이 동반 감소하는 악순환이 나타날 수 있음

② **저출산을 보여주는 대표적 지표는 합계출산율입니다. 우선 수치를 확인하세요.**

→ 캐나다의 합계출산율은 1.41명, 인구 규모를 유지할 수 없는 수준

③ **인구 절벽을 막기 위한 대응책은 무엇이 있을까요.**

→ 캐나다는 적극적인 이민자 유치로 노동력과 내수 기반을 확대

◇◇◇◇◇◇◇◇◇◇◇◇◇◇

한국 노동시장이 직면한 가장 근본적인 위기는 '인구 절벽(demographic cliff)'이다. 2017년 생산가능인구가 사상 처음 감소했고, 2021년부터는 총인구도 내리막길을 걷기 시작했다. 일할 사람도 돈 쓸 사람도 다 줄어든다는 얘기다. 통계청은 지금 추세라면 100년 뒤 국내 인구가 2,000만 명선에 턱걸이할 것이라는 우울한 전망까지 내놨다.

저출산 문제와 관련한 기사에 늘 등장하는 통계가 바로 합계출산율이다. 출산 가능한 여성의 나이인 15세부터 49세까지를 기준으로, 여성 한 명이 평생 낳을 것으로 기대되는 평균 출생아 수를 계산한 것이다. 연령별 출산율을 모두 더해서 구한다.

우리나라 합계출산율은 1970년만 해도 4.71명에 달했다. 이후 정부의 인구 억제 정책, 초혼 연령 상승 등의 영향으로 지속적으로 하락했다. 1984년(1.74명)에 2명 아래로 떨어졌고, 2018년(0.98명)에는 1명대가 무너졌다. 2021년에는 더 낮아져 0.81명이 됐다. 경제협력개발기구(OECD) 회원국 중 최하위다. 경제력이 올라갈수록 아이를 덜 낳는 것은 어느 정도 자연스러운 현상이다. 그렇다고 해도 한국은 그 속도가 너무 빠르다.

정부는 2005년 '저출산·고령화사회 기본법' 제정 이후 저출산 문제에만 280조 원 넘는 예산을 쏟아부었다. 하지만 별로 달라지는 게 없다. 보조금과 수당을 지원해주는 1차원적 방식으론 문제를 해결할 수 없다는 점이 명확해지고 있다.

노벨경제학상 수상자인 고(故) 게리 베커 교수는 저출산이 사람들의 효율적 선택이라고 설명했다. 아이를 낳아 누리는 효용보다 들어가는 비용이 많으니 포기한다는 것이다. 특히 임금 수준이 높은 선진국·고소득층 부부일수록 출산의 기회비용이 크다는 분석이다.

우리와 같은 고민을 해온 다른 나라들은 이민에서 해답을 찾기도 했다. 국내에서도 이민청을 설립하고 해외 인재를 적극적으로 유치하자는 목소리가 나왔다. 다만 유럽 사례에서 보듯 이민자가 많아질수록 제노포비아(Xenophobia·외국인 혐오) 같은 사회적 갈등도 만만치 않다. '단일 민족' 정서가 유독 강한 한국에선 더욱 무거운 과제가 되지 않을까.

'인구 대국' 바뀐다
인도가 세계 1위로……중국은 이제 고령사회

세계에서 인구가 가장 많은 나라가 중국에서 인도로 바뀐다. 유엔은 2023년 4월 인도 인구가 14억 2,862만 명을 기록해 중국을 추월할 것으로 분석했다. 중국은 송나라(960~1279년) 때 인구 1억 명을 넘어선 뒤로 1,000년을 독점해온 '인구 대국' 타이틀을 넘겨주게 됐다.

오랫동안 '한 가정 한 자녀' 정책을 폈던 중국은 어느새 인구 감소를 걱정하는 상황이다. 중국 정부 공식 통계에 따르면 2022년을 기점으로 총인구가 줄어들기 시작했다. 또 노인 비중이 14.2%를 기록해 고령사회에 진입했다.

유엔은 65세 이상인 사람을 고령인구로 정의한다. 고령인구가 총인구에서 차지하는 비율이 7% 이상인 나라는 고령화사회(ageing society), 14% 이상이면 고령사회(aged society), 20% 이상이면 초고령사회(superaged society)로 분류한다. 한국은 2001년 고령인구 비율이 7.2%를 기록하며 고령화사회에 들어섰고, 2018년에는 14.4%로 더 높아져 고령사회가 됐다.

늙어간다는 것, 사람한테도 그렇지만 나라 경제에는 더더욱 서글픈 일이다. 연금과 복지 혜택이 필요한 연령층은 급격히 늘어나는 반면 일하면서 세금 내는 젊은 층은 점차 줄어들기 때문이다.

통계청은 2025년 국내 고령인구가 20.6%까지 늘어 초고령사회에 공식 진입할 것으로 보고 있다. 고령사회에서 초고령사회로 넘어가는 데 7년밖에 걸리지 않는다는 얘기다. 스웨덴은 48년, 프랑스는 40년, 독일은 34년, 포르투갈은 23년, 일본은 11년이 걸린 일이다. 한국은 전쟁 직후 태어난 베이비붐 세대(1955~1963년 출생자) 710만 명이 대거 은퇴하면서 빠른 속도로 고령화가 진행되고 있다.

국제통화기금(IMF)은 인도 국내총생산(GDP)이 영국·독일·일본을 차례로 제치고 2027년 세계 3위에 오를 것이란 전망을 내놨다. 물론 인도는 계획경제 잔재가 강하게 남아 있고 지역·계층별 양극화가 워낙 심해 장밋빛 전망이 그대로 현실이 될지 장담할 수는 없다. 하지만 젊은 인구 구조가 인도 경제의 고성장을 이끄는 원동력이 될 것이란 점에는 전문가들 시각이 일치한다. 2030년 중위연령(총인구를 나이순으로 줄 세웠을 때 가장 중간에 있는 사람의 나이)이 중국은 42세, 미국은 40세인 반면 인도는 31세로 예측된다.

intro

평소 환율에 관심이 없던 사람도 해외여행이나 해외 직구를 앞두고선 환율 변동에 민감하게 반응하게 된다. 하물며 매일 세계 시장을 무대로 뛰는 기업들은 어떨까. 항공사나 정유사의 경우 다른 조건은 그대로인 채 원·달러 환율이 10원만 올라도 장부상 수백억 원의 손실을 본다. 환율은 서학개미들의 투자 수익률을 좌우하는 중요 변수이기도 하다. 개방화가 이뤄질수록 환율이 국가 경제에 미치는 영향력은 커진다.

4장

환 율

환율 (exchange rate)

서로 다른 두 나라 화폐 간의 교환비율.
우리나라 경제에서 가장 중요한 환율은 원·달러 환율이다.

원·달러 환율 보름새 80원 급등…외환당국 "쏠림 과도"

원·달러 환율이 17일 장중 한때 1300원대로 뛰면서 다시 환율이 불안해지고 있다. 이날 서울외환시장에서 환율은 14원70전 오른 1299원 50전에 마감했다. 7원10전 오른 1291원으로 거래를 시작해 상승폭을 키웠다. 오후 한때 1303원80전까지 뛰었다. 환율이 장중 1300원을 넘은 것은 작년 12월 20일(1305원) 이후 두 달 만이다.

환율은 지난해 10월 1400원대 중반까지 오른 뒤 한동안 하락세를 보였다. 이달 2일엔 종가 기준 1220원30전까지 밀렸다. 제롬 파월 미국 중앙은행(Fed) 의장이 "디스인플레이션(물가 상승 둔화)이 시작됐다"고 밝히면서 Fed의 피벗(정책 기조 전환)에 대한 기대가 커진 결과다.

하지만 미국의 인플레이션이 쉽게 꺼지지 않는 데다 고용지표까지 예상보다 높게 나오면서 환율이 다시 꿈틀거리기 시작했다. 특히 이날은 Fed 내부에서 빅스텝(한 번에 기준금리 0.5%포인트 인상) 필요성까지 제기하면서 긴축 공포가 커졌다. 그 결과 환율은 지난 2일 이후 보름 새 80원 가까이 뛰었다.

외환당국도 환율 급등에 촉각을 곤두세웠다. 기재부 관계자는 이날 환율이 장중에 급등하자 "환율 움직임이 과도한 것 같다. 조금 쏠림이 있는 것 같다"고 '구두 개입'에 나섰다.

조미현 기자, 〈한국경제〉, 2023. 2. 18

① **원·달러 환율이 어떻게 변했고, 화폐 가치에는 어떤 의미인지 확인하세요.**

→ 전날보다 14원 70전 오른 1,299원 50전, 원·달러 환율 상승은 원화 가치 하락을 의미

② **특정 시점의 환율보다는 최근 흐름에 주목해보세요.**

→ 넉 달 전 1,400원대를 찍고 하락세를 이어왔지만 보름 동안 80원 반등

③ **환율 변동을 유발하고 있는 요인을 찾아보세요.**

→ 미국이 긴축 정책을 유지할 것이란 전망에 달러화가 다시 강세로 전환

④ **국내 경제에 미칠 다양한 영향을 예상해보세요.**

→ 수입물가 상승으로 소비자 부담 가중, 자본시장의 외국인 자금 이탈 등 우려

경제신문을 처음 읽을 때 많이 헷갈리는 게 '환율'과 '원화 가치'가 반대로 움직인다는 점이다. 예를 들어 원·달러 환율이 어제 1,000원이었고 오늘 2,000원이 됐다고 하자. 환율은 하루 새 두 배로 '상승'했다. 그런데 어제는 1,000원을 내면 1달러를 받을 수 있었는데, 오늘은 2,000원을 줘야 1달러를 얻을 수 있다. 원화의 가치는 반 토막으로 '하락'한 것이 된다. 원·달러 환율 상승은 원화 가치 하락, 환율 하락은 원화 가치 상승과 똑같은 말이라는 것을 기억해 두자. 원·달러 환율을 달러화의 가치로 생각해도 된다.

환율이 달라지면 국내 경제엔 어떤 영향을 줄까. '우산 장수와 부채 장수'라는 전래동화처럼 웃는 사람과 우는 사람이 동시에 생긴다.

환율 상승을 예로 들면, 우선 수출기업에는 호재다. 같은 상품을 팔아도 원화로 환산한 금액이 많아지니 이익이 늘어난다. 해외 판매가를 낮춰 가격 경쟁력을 높이는 전략도 가능해진다. 반면 수입이 많은 기업에겐 악재다. 같은 상품을 수입해도 더 많은 원화를 지불해야 한다. 환율 상승분을 반영해 국내 가격을 올리든가 자체적으로 감내하는 수밖에 없다.

적정 수준을 넘어서는 환율 상승은 자본시장에 큰 충격을 준다. 원화 가치가 떨어지면 국내에 투자했던 외국인들이 한국 주식과 채권을 팔아치우고 떠나는 '셀 코리아(sell korea)'에 나설 수 있어서다. 외국에 있는 자녀에게 정기적으로 송금하는 기러기 아빠에게도 환율 상승은 달갑지 않은 뉴스다. 외채를 갚기 위해 필요한 원화의 양도 늘어나 정부와 민간의 외채 상환 부담이 커지는 측면도 있다.

한국은 수출에 많은 부분을 의존하는 나라이자, 천연자원이 부족해 원유를 비롯한 각종 원자재의 상당 부분을 수입에 의존하는 나라다. 환율 상승은 수출기업의 생산을 활발하게 하는 동시에 수입기업의 원가를 높이고 물가에 불안요인으로 작용하는 '양날의 검'이 될 수 있다.

최근에는 환율 상승이 수출 증대로 이어지는 효과가 예전보다 떨어졌다는 지적도 나오고 있다. 한국의 산업 구조가 바뀌고 있기 때문이다. 국내 기업들은 해외 생산기지를 잇따라 구축해 현지 생산, 현지 판매를 강화하는 추세다. 또 제품을 만드는 데 필수적인 핵심 원재료를 수입에 의존하는 업종이 많아졌다. 이런 이유 때문에 환율이 올라도 원가 부담 상승분이 매출 증가 효과를 상쇄할 수 있다는 것이다. 만약 금리 상승, 경기 침체 등이 가속화하는 상황이라면 수출 경쟁력 향상을 기대하기가 더 어려워질 수 있다.

외환시장 (foreign exchange market)

외환을 사고파는 장소. 이곳에서의 수요와 공급에 따라 환율이 결정된다.

'IMF 트라우마' 벗고…외환시장 門 연다

정부가 내년 7월부터 외환시장 마감 시간을 새벽 2시로 연장한다. 해외 은행과 증권회사의 국내 외환시장 직접 참여도 허용한다. 1948년 건국 후 폐쇄적으로 운영해온 외환시장을 70여 년 만에 대폭 개방하기로 한 것이다.

기획재정부와 한국은행은 7일 이 같은 '외환시장 선진화 방안'을 발표했다. 우선 오전 9시~오후 3시30분인 외환시장 운영시간을 영국 런던 금융시장이 마치는 다음날 새벽 2시(한국시간)까지 연장한다. 뉴욕 월가, 런던 등에 있는 해외 금융회사의 국내 외환시장 참여를 늘리기 위한 조치다. 정부는 시장 여건 등을 고려해 외환시장 운영시간을 단계적으로 24시간으로 늘릴 계획이다.

일정 요건을 갖춰 정부 인가를 받은 해외 금융회사의 외환시장 직접 참여도 허용한다. 현재 국내 은행, 외국 은행 국내 지점, 증권사 등 54곳만 참여하는 외환시장의 문호를 넓히겠다는 것이다. 정부는 국내 외환시장이 '외국인 놀이터'로 전락하는 것을 막기 위해 투기적 성격이 있는 헤지펀드는 인가 대상에서 제외할 계획이다.

김성욱 기재부 국제경제관리관은 "한국 경제가 선진국 수준으로 발돋움했지만 외환시장만큼은 1997년 외환위기 트라우마로 폐쇄적이고 제한적인 구조에서 벗어나지 못했다"며 "국내 외환시장 규모가 확대되고 참여자가 늘면서 원화 자산의 매력이 커지고 환율 안정에도 기여할 것"이라고 말했다.

황정환·조미현 기자, 〈한국경제〉, 2023. 2. 8

① **우리나라 외환시장의 기본 구조를 파악해보세요.**

→ 오전 9시~오후 3시 30분 개장, 변동환율 채택, 외국인에겐 일부 폐쇄적 성격

② **외환시장 개방으로 얻을 수 있는 긍정적 효과는 무엇일까요.**

→ 참여자와 거래량이 늘어날수록 원화 투자 수요가 증가하고 환율 안정에 기여

③ **외환시장 개방으로 생길 수 있는 부정적 효과도 생각해보세요.**

→ 투기세력 진입이 늘고 당국의 대응이 어려워지면 변동성 오히려 커질 위험

환율 변동의 영향은 양면성이 있는 만큼 방향보다는 속도가 중요하다. 단기간에 출렁이면 수출·수입가격의 불확실성이 커져 무역이 위축되고, 곳곳에서 예상 밖의 투자 손실이 터져 나오게 된다. 한국은 1997년 외환위기와 2008년 금융위기 당시 원·달러 환율이 수시로 널뛰기를 해 큰 혼란을 겪은 경험이 있다.

환율은 기본적으로 외환시장에서 수요와 공급에 따라 결정된다. 하지만 구체적으로 따져보면 수십 가지 변수가 얽히고설킨 '고차방정식'과 같다.

우선 국제수지가 '흑자(달러 유입)냐 적자(달러 유출)냐'가 환율에 영향을 준다. 국내 기업의 수출이 늘거나, 해외 투자자가 국내 자산을 많이 사들이거나, 외국인 관광객이 증가한다고 가정해보자. 달러를 벌어들인 만큼 국내에서 달러가 흔해지기 때문에 원·달러 환율의 하락(달러 가치 하락, 원화 가치 상승) 요인으로 작용한다. 이번엔 반대로 수입이 많아지거나, 한국인의 해외 투자가 늘거나, 한국인의 해외 관광이 증가하는 상황을 생각해보자. 달러가 국외로 빠져나가는 것이어서 환율 상승(달러 가치 상승, 원화 가치 하락)을 유발하게 된다.

중앙은행의 통화정책도 환율을 움직일 수 있다. 가령 한국은 가만히 있는데 미국만 긴축(기준금리 인상)에 들어갔다고 하자. 글로벌 투자자 입장에서는 달러화로 표시된 자산에 투자하는 게 수익률 면에서 이득이니 달러를 사들이고 원화 등 나머지 자산은 팔아버리려 할 것이다. 이것은 곧 원·달러 환율 상승(달러 가치 상승, 원화 가치 하락)으로 이어진다. 반대로 한국이 더 강력한 긴축에 나선다면 원화가 귀해지는 만큼 원·달러 환율 하락(원화 가치 상승)을 예상해볼 수 있다.

국가 간 물가 격차도 환율을 결정하는 주요 요인이다. 한국의 물가가 급등하면 해외에서 저렴한 수입품을 들여오려는 수요가 높아져 환율 상승(달러 가치 상승, 원화 가치 하락)으로 이어지게 된다.

시장 참가자들의 기대심리나 투기적 수요 역시 환율의 변동 폭을 키울 수 있다. 외환시장에는 막강한 자본력을 앞세워 고위험·고수익을 노리는 '환투기 세력'이 물밑에서 움직이고 있다. 어느 나라 환율이 오를 것으로 예상되면 미리 달러를 쟁여놓고, 환율이 내릴 것 같으면 선물(先物) 거래를 활용해 달러를 앞당겨 팔기도 한다. 정치적 불안정, 안보 불안, 테러 등의 외부요인도 단기적으로 환율을 출렁이게 할 수 있는 뉴스다.

| 참고 |

고정환율 vs 변동환율

환율제도는 크게 고정환율과 변동환율로 나뉜다. 고정환율은 정부·중앙은행이 환율을 일정 수준으로 유지하는 제도다. 달러와 같은 특정 통화에 자국 환율을 묶는 페그(peg·말뚝이라는 뜻)제가 일반적이다. 정부가 정책 주도권을 쥐고 환율 급변동의 충격을 예방할 수 있다는 것은 장점이다. 하지만 자본 이동을 인위적으로 통제해야 하고, 위기 상황에선 오히려 환투기 공격에 쉽게 노출될 수 있다. 변동환율은 외환의 수요·공급에 따라 환율이 자유롭게 결정되는 방식이다. 시장 원리에 잘 맞지만 경제력이 약한 개발도상국에겐 감당하기 힘들 수 있다. 대략 세계 국가의 35%는 변동환율, 15%는 고정환율, 50%는 둘을 절충한 중간 형태의 환율제도를 채택하고 있다. 한국을 포함한 대다수 선진국이 변동환율제를 시행 중이다.

기축통화/달러인덱스 (key currency/dollar index)

기축통화는 국제 무역과 금융 거래에서 결제수단으로 널리 쓰는 화폐.
달러인덱스는 6대 주요 통화(유로·엔·파운드·캐나다달러·크로나·스위스프랑)와
비교한 달러 가치를 평가한 지수.

거침없는 强달러 행진…예상치 못한 '역풍' 우려된다

월스트리트를 중심으로 '강달러의 역풍'에 대한 우려의 목소리가 커지고 있다. 주요 6개국 통화 대비 달러 가치를 보여주는 달러인덱스는 지난 6일 20년 만에 110을 돌파했다. 미국 중앙은행(Fed)이 올 들어 기준금리를 대폭 인상하는 등 고강도 통화긴축 정책을 이어가면서 달러가 안전 자산으로 떠올랐다는 설명이다.

세계 기축통화인 달러의 강세는 예상치 못한 부작용을 초래할 수 있다. 월스트리트저널(WSJ)은 최근 달러 강세가 이어지면 신흥국 시장, 기업 이익, 글로벌 경제, 환율 시장, 달러 투자 등 다섯 가지 부문에서 문제가 생길 수 있다고 경고했다.

신흥국들은 달러 강세에 취약하다. 채권을 달러로 발행하는 경우가 많아서다. 달러가 강세일수록 신흥국 통화 가치가 떨어지고 수입 제품 물가가 오른다. 우크라이나 전쟁 이후 세계를 위협하는 인플레이션이 한층 더 기승을 부릴 가능성이 높다.

미국 기업도 강달러로 타격을 입을 수 있다. 글로벌 매출이 많은 기업은 해외 각국 매출을 달러로 환산하는 과정에서 매출이 쪼그라든다. 마이크로소프트와 알파벳, 애플 등 글로벌 기업들은 해외 매출이 전체의 50%를 웃돈다. 원유 등 중요한 재화는 달러로 가격이 매겨지기 때문에 달러 가치가 올라가면 원자재 가격도 상승하는 효과가 있다.

노유정 기자, 〈한국경제〉, 2022. 9. 19

① **달러인덱스를 통해 달러화 가치의 최근 흐름을 확인하세요.**

→ 20년 만에 110을 돌파하며 강세를 보이고 있음

② **달러 강세가 다른 나라 경제에 미칠 부정적 영향을 정리해보세요.**

→ 외채 이자 부담 증가, 자국 통화 가치 하락, 수입물가 상승 등

③ **세계 외환시장에는 어떤 영향을 미칠지도 생각해보세요.**

→ 각국의 외환시장 개입 유인이 커지고, 달러 사재기 등을 유발할 가능성

지구 상에는 180종 안팎의 화폐가 존재한다. 국가 수에 버금가는 다양한 종류의 돈이 쓰이고 있는 것이다. 이 중 가장 보편적으로 통용되는 화폐는 단연 미국 달러화다. 달러는 국제 결제의 40%, 세계 외환보유액의 60% 안팎을 차지하고 있다. 어느 나라에 가든 환전도 쉽다. 저개발국 중에는 아예 자국 화폐를 대신해 달러를 쓰는 달러라이제이션(dollarization)이 일어난 곳이 적지 않다.

국제 무역과 금융 거래에서 결제수단으로 널리 쓰는 화폐를 기축통화라고 한다. 달러는 자타공인 가장 강력한 기축통화로 인정받고 있다. 선진국이 발행하는 유로, 엔, 파운드 등은 준(準)기축통화로 분류되긴 하지만 달러의 영향력에는 미치지 못한다.

기축통화 발행국이 되려면 힘이 있어야 한다. 그 힘은 경제력뿐 아니라 정치적 영향력과 군사력을 포함한다. 그래서 로마제국 시절에는 로마돈이, 대영제국의 전성기에는 영국 돈이 기축통화 역할을 했다. 달러가 세계의 기축통화 자리를 차지하게 된 건 제2차 세계대전이 끝난 즈음부터다. 세계 국내총생산(GDP)의 4분의 1을 차지하고, 국방력 면에서 압도적 1위인 미국의 힘이 달러의 힘으로 이어지고 있다. 기축통화는 언제라도 쓸 수 있도록 시장에 충분히 공급되고, 거래 당사자들이 신뢰할 수 있어야 한다. 중국의 경제력이 커져도 위안이 기축통화가 되지 못하고 있는 것은 정부의 인위적 통제가 강한 탓이다.

원·달러 환율이 원화와 비교한 달러화의 가치를 보여준다면, 세계적 차원에서 달러화의 가치는 어떻게 확인할 수 있을까. 여기에 활용되는 지표는 달러인덱스다.

달러인덱스는 경제 규모가 크고 통화 가치가 안정적인 6개 주요국 통화를 기준으로 달러 가치를 평가하는 지수다. 유럽연합(EU)의 유로, 일본의 엔, 영국의 파운드, 캐나다의 캐나다달러, 스웨덴의 크로나, 스위스의 스위스프랑을 비교 대상으로 삼고 있다. 통화별 비중은 그 나라 경제 규모에 따라 조절한다. 달러인덱스는 1973년 3월 탄생했고 당시 수치를 기준점(100)으로 잡아 산출하고 있다. 달러인덱스의 상승은 강(强)달러, 하락은 약(弱)달러 현상을 의미한다.

외환보유액 (foreign exchange reserves)

정부와 중앙은행이 외환시장 불안정에 대비해 비축한 외화자산.

日, 외환시장서 엔화 아무리 사들여도 '언발에 오줌누기'

엔저(低)를 막기 위해 일본 정부가 24년 만에 외환시장에 직접 개입했지만 효과는 크지 않을 것으로 분석된다.

23일 일본 미디어들에 따르면 전날 일본은행이 단기금리를 연 -0.1%로 유지한 반면 스위스국립은행은 기준금리를 연 -0.25%에서 연 0.5%로 0.75%포인트 인상했다. 세계 주요국 가운데 마이너스 금리를 유지하는 국가는 일본만 남았다.

지난 21일 미국 중앙은행(Fed)이 기준금리를 연 3.00~3.25%로 또다시 0.75%포인트 올리면서 미국과 일본의 금리 차는 15년 만에 최고 수준으로 벌어졌다. 금리 차로 달러당 엔화 가치가 146엔 근처까지 떨어지자 일본 정부는 예상을 깨고 외환시장에 직접 개입했다. 엔화를 매수하는 방식의 시장 개입은 1998년 6월 후 처음이다. 개입 직후 엔화 가치는 140엔으로 5엔 상승했다.

시장 전문가들은 엔화 약세의 근본 원인인 마이너스 금리를 그대로 둔 채 외환시장에 개입해 봐야 '언 발에 오줌 누기'일 것이라고 분석했다. 8월 말 현재 일본의 외환보유액은 1조2921억달러로 엔화로 환산하면 186조엔 수준이다. 도쿄 외환시장의 하루 평균 거래액은 3755억달러(약 54조엔)다. 하루 기준 역대 최대 시장 개입 액수인 1조엔을 투입하더라도 외환시장 하루 거래액의 2%에도 못 미친다. 일본은행은 1998년 4~6월 3조엔 규모의 엔화 매수 개입에 나섰다가 실패한 경험이 있다.

정영효 기자, 〈한국경제〉, 2022. 9. 24

① **시장에서 결정되는 환율에 정부가 인위적으로 개입한 이유는 무엇일까요.**

→ 엔화 가치 급락으로 인한 경제 충격을 최소화하기 위해

② **정부가 어떤 방식으로 외환시장에 개입했는지 파악해보세요.**

→ 외환보유액으로 쌓아둔 달러화로 엔화를 직접 사들여 엔화 가치를 끌어올림

③ **이런 개입은 실제로 얼마나 효과가 있었는지 확인해보세요.**

→ 엔화 매수 직후 5엔 상승, 하지만 일시적 효과일 가능성이 높음

④ **정부의 개입 효과가 장기간 지속되긴 힘든 이유를 생각해보세요.**

→ 외환보유액에 한계가 있고, 엔저의 근본 원인을 해소하지 못하기 때문

◇◇◇◇◇◇◇◇◇◇◇◇◇◇◇◇

환율은 경제에 전방위적 영향을 미치는 만큼 각국 정부와 중앙은행은 여러 정책수단을 활용해 환율을 적정 수준으로 관리하려 한다. 외환당국의 이런 활동을 '외환시장 개입'이라 한다.

외환시장에 개입하는 방식에는 크게 간접개입과 직접개입이 있다. 간접개입은 외환당국이 시장에 개입하겠다는 뜻을 외부에 밝히는 것인데, 말로 하는 구두개입이 대표적이다. 예를 들어 기획재정부나 한국은행의 고위 관계자가 "환율을 예의주시하고 있다" "급격한 변동을 좌시하지 않겠다"라는 식으로 공개적으로 발언하면 구두개입이 된다.

말이 안 통하면 행동으로 보여줄 수도 있다. 정부와 중앙은행이 외환시장에서 직접 달러를 거래하면 직접개입이 된다. 원·달러 환율이 너무 오른다고 판단하면 달러를 팔고, 환율이 너무 떨어질 땐 달러를 사들여 가격에 영향을 미치는 것이다.

이렇게 시장에 개입하려면 평소 외화를 어느 정도 갖고 있어야 한다. 정부와 중앙은행이 쌓아둔 외화자산을 외환보유액이라 한다. 외환보유액은 환율이 요동칠 때 가격을 안정시키는 데 활용할 수 있고, 금융회사가 대외 결제를 처리하지 못하는 등의 긴급 상황에 투입하기도 한다. 국가의 대외 지급능력에 뭔가 문제가 생겼을 때 동원되는 만큼 '경제의 안

전판'으로 불린다.

외환보유액을 얼마나 쌓아놓는 게 적정한지 명확한 기준은 없다. 미국은 어차피 달러가 기축통화이니 외환보유액을 많이 쌓아둘 필요가 없다. 반면 한국과 같은 소규모 개방경제일수록 유사시 부족함이 없을 정도로 비축할 필요가 있다는 게 중론이다.

한국은 외환보유액의 중요성을 절절하게 느낀 적이 있다. 1997년 12월 18일 우리나라 외환보유액은 39억 4,000만 달러(약 5조 6,000억 원)까지 떨어졌다. 결국 국제통화기금(IMF)에서 달러를 빌려와야 했고 이것이 외환위기다. 물론 요즘은 상황이 달라졌다. 한국의 외환보유액은 2023년 2월 말 기준 4,252억 달러로 세계 9위 규모다.

외환보유액은 필요할 때 언제든지 현금화할 수 있으면서 손실이 나지 않을 안전한 곳에 보관해야 한다. 그래서 한국은행은 외환보유액의 80% 가량을 우량 채권에 묻어놓고 있다. 통화 종류별로 보면 달러가 70% 안팎에 달하고 유로, 엔, 파운드, 호주달러, 캐나다달러 등에도 분산 투자하고 있다.

통화스와프 (currency swap)

두 나라가 필요시 각자의 통화를 사전에 정한 환율로 교환하는 거래.
외환위기 상황에 대비하는 수단으로 활용된다.

'제2 외환위기' 가능성 확 줄었다

한국이 과거 외환위기처럼 유동성 위기에 처했을 때 캐나다달러를
무제한으로 빌릴 수 있는 통화스와프 계약을 캐나다와 체결했다. 캐나
다달러는 유로화, 엔화, 파운드화 등과 함께 준(準)기축통화 대접을 받
는다. 통화스와프 체결은 한국의 대외 신인도에 긍정적인 영향을 미쳐
원화 강세 요인으로 작용했다. 원·달러 환율은 16일 장중 한때 달러당
1100원 밑으로 떨어졌다. 캐나다와의 통화스와프 체결이 외환 안전망
을 구축하는 계기가 될 것이란 기대와 함께 원화 강세를 가속화하는
요인으로 작용할 것이란 관측도 제기된다.

이주열 한국은행 총재는 15일(현지시간) 오타와에 있는 캐나다중앙은

행 본부에서 스티븐 폴로즈 총재와 통화스와프 계약서에 서명했다.

이번 계약은 만기와 한도를 미리 정하지 않은 파격적인 조건으로 이뤄졌다. 위기 발생 시 우리가 원하는 만큼, 원하는 기간에 캐나다달러를 빌려 쓸 수 있다. 이 총재는 "통화스와프 대상이 사실상 기축통화란 점에서 2008년 금융위기 때 미국과 통화스와프를 체결한 이래 가장 의미가 크다"고 말했다.

김은정 기자, 〈한국경제〉, 2017. 11. 16

① **통화스와프가 외환위기를 막는 안전장치로 불리는 이유는 무엇일까요.**

→ 외화가 부족할 때 우리나라 돈을 주고 외국 돈을 가져올 수 있기 때문

② **통화스와프 체결이 환율에 어떤 영향을 줬는지 알아보세요.**

→ 체결 직후 원화의 신뢰도가 높아져 원·달러 환율 하락(원화 가치 상승) 효과

③ **한국이 통화스와프를 맺은 다른 나라들 현황도 확인해보세요.**

→ 중국·호주·스위스 등과도 체결했고 과거 미국·일본과도 계약한 적이 있음

◇◇◇◇◇◇◇◇◇◇◇◇◇◇

원·달러 환율이 치솟을 때면 "한미 통화스와프를 다시 체결해야 한다"라는 주장이 관가(官家)와 경제계에서 나오곤 한다. 통화스와프는 서로 다

한국이 맺은 통화스와프

	규모	만기
캐나다	무제한	없음
스위스	100억 프랑	2026년 3월
중국	4,000억 위안	2025년 1월
호주	120억 호주달러	2028년 2월
말레이시아	150억 링깃	2023년 2월
인도네시아	115조 루피아	2023년 3월
아랍에미리트(UAE)	200억 디르함	2027년 4월
터키	175억 리라	2024년 8월

*2023년 2월 기준. 자료: 한국은행

른 두 통화를 맞바꾼다(swap)는 뜻이다. 원래는 금융시장에서 위험 회피나 외화 조달 목적으로 거래되는 파생상품의 하나지만, 국가 간의 통화 맞교환 계약을 의미하는 용어로 더 널리 쓰이고 있다.

통화스와프를 쉽게 말하면, 필요할 때 언제든 상대국의 통화를 빌려쓸 수 있도록 약속하는 '외화 마이너스 통장'이라 할 수 있다. 통화스와프는 외환보유액과 더불어 국가 외환위기를 예방할 수 있는 양대 안전판으로 통한다.

통화스와프는 평소엔 별 필요가 없어도 위기 상황에서 진가를 발휘한다. 이를 잘 보여주는 사례가 2008년 10월 미국과 맺은 300억 달러 규모의 통화스와프다. 금융위기로 세계 경제가 흔들리는 가운데, 한국은행의 급격한 기준금리 인하에도 불구하고 원·달러 환율은 급등(원화 가치 급락)하고 있었다. 한미 통화스와프 체결 소식 한 방에 하루 새 원화 가치가 177원 뛰어올랐고 주가도 12% 치솟았다. 경제의 모든 문제를 해결하는 '만병통치약'이 될 순 없지만 시장의 불안 심리를 가라앉히는 데는 상당한 역할을 하는 셈이다. 한미 통화스와프는 2008~2010년, 2020~2021년 운영됐다가 계약이 종료된 상태다.

국제통화기금(IMF)은 2016년 보고서에서 신흥국이 위기 때 활용할 수 있는 유동성 조달 수단으로 통화스와프가 가장 유용하다고 분석했다. 외환보유액을 소진하거나 IMF 대출을 받는 것보다 신속한 대응이 가능하고 당국의 부담이 적다는 이유에서다.

국가 간의 거래인 만큼 정치·외교적 상황이 변수가 될 수 있다. 한국과 일본은 2001년 20억 달러짜리 통화스와프 계약을 맺은 이후 2011년 700억 달러까지 규모를 증액했다. 하지만 독도와 위안부 문제로 한일 관계가 경색되면서 계약이 연장되지 않았고 2015년으로 끝났다.

환율조작국 (currency manipulator)

수출 확대 등의 목적으로 정부가 인위적으로 외환시장에 개입해 자국에 유리하게 환율을 조작하는 국가. 미국 재무부가 지정한다.

韓 또 환율관찰대상국…美, 中·日 등 12개국 지정

미국 정부가 한국을 포함한 12개국을 환율 관찰대상국으로 지정했다. 미국은 매년 두 차례 환율 보고서를 내는데, 한국은 2016년 4월 이후 2019년 상반기를 제외하고는 매번 관찰대상국에 포함됐다. 관찰대상국으로 지정돼도 특별한 불이익은 없다.

미국 재무부는 지난 10일 발표한 상반기 '주요 교역대상국의 거시경제·환율정책 보고서'를 통해 미국과 교역 규모가 큰 상위 20개국의 환율정책을 평가했다. 그 결과 한국과 중국·일본·독일·이탈리아·인도 등 12개국을 관찰대상국으로, 스위스를 심층분석대상국으로 지정했다. 재닛 옐런 미 재무장관은 "미국 정부는 지속 가능한 글로벌 경제 회복을 위해 주요 무역 대상국이 신중한 정책 수단을 사용하기를 강력하게 권고한다"고 밝혔다.

환율조작국으로 분류된 국가는 없었다. 직전 도널드 트럼프 행정부는 베트남과 스위스를 환율조작국으로 지정했지만, 조 바이든 행정부는 증거 불충분을 이유로 이를 해제했다. 중국은 2019년 9월 환율조작국으로 지정됐다가 2020년 1월 해제됐다.

도병욱 기자, 〈한국경제〉, 2022.6.12

① 미국이 환율조작국과 관찰대상국을 지정하는 근거를 알아보세요.

→ 대미 무역흑자, GDP 대비 경상흑자, 외환시장 개입 규모를 고려해 지정

② 한국은 어디에 해당하는지 확인해보세요.

→ 관찰대상국으로 계속 지정되고 있지만 불이익은 없음

③ 환율조작국으로 지정된 국가를 파악해보세요.

→ 중국·베트남·스위스 등이 있었지만 모두 해제된 상태

◇◇◇◇◇◇◇◇◇◇◇◇◇

운동선수가 기록을 높이려고 금지약물을 투여하면 벌을 받는다. 공정한 경쟁이 아니기 때문이다. 국제무역을 하는 나라들도 수출을 늘리기 위

해 환율에 손대고 싶은 유혹에 빠질 수 있다. 하지만 국가 간에 분쟁의 씨앗이 될 수 있어 쉽지가 않다. 특히 만성적인 무역수지 적자에 시달려온 미국이 이런 꼴을 가만히 보고 있지 않는다. 환율 조작이 의심되는 나라의 명단을 작성해 압박을 가한다.

미국 재무부는 1년에 두 번 의회에 보고하는 환율보고서에서 '심층분석대상국'을 지정하는데, 이것을 이른바 환율조작국이라 한다. 미국은 교역액 상위 20개국 가운데 세 가지 요건을 모두 충족하는 나라를 환율조작국으로 본다. ① 대미 무역수지 흑자가 150억 달러를 넘고 ② 경상수지 흑자가 국내총생산(GDP)의 3%를 넘거나 GDP 대비 경상수지 차이가 1%를 넘고 ③ 외환 순매수액이 GDP의 2%를 넘고 순매수 기간이 12개월 중 8개월 이상인 나라다. 간단하게 말하면 미국과의 무역에서 많은 이익을 보고 있고, 당국의 외환시장 개입이 상당한 규모로 이뤄지는 나라가 환율조작국이 된다고 할 수 있다.

환율조작국에 해당하진 않지만 예의주시할 필요가 있는 나라는 '관찰대상국'으로 분류한다. 지정 요건 중 두 개를 충족하거나 대미 무역흑자가 과도한 경우다.

환율조작국으로 지정됐을 때 큰 제재가 있는 것은 아니다. 미국 정부가 구매하는 물품에 환율조작국 제품은 제외하고, 환율조작국에 투자하는 미국 기업에는 투자나 보증을 서지 않는다는 정도다. 하지만 세계 최대 강대국인 미국이 이를 명분 삼아 무역 보복에 나설 수 있다는 게 더 무섭다. 미국과의 관계가 악화되고 국제사회 평판이 떨어질 수 있다는 점도 부담이다.

한국은 1988년 환율조작국으로 지정됐다가 2년 만에 풀려난 적이 있다. 관찰대상국 명단에는 꾸준히 포함되고 있다. 미국은 1998년 이후 환율조작국을 지정하지 않다가 중국과 무역분쟁이 고조된 2019년 중국을 환율조작국으로 전격 지정했는데, 합의를 이루자 반년 만에 해제했다. 환율조작국 제도를 협상의 지렛대로 쏠쏠하게 활용한 셈이다.

아르헨티나의 이상한 환율
대두 달러·콜드플레이 달러······환율 종류가 10여 개?

"아르헨티나 페소의 가치는? 당신이 무엇을 사느냐에 따라 달라진다."

2022년 10월 블룸버그통신의 기사 제목이다. 이미 10여 종의 환율을 운영하고 있는 아르헨티나 정부가 화폐가치 하락을 막겠다며 또 다른 종류의 환율을 만들어내면서, 안 그래도 복잡한 경제 시스템을 더 복잡하게 하고 있다는 내용이다.

아르헨티나에는 공식 환율 외에 자유 달러(dólar libre), 관광 달러(dólar turista), 증권 달러(dólar MEP), 저축 달러(dólar ahorro) 등 갖가지 이름이 붙은 달러 시세가 존재한다. 환율이 여러 개라니, 그날그날 '1달러=××××원'으로 간단하게 표시되는 원·달러 환율에 익숙한 우리로선 쉽게 이해하기 힘들다.

고질적인 경제 위기를 겪어온 아르헨티나는 2002년 고정환율을 포기하고 변동환율로 전환했지만 실질적으론 정부 개입이 여전히 세다. 물가 상승률이 높아 페소가치 하락 압박이 강한데도 억지로 틀어막고 있다.

아르헨티나 국민들은 공식적인 경로로는 달러를 마음껏 바꿀 수가 없다. 몇 가지 자격을 충족하는 사람에 한해 1인당 월 200달러까지 환전할 수 있는데, 이때는 공식 환율보다 60% 이상 비싼 저축 달러 환율을 적용한다. 상황이 이렇다 보니 암시장(black market)이 발달했다. 바로 이 암시장의 달러 시세가 '자유 달러'이며 공식 환율보다 두 배 가량 높다.

달러 유출을 막기 위해 기업의 수입도 통제하고 있다. 해외에서 물건을 들여오려면 사전 승인을 받아야 하는 탓에 필수 원자재 공급이 늦어져 생산에 차질을 빚곤 했다. 아르헨티나 정부는 필요에 따라 새로운 환율을 계속 추가했고, 현지 언론은 그에 맞는 별명을 붙이는 일이 반복되고 있다.

2022년 9월 한시적으로 도입된 '대두(大豆) 달러' 사례를 보자. 아르헨티나의 주요 수출 품목인 콩에 적용한 특별환율로, 대두 수출업자가 1달러를 외환시장에 팔면 200페소를 받아가도록 했다. 이즈음 정부 고시 환율은 달러당 140페소였으니 40% 이상을 더 쳐준 것이다. 기업이 수출로 벌어들인 달러를 공식 외환시장에서 바꿀 유인을 제공함으로써 외환보유액을 확충하는 효과를 노렸다.

한 달 뒤에는 외국 가수 공연료를 지급할 때 적용하는 특별환율도 생겼다. 당시 아르헨티나에서 대규모 콘서트를 앞두고 있던 영국 록밴드 콜드플레이의 이름을 따 일명 '콜드플레이 달러'로 불렸다. 공연 기획사가 해외 송금에 어려움을 겪어 행사가 취소되는 사례가 잇따르자 마련된 대책으로, 공식 환율보다 30% 비싼 값으로 달러를 환전할 수 있게 했다.

G20 정상회의 회원국답지 않게 국제 기준과 거리가 먼 환율 체계다. 제2차 세계대전 이전까지 영국과 밀접한 관계였던 아르헨티나는 미국 달러화가 기축통화로 떠오른 이후 달러 부족 현상에 시달려 왔다. 국제통화기금(IMF)은 아르헨티나에 환율 일원화를 수차례 권고했지만 아르헨티나는 "중앙은행의 외환보유액 방어를 위한 불가피한 조치"라는 입장을 고수하고 있다.

intro

베이비스텝, 빅스텝, 자이언트스텝……. 기준금리 인상에 나선 각국 중앙은행이 밟아대는 현란한 스텝에 세계 경제가 요동쳤다. 개미로 북적이던 증시에 찬바람이 불고, 부동산 매매는 얼어붙었다. 오랜만에 고금리 예금이 등장한 은행에는 긴 줄이 늘어섰다. 금리는 '돈의 가격'이다. 다른 가격과 마찬가지로 시장에서 결정되긴 하지만 '돈을 찍어내는 특권'을 쥔 중앙은행의 입김에서 벗어나기 어렵다. 그들의 '금리 스텝'을 잘 읽어야 재테크 전략도 잘 짤 수 있다.

5장

금리

중앙은행 (central bank)

화폐 발행, 통화정책 수립, 금융시스템 안정 등을 목적으로 운영되는 은행.

파월 "인플레 잡힐 때까지…금리인상 계속 밀어붙일 것"

제롬 파월 미국 중앙은행(Fed) 의장이 "인플레이션을 통제할 수 있다는 확신이 설 때까지 Fed는 금리를 계속 인상하고 높은 금리 수준을 유지해야 한다"고 말했다. 26일 미국 와이오밍주 잭슨홀에서 열린 Fed의 연례 심포지엄(잭슨홀 미팅)에서다. 파월 의장은 "기준금리 인상은 기업과 가계에 고통을 줄 수밖에 없다"면서도 "물가를 안정시키는 데 실패하면 그 고통은 훨씬 더 클 것"이라고 말했다.

글로벌 금융시장은 파월 의장의 이날 발언 수위에 촉각을 곤두세워왔다. 지난달 미국의 개인소비지출(PCE) 물가지수가 6월에 비해 0.1% 하락하자 일각에서는 Fed가 금리 인상 속도를 늦출 것이라는 기대가 나왔다. 하지만 파월 의장은 "인플레이션이 잡혔다고 판단하기에는 기대에 턱없이 못 미치는 데이터"라고 평가했다. 그는 "금리 인상을 중단하기에는 인플레이션율이 너무 높고 고용시장은 너무 타이트하다"고 덧붙였다.

파월 의장이 매파적 발언을 내놓으면서 이날 주식과 채권 가격은 동시에 하락했다. 당장 다음달 20~21일 열리는 연방공개시장위원회(FOMC)에서 Fed가 2.25~2.5%인 기준금리를 한꺼번에 0.75%포인트 올리는 자이언트스텝에 나설 가능성이 높아졌다는 우려에서다.

정인설 기자, 〈한국경제〉, 2022.8.27

① **중앙은행의 가장 중요한 목표는 무엇이고, 어떤 정책 수단을 활용할까요.**

→ 물가 안정이 최우선 목표이며 이를 위해 기준금리를 조절

② **어떤 통계 지표가 중앙은행의 의사결정에 영향을 미칠까요.**

→ 물가와 고용을 비롯해 각종 경제지표를 종합적으로 고려

③ **통화정책 뉴스에 자주 나오는 '매파'와 '비둘기파'의 의미도 함께 알아두세요.**

→ 매파는 긴축론자, 비둘기파는 완화론자를 비유하는 표현

◇◇◇◇◇◇◇◇◇◇◇◇◇◇◇◇

"인류의 가장 위대한 발명품 세 가지는 불, 바퀴, 중앙은행이다." 경제학자 고(故) 폴 새뮤얼슨이 쓴《경제학원론》에 나오는 말이다. 불은 인류를 원시에서 벗어나게 했고, 바퀴는 교통과 물류의 혁명을 불러왔다. 중앙은행은 어떤 일을 하기에 인류의 3대 발명품에 비견되는 것일까.

미국의 연방준비제도(Fed), 유럽의 유럽중앙은행(ECB), 중국의 인민은행, 일본의 일본은행, 영국의 영국은행……. 중앙은행은 우리가 평소 거래할 일이 전혀 없는 은행이지만, 모든 국민의 금융 활동과 경제 전반에 가장 큰 영향을 미치는 은행이다. 세계 최초의 중앙은행은 1668년 설립된 스웨덴 릭스방크이고, 한국의 중앙은행인 한국은행은 1950년 문을 열었다.

우리가 쓰는 모든 지폐와 동전에 한국은행이 새겨져 있으니 돈 찍는 곳 정도로 생각할 수 있지만 생각보다 훨씬 다양한 역할을 한다. 중앙은행의 특징은 크게 세 가지다. 화폐 발행이라는 권력을 독점하는 '발권 은행'이자, 금융회사를 상대로 예금을 받고 돈을 빌려주는 '은행의 은행'이면서, 정부가 거둔 세금과 국고금을 보관하고 내어주는 '정부의 은행'이다.

한국은행의 최우선 임무는 물가를 안정시키는 것이다. 한국은행법 제1조 역시 설립 목적을 '물가 안정'으로 못박아 놨다. 물가가 불안해지면 실질적인 돈의 가치가 떨어질 뿐만 아니라 경제주체들이 의사 결정을 내리기도 어려워져 투자와 소비를 위축시킬 수 있다. 대부분 국가의 중앙은행이 이처럼 물가 안정을 통화정책의 제1 목표로 삼고 있다. 미국의 Fed는 물가 안정과 최대 고용을 양대 목표로 규정하고 있다는 점에서 조금

*한국은행 건물 로비에 '물가 안정'이라는 현판이 걸려 있다.
자료: 한국은행

특이한 사례다. 물론 중앙은행들이 오직 물가 하나만 보고 기계적으로 움직이진 않는다. 물가상승률과 경제성장률을 비롯한 여러 통계와 경제의 제반 여건을 고려해 최적의 통화정책을 찾으려고 노력한다.

한국은행은 중기(中期)적 관점에서 물가상승률 목표를 정해놓고 이를 달성하기 위해 다양한 통화정책을 운영하는데, 이런 방식을 '물가안정목표제'라 한다. 2019년 이후 한국은행의 물가상승률 목표는 2%에 맞춰져 있다.

기준금리 (base rate)

한 나라의 금리를 대표하는 정책금리로 시중 각종 금리의 기준이 된다.

금리 7연속 올렸지만…끝이 보인다

한국은행이 13일 기준금리를 연 3.25%에서 연 3.5%로 0.25%포인트 인상했다. 소비자물가 상승률이 여전히 5%대로 높은 수준을 유지하자 7회 연속 금리를 올린 것이다. 하지만 한은은 2021년 8월 긴축 돌입 이후 1년5개월 만에 처음으로 "그간의 금리 인상 파급효과를 면밀히 점검하겠다"고 밝혔다. 금리 인상 사이클이 사실상 막바지 국면에 접어들었다는 관측이 나온다.

한은 금융통화위원회는 이날 정례회의에서 기준금리를 연 3.5%로 상향 조정했다. 지난해 4·5·7·8·10·11월에 이어 7회 연속 인상이다. 이에 따라 기준금리는 글로벌 금융위기 때인 2008년 12월(연 4%) 후 14년 만에 최고 수준으로 높아졌다. 미국과의 금리 차(상단 기준)도 1.25%포인트에서 1.0%포인트로 줄었다.

이 총재는 금통위 후 기자간담회에서 "물가 오름세가 여전히 높은 수준을 나타내고, 앞으로 상당 기간 목표 수준을 웃돌 것으로 전망됨에 따라 물가 안정을 위해 기준금리를 추가 인상할 필요가 있다고 판단했다"고 설명했다.

금통위는 통화정책방향 결정문에서 향후 기준금리 추가 인상 필요성을 판단할 요인으로 '성장의 하방 위험'을 가장 앞세웠다. 직전 금통위에서 '인플레이션의 지속 정도'를 먼저 내세운 것과 달라진 모습이다. '그간의 금리 인상 파급효과'를 점검하겠다고 언급하며 다음달 금통위(2월 23일)에서 금리를 동결할 가능성도 열어놨다.

조미현 기자, 〈한국경제〉, 2023. 1. 13

① **한국은행 기준금리는 연 8회 결정됩니다. 우선 수치의 변화를 확인하세요.**

→ 연 3.25%에서 3.55%로 0.25%포인트 인상, 14년 만에 최고 수준

② **기준금리를 조정한 이유를 살펴보세요.**

→ 고물가가 상당 기간 유지될 것으로 판단했기 때문

③ **이와 같은 금리 변동이 경제에 미칠 영향을 예상해 보세요.**

→ 가계·기업의 대출이자 부담 증가, 주식·채권·부동산 등 자산 가격 하락

④ 한은 총재의 발언과 결정문을 통해 향후 금리 방향을 파악해 보세요.

→ 하방 위험, 효과 점검 등의 표현은 금리 인상이 막바지일 가능성을 시사

꙾꙾꙾꙾꙾꙾꙾꙾꙾꙾꙾꙾꙾

중앙은행이 활용하는 통화정책 수단에는 여러 종류가 있는데, 제일 강력한 무기이자 경제뉴스에서 가장 많은 관심을 받는 것이 바로 기준금리다.

기준금리란 각국의 중앙은행이 정하는 정책금리를 말한다. '은행의 은행'인 중앙은행은 일반인을 상대로 직접 영업하진 않지만 금융회사들과 자금을 거래하며 금융시장에 참여한다. 구체적으로 말하면 한국은행은 금융사와 환매조건부채권(RP)을 사고파는 등의 방식으로 금융권의 자금 융통을 도와주는데, 이때 매매 가격을 기준금리에 따라 결정하도록 돼 있다.

한국은행이 기준금리를 조정하면 꼬리에 꼬리를 물고 연결된 금융시장에 연쇄적으로 파급 효과가 생긴다. 당장 은행들끼리 초단기로 자금을 빌려 쓸 때 적용하는 금리인 콜금리가 영향을 받고, 이는 다시 채권시장 장단기 금리의 변동으로 이어진다. 은행들은 이런 변화를 반영해 개인과 기업을 대상으로 한 예금·대출 금리를 바꾸게 된다. '돈의 가치'가 달라지는 만큼 주식, 채권, 부동산 같은 자산시장의 투자 심리에도 영향을 미친다. 한국은행이 기준금리를 활용해 실물경제 전반을 좌지우지할 수 있는

것은 이런 원리가 작동하기 때문이다.

기준금리는 사람들의 경제적 행동을 어떻게 바꿔놓게 될까. 기준금리 인하는 시중에 돈(유동성)을 푸는 효과가 있다. 돈의 가치가 떨어지면 사람들이 돈을 쌓아놓고 있을 유인이 줄어든다. 굳이 예금으로 묶어놓기보다 수익률이 더 좋은 다른 투자처를 찾거나 소비를 늘리게 될 가능성이 커진다. 2008년 세계 금융위기와 2020년 코로나 사태 직후 각국은 기준금리를 0%에 근접한 수준까지 확 떨어뜨렸다. 소비와 투자를 유도해 얼어붙은 경제가 활력을 되찾게 하기 위해서였다. 그렇다고 저금리 환경이 항상 좋은 것은 아니다. 돈의 가치가 떨어질수록 물가 상승 압박이 커진다. 부동산과 주식에 자금이 과도하게 몰려 '자산 거품'을 일으키는 부작용도 생길 수 있다. 언젠가는 풀린 돈을 거둬들여야 할 때가 온다.

기준금리 인상은 시중의 유동성을 조이는 효과가 있다. 2022년 들어 주요국 중앙은행은 치솟는 물가를 잡기 위해 기준금리를 급격하게 올리기 시작했다.

| 참고 |

지급준비율도 중앙은행이 결정

기준금리와 별개로 중앙은행이 유동성을 조절하는 또 다른 방법으로 지급준비율이 있다. 은행은 예금자가 돈을 찾으러 올 때에 대비해 예금 일부를 반드시 중앙은행에 지급준비금으로 예치해야 한다. 예금의 몇 %를 맡겨야 하는지 정한 비율이 지준율이다. 한국의 지준율은 예금 종류에 따라 0~7%로 정해져 있다.

1980년대 이후 세계적으로 통화정책이 통화량이 아닌 금리 중심으로 전환되면서 지준율의 활용도는 많이 줄었다. 다만 중국 인민은행은 이 제도를 적극 활용하고 있다. 경기 부양이 필요하면 지준율을 내려 돈을 풀고, 경기가 과열되면 지준율을 높여 돈을 거둬들인다.

빅스텝/자이언트스텝/울트라스텝
(big step/giant step/ultra step)

평상시보다 큰 폭의 기준금리 인상을 표현하는 말. 빅스텝은 0.5%포인트, 자이언트스텝은 0.75%포인트, 울트라스텝은 1%포인트 올리는 것을 말한다.

하루새 13개국이 금리 올렸다…"2차 逆환율전쟁 시작"

미국 중앙은행(Fed)의 기준금리 인상 속도에 뒤질세라 각국이 경쟁적으로 금리를 높이고 있다. Fed가 지난 21일 세 번 연속 자이언트스텝(한 번에 기준금리 0.75%포인트 인상)을 밟자 다음날 영국·스위스 등 13개국이 금리를 인상했다. 자국 통화가치 하락으로 수입 물가가 오르는 것을 막기 위한 조치다.

파이낸셜타임스(FT)는 "Fed의 고강도 긴축이 이어지면서 역환율 전쟁이 심화하고 있다"고 22일(현지시간) 보도했다. 세계 각국은 수출 경쟁력을 위해 자국 통화가치를 낮게 가져가려는 환율 전쟁을 해왔다. 하지만 수십 년 만에 인플레이션이 닥치자 반대 현상이 나타나고 있다. Fed

와 보조를 맞추지 않으면 금리 격차에 따른 '자본 유출→자국 통화가치 하락→수입 물가 상승'으로 인해 인플레이션이 가중될 수 있어서다.

Fed의 금리 인상 다음날인 22일 영국·스위스·노르웨이·홍콩·대만·필리핀·인도네시아·남아프리카공화국·사우디아라비아 등 13개 국가가 금리를 높였다. 이날 스위스중앙은행은 6월(0.5%포인트)보다 높은 0.75%포인트의 금리 인상을 결정했다. 금리가 연 0.5%로 오르면서 유럽 주요국 중 가장 늦게 '마이너스 금리'에서 벗어났다. 영국은 두 달 연속 0.5%포인트 올리는 빅스텝을 밟았다. 현재 영국 금리는 연 2.25%로 2008년 후 가장 높은 수준이다.

허세민 기자, 〈한국경제〉, 2022.9.23

① **각국이 기준금리를 공격적으로 인상하게 된 배경을 파악해보세요.**

→ 미국과 금리 격차가 벌어지면 화폐 가치가 하락하고 물가가 급등할 수 있음

② **빅스텝과 자이언트스텝의 뜻을 정리해보세요.**

→ 기준금리를 한 번에 0.5%포인트, 0.75%포인트 인상하는 것

③ **빅스텝과 자이언트스텝이 주목받는 이유는 무엇일까요.**

→ 기준금리는 0.25%포인트 단위로 조정하는 것이 일반적이었기 때문

④ **가파르게 금리를 올린 국가가 겪을 수 있는 부작용은 없는지 생각해보세요.**

→ 경기가 급격히 침체되거나, 국채 등의 자금 조달 부담이 커질 수 있음

기준금리는 나라마다 제각각 결정하지만 온전히 자국의 경제 상황만을 근거로 결정하기가 어렵다. 금융시장은 연결돼 있기 때문에 다른 나라의 판단도 고려할 수밖에 없다. 만약 다른 나라는 그대로인데 한국만 금리를 내렸다고 해 보자. 외국인 투자자 입장에서는 한국에 투자할 매력이 상대적으로 떨어진다는 의미가 된다. 국내 주식시장에서 외국인 자금의 비중이 30%를 넘기 때문에 이들의 이탈은 주가에 악재로 작용한다.

기준금리 변동은 환율에도 영향을 준다. 외국인들이 한국을 떠나면서 외환시장에서 원화를 팔아치우면 원화 가치를 떨어뜨리게 된다. 원화 가치 하락은 환율 상승과 같은 말이다. 환율이 오르면 수입품 가격이 비싸져 국내 물가를 밀어올리고 무역적자를 유발할 수 있다.

특히 세계 경제에서 미국이 차지하는 위상을 감안할 때 Fed의 행보는 가장 중요한 변수다. 실제로 Fed가 기준금리를 공격적으로 인상해 2022년 7월 미국의 금리가 한국보다 높아지는 '한·미 금리 역전' 현상이 나타나자 자본 유출, 환율 상승, 물가 불안 등에 대한 우려가 많이 제기됐다.

| 참고 |

韓·美 금리 역전, 처음은 아니다

지난 20여 년 동안 한·미 금리 역전은 세 번 더 있었다. 1996년 6월~2001년 3월 (최대 1.5%포인트), 2006년 5~8월(최대 1.0%포인트), 2019년 7월(최대 0.875%포인트)이다. 그런데 이들 세 차례 금리 역전기에 외국인의 주식·채권 투자는 순증(純增)을 기록했다. 이론과 달리 금리가 잠시 뒤집혔다고 해서 외국인 자금이 썰물처럼 빠져나가진 않았다는 얘기다. 하지만 과거에 그렇지 않았다고 앞으로도 그렇지 않다는 보장은 없다. 한국 경제의 기초체력이 약해지는 순간에는 최악의 시나리오가 얼마든지 현실화할 수 있다는 점을 경계해야 할 것이다.

기준금리를 정하는 회의는 일정이 미리 다 정해져 있다. 한국은행 외에 Fed, ECB, 일본은행, 영국은행 등 주요국 중앙은행은 '연 8회' 회의 개최를 원칙으로 하고 있다. 회의가 임박할수록 금융시장은 중앙은행의 결정에 촉각을 곤두세우고 이런저런 예상을 내놓곤 한다. 경제 상황이 긴박하게 돌아갈 때는 임시 회의를 열어 전격적으로 금리를 조정하는 일도 있다.

선진국 중앙은행은 기준금리를 보통 0.25%포인트 단위로 조정해 왔다. 1990년대 앨런 그린스펀 당시 Fed 의장은 실물경제에 충격을 주지 않도록 금리를 0.25%포인트씩 조심스럽게 조절해야 한다고 주장했다. 이것을 아기 걸음에 빗대 베이비스텝이라 불렀고, 여러 중앙은행에서 표준으로 자리 잡았다.

하지만 경제 환경이 급변하면 이런 관행도 깨진다. 세계적 인플레이션이 발등의 불로 떨어진 2022년 각국 중앙은행은 거침없이 빅스텝에 나섰다. 미국은 28년 만에 자이언트스텝을 밟았다. 2020년 코로나 사태 때에는 기준금리를 한 번에 0.5%포인트씩 깎는 빅컷(big cut)이 잇따르기도 했다.

양적완화/양적긴축

(Quantitative Easing/Quantitative Tightening)

> 양적완화는 중앙은행이 채권을 사들여 시중에 돈을 푸는 정책.
> 양적긴축은 중앙은행이 보유한 채권을 줄여 시중의 돈을 다시 흡수하는 정책.

美 Fed, 빅스텝 이어 양적긴축 시작했다…연내 640조원 '회수'

미국 중앙은행(Fed)이 1일(현지시간)부터 보유 자산을 줄이는 양적긴축(QT)에 들어간다. 연말까지 최대 640조원을 축소하는 역대 최대 규모다. 유럽연합(EU)과 영국, 캐나다 등의 중앙은행도 2년간 매년 2400조원씩 자산을 감축하기로 했다.

코로나19 충격에서 벗어나기 위해 대규모 양적완화를 시행한 중앙은행들이 2년여 만에 대대적인 긴축으로 돌아선 것이다. 인플레이션을 잡기 위한 조치지만, 기준금리 인상에 유동성 축소까지 더해져 자칫 경기침체나 금융시장의 '긴축 발작'을 가져오는 것 아니냐는 우려가 나온다.

Fed는 지난달 3~4일 연방공개시장위원회(FOMC) 정례회의에서 결정한 대로 이달부터 9조달러(약 1경1170조달러)에 육박하는 현 자산 축소에 들어간다. 이날부터 미국 국채와 주택저당증권(MBS)의 만기가 돌아오면 재투자하지 않는 방식이다.

니혼게이자이신문은 이날 미국 싱크탱크 애틀랜틱카운슬 자료를 인용해 Fed와 유럽중앙은행(ECB), 일본은행(BOJ), 영국중앙은행(BOE) 등 세계 4대 중앙은행도 앞으로 2년간 매년 2조달러씩 자산을 줄여나갈 것이라고 보도했다.

정인설·정영효 기자, 〈한국경제〉, 2022. 6. 1

① 양적완화와 양적긴축의 목적을 먼저 정리해보세요.

→ 양적완화는 유동성 공급, 양적긴축은 유동성 흡수

② 양적긴축과 테이퍼링의 차이점도 파악보세요.

→ 테이퍼링은 양적완화는 유지하되 채권 매입 규모를 줄여가는 것을 의미

③ 양적긴축의 목적은 무엇이고 부작용은 없는지 정리해보세요.

→ 인플레이션 잡기, 긴축 속도가 너무 빠르면 경제에 충격을 줄 우려

기준금리는 중앙은행의 강력한 통화정책 수단이지만 '약발'이 떨어질 때도 있다. 앞서 중앙은행의 기준금리 변경은 금융회사와의 거래에 적용되는 단기 금리에 직접 연동되고, 단계적으로 시장의 장기 금리에 영향을 준다고 설명했다. 그런데 기준금리를 이미 0%에 근접하는 수준으로 내렸는데 경제는 계속 안 좋다면 어떻게 될까. 중앙은행은 단기 금리를 더 끌어내릴 수가 없다. 금융위기나 코로나 사태 직후의 '제로금리 시대'가 그런 상황이었다.

그렇다고 손 놓고 있을 수 없으니 중앙은행들은 금리가 아닌 다른 방법을 동원하게 됐는데, 이런 수단을 '비전통적 통화정책'이라고 부른다. 비전통적 통화정책의 대표 사례로 양적완화(QE)와 포워드 가이던스(forward guidance)를 들 수 있다.

양적완화는 중앙은행이 채권을 사들이는 방식으로 시중에 돈을 푸는 것이다. 중앙은행의 필살기인 발권력을 활용한다. 돈을 찍어내 국공채, 주택담보증권(MBS), 회사채 등을 직접 매입하는 것이다. 중앙은행이 채권 값으로 지불한 돈은 정부, 은행 등으로 건네져 민간으로 흘러간다. 돈 풀기 기조를 상당 기간 지속할 것이라는 신호를 경제주체에 전달하면서 장기 금리 하락을 유도하는 효과가 있다. 양적완화는 '대차대조표 확대'로도 부르는데 중앙은행이 보유한 자산이 늘어나기 때문이다. 대차대조표는 자산, 부채, 자본을 꼼꼼하게 적어놓은 장부를 말한다.

저금리가 무조건 좋은 게 아니듯 양적완화도 적절한 시점엔 끝내야 한다. 중앙은행이 양적완화를 마무리하기 위해 자산 매입 규모를 서서히 줄여가는 것을 테이퍼링(tapering·끝이 조금씩 가늘어진다는 뜻)이라 한다.

테이퍼링에서 한발 더 나가 중앙은행이 채권 보유량을 줄여나가는 것은 양적긴축(QT)이다. 보유하고 있는 채권을 일찍 매각하거나, 채권 만기가 다가왔을 때 재투자하지 않는 방식으로 시중에 푼 돈을 회수한다. '대차대조표 축소'라고도 한다.

포워드 가이던스는 중앙은행이 향후 통화정책 방향을 미리 밝히는 것을 말한다. 우리말로 번역하면 '사전 안내'. 예를 들어 Fed 의장이나 한국은행 총재가 기자들 앞에서 "내년 말까지 기준금리를 ××%로 유지하겠다"라거나 "물가상승률이 ××%를 넘으면 금리를 올리겠다"라는 식으로 힌트를 주는 것이다. 원래 중앙은행은 자신들의 생각을 외부에 설명하는 데 인색했지만, 금융위기 이후 포워드 가이던스를 전향적으로 활용하는 추세다.

중앙은행 수장의 입을 활용하는 포워드 가이던스는 시장 참가자의 예측 가능성을 높인다는 긍정적 측면이 있다. 다만 약속을 지키지 못하면 오히려 신뢰에 금이 갈 수 있어 위험하다는 지적도 많이 받는다. 친절하지만 진중하게, 수위 조절을 잘하는 것이 관건이다.

튀르키예의 '금리 역주행'
물가 치솟는데 기준금리 내린 중앙은행의 속사정

어느 나라에서든 중앙은행은 독립성을 보장받는 게 원칙이다. 정부 간섭에 휘둘리지 않고 중립적으로 통화정책을 펴라는 뜻에서다. 이것이 제대로 지켜지지 않을 때 무슨 일이 벌어지는지를 보여주는 사례가 있다. '형제의 나라'로 한국인에게도 친근한 이미지를 갖고 있는 튀르키예다.

튀르키예 중앙은행은 2021년 9월 연 19%이던 기준금리를 차례차례 인하해 2022년 11월 연 9%까지 끌어내렸다. 대다수 국가가 일제히 긴축에 들어간 시점에 오히려 기준금리를 반 토막 낸 것이다. 국제사회에서 '스트롱맨(strongman·독재자)'으로 불리는 레제프 타이이프 에르도안 대통령이 중앙은행을 압박한 결과물이다.

2003년부터 장기 집권하고 있는 에르도안 대통령은 "고금리가 고물가를 유발한다"라는 독특한 지론을 갖고 있다. 화폐 가치를 떨어뜨려 수출을 늘리는 게 튀르키예 경제에 훨씬 이롭다는 것이다. 에르도안 대통령은 "높은 금리는 해외 투기자본의 배만 불린다"라며 "저금리로 기업의 차입 비용을 떨어뜨리면 생산과 수출이 활성화돼 결국 물가가 안정된다"라고 했다.

그는 이자를 '죄악'으로 여기는 이슬람 가치를 신봉하는 인물이기도 하다.

튀르키예는 원래부터 만성적 고물가에 시달려 온 나라다. '금리 역주행'은 여기에 기름을 붓고 말았다. 10%대이던 물가상승률이 85.51%(2022년 10월)까지 치솟았다. 수도 이스탄불의 중산층조차 가스불을 켜거나 샤워하는 일조차 부담스러워졌고 과일은 사치품이 됐다. 경제성장률이 플러스를 기록하긴 했지만, 고물가에 놀란 국민들이 사재기에 나서면서 내수가 국내총생산(GDP)을 끌어올린 착시현상에 불과했다는 게 경제학자들 분석이다. 튀르키예의 화폐인 리라화 가치는 1년 새 반 토막이 났다.

《경제학원론》만 읽어도 알 수 있는 기본 상식조차 인정하지 않으니 나라 안에서도 우려가 나왔다. 튀르키예의 경제단체들은 "저금리 정책을 포기하고 경제학 원칙으로 회귀해야 한다"고 촉구했지만 돌아온 것은 "그 경제학 원칙은 서구를 위한 것"이라는 차가운 답변이었다. 에르도안 대통령은 자신의 지시에 반기를 든 중앙은행 총재와 재무장관을 연거푸 갈아치웠다.

물론 세계적 긴축 흐름에 보조를 맞추지 않은 나라가 튀르키예만은 아니었다. 비슷한 시기에 일본과 중국도 저금리 기조를 유지했다. 다만 일본은 고질적인 저물가, 중국은 코로나 봉쇄로 인한 경기 하강을 더 고민하는 상황이었기 때문에 튀르키예와는 결이 다르다고 할 수 있다. 물론 이 과정에서 일본과 중국도 화폐 가치 하락과 물가 불안을 피할 수는 없었다. '모든 토끼를 다 잡을 수 있는' 경제정책은 안타깝게도 존재하지 않는다.

intro

제로금리 시대가 저물면서 빚에 대한 경고음이 여기저기서 울리고 있다. 국제금융협회에 따르면 세계 총부채는 2022년 3분기 말 기준 290조 달러. 코로나 이전보다 25조 달러 가까이 늘었다. 한국의 총부채는 5,000조 원을 넘어섰다. 정부는 정부대로, 가계는 가계대로, 불어난 빚을 어떻게 관리할지가 발등의 불로 떨어졌다. "물이 빠지면 누가 발가벗고 수영했는지 알 수 있다"라는 워런 버핏의 말처럼 저금리 뒤에 숨겨졌던 부실기업들의 민낯도 드러날 것이다.

6장

부채

가계부채

대출금, 카드값 등 가계가 갚아야 할 빚의 총액.

고금리 덮치자…가계대출 첫 감소

고금리 여파로 지난해 가계대출이 20년 만에 처음으로 전년 대비 줄었다. 반면 '보복 소비' 등 여파로 카드빚은 역대 최대치를 기록했다.

한국은행이 21일 발표한 '2022년 4분기 가계신용(잠정)'에 따르면 지난해 12월 말 기준 가계신용(대출+카드빚) 잔액은 1867조원으로, 전 분기 대비 0.2%(4조1000억원) 줄어들었다. 가계신용 잔액이 전 분기보다 줄어든 것은 2013년 1분기(-9000억원) 이후 처음이다.

가계대출은 1749조3000억원으로 전 분기보다 7조5000억원 감소했다. 감소폭으로는 역대 최대 기록이다. 전년 동기 대비로는 7조8000억원(-0.4%) 줄어 2002년 통계 작성 이후 첫 감소를 나타냈다. 가계대출 가운데 신용대출 등 기타대출(736조7000억원) 감소세가 두드러졌다. 주택담보대출(1012조6000억원)은 전 분기 대비 4조7000억원 늘었다. 전년 동기 대비로는 28조1000억원(2.9%) 증가에 그치면서 역대 최소치 증가폭을 나타냈다.

납부 전 카드 대금 등을 뜻하는 가계 판매신용은 117조7000억원으로 역대 최대치를 경신했다. 코로나19 사회적 거리두기 완화에 따른 보복 소비가 이뤄진 데다 고물가 영향도 작용한 것으로 분석된다.

조미현 기자, 〈한국경제〉, 2023. 2. 22

① **가계빚 규모는 가계신용 통계로 알 수 있습니다. 우선 수치를 확인해보세요.**

→ 2022년 4분기 말 1,867억 원. 전 분기보다 0.2% 감소

② **가계신용 대부분은 가계대출이 차지합니다. 변동 원인을 파악해보세요.**

→ 금리 인상으로 신용대출이 크게 줄어든 영향으로 7조 5,000억 원 감소

③ **판매신용은 어떻게 달라졌는지 확인해보세요.**

→ 역대 최대 규모로 증가, 소비 회복과 고물가 영향

⁙⁙⁙⁙⁙⁙⁙⁙⁙⁙

롯데그룹 창업주인 고(故) 신격호 총괄회장은 생전에 빚을 싫어하기로

유명했다. '만병의 근원'에 비유했을 정도다. 그는 "차입금은 우리 몸의 열과 같다"라며 "열이 나면 병이 오고 심하면 목숨까지 위태로워진다"라고 했다. 신도리코나 귀뚜라미보일러처럼 수십 년 동안 '무차입 경영'을 고수하는 회사들도 있다.

사실 빚 자체가 무조건 나쁜 건 아니다. 기업을 운영하다 보면 적당한 이자를 지불하고 돈을 융통하는 게 오히려 효율적일 때도 있기 때문이다. 가정의 빚인 '가계부채'와 나라의 빚인 '국가채무'도 마찬가지다. 경제 규모가 커지는 과정에서 자산과 부채가 동시에 증가하는 것은 자연스러운 현상이다. 문제는 불어나는 속도가 너무 가파르거나 감당하기 버거운 수준이 될 때다.

한국의 가계빚은 상당히 빠른 속도로 불어나면서 경제의 시한폭탄이 될 수도 있다는 우려를 많이 받았다. 빚이 과하면 그걸 막느라 다른 소비 지출을 줄여야 하기 때문에 내수에 악영향을 주게 된다. 연체하는 사람이 많아지면 금융회사의 재무 건전성까지 흔들 수 있다.

국내 가계부채 규모는 한국은행이 분기마다 발표하는 가계신용 잔액 통계로 확인할 수 있다. 가계신용은 가계대출과 판매신용을 더한 것이다. 가계대출은 은행, 저축은행, 상호금융, 보험사, 카드사, 정책금융기관 등에서 받은 대출을 가리킨다. 판매신용은 카드사, 캐피탈회사 등을 통한 외상거래를 의미한다. 결론적으로 일반 가정이 갚아야 하는 모든 빚이 가계신용에 포함된다.

가계신용은 2014년 1,000조 원, 4년 뒤인 2018년 1,500조 원을 돌파했다. 코로나 사태로 생계형 대출에 영끌·빚투 수요까지 폭증한 2021년에는 1,800조 원을 넘어섰다. 한국의 가계부채는 규모 자체가 빠르게 증가하는 것은 물론 소득 수준에 비해서도 과중한 상태라는 지적을 받는다. 가처분소득 대비 가계부채 비율도 계속 상승해 2011년 152.9%이던 것이 2021년 206.5%로 높아졌다. 다른 경제협력개발기구(OECD) 회원국과 비교해도 상위권에 속한다. 미국, 일본, 프랑스 등은 이 수치가 100~120% 수준이다.

정부는 가계부채 총량을 안정적으로 관리하기 위해 다양한 정책수단을 활용한다. 대표적인 것이 대출 관련 뉴스에 수시로 등장하는 담보인정비율(LTV), 총부채상환비율(DTI), 총부채원리금상환비율(DSR)이다. 개인이 감당할 수 있는 만큼만 돈을 빌릴 수 있게 하는 '대출 규제 삼총사'라 할 수 있다.

| 참고 |

법정최고금리 넘는 대출은 '불법'

국내에서는 대부업법과 이자제한법에 따라 대출금리가 연 20%(2022년 기준)를 넘을 수 없다. 연 20%를 초과하는 이자는 무효이고, 이미 냈어도 돌려받을 수 있다. 1·2금융권과 대부업체는 물론 개인 간 대출에도 적용된다. 이처럼 법으로 정한 금리 상한선을 법정최고금리라고 한다. 이 제도의 취지는 서민층을 보호하기 위해서다. 소득이 적고 신용도가 낮을수록 살인적 고금리 대출의 피해자가 되기

쉽기 때문이다. 다만 저신용자가 합법적인 금융회사에서 돈을 빌릴 길이 막히는

부작용도 불러올 수도 있어 이들을 위한 지원책을 꼼꼼하게 설계하는 것이 중요

하다.

국가채무

국채, 차입금 등 정부가 갚아야 할 빚의 총액.

선진국 '빚 다이어트' 하는데…韓은 되레 늘어 증가폭 1위

코로나19 대유행 이후 한국의 나랏빚 증가폭이 선진국 가운데 가장 클 것이란 전망이 나왔다. 코로나19가 엔데믹(감염병의 풍토병화) 국면에 접어들면서 다른 선진국들이 경기 안정을 위해 급격히 늘린 빚을 대폭 줄여나가는 것과 대비된다.

20일 국제통화기금(IMF) 재정모니터에 따르면 코로나19 대유행이 본격화한 2020년부터 2027년까지 한국의 국내총생산(GDP) 대비 일반 정부 부채(D2·지방정부와 비영리공공기관 포함) 비율은 48.9%에서 59.8%로 10.9%포인트 높아질 전망이다. IMF가 분류한 35개 선진국 중 부채 비율 증가폭이 가장 높다.

이 기간 선진국 가운데 부채 비율이 높아지는 국가는 12개국에 불과했다. 몰타(6.4%포인트)와 벨기에(5.5%포인트) 등 경제 규모가 작은 국가들의 부채 비율 증가율이 높았다. 한국과 경제 규모가 비슷하거나 큰 국가 중에선 일본(2.8%포인트), 호주(0.7%포인트)만 부채 비율이 높아지는 국가에 포함됐다.

대부분의 국가는 나랏빚 '다이어트'에 들어갔다. 2020년 134.5%로 정점을 찍은 주요 20개국(G20)의 일반정부 부채 비율은 2027년 123.9%로 감소할 전망이다. 선진국 평균은 같은 기간 123.2%에서 112.7%로 줄어들 것으로 관측됐다. 영국(-31.1%포인트), 독일(-10%포인트), 미국(-6.8%포인트) 등 주요 선진국이 부채 감축 흐름을 이끌 것으로 분석됐다.

황정환 기자, 〈한국경제〉, 2022.4.21

① **한국의 경제 규모 대비 부채 규모를 확인해보세요.**

→ 2020년 48.9%에서 2027년 59.8%로 10.9%포인트 상승

② **다른 국가와 비교하면 어느 정도인지 파악해보세요.**

→ 선진국 중 증가폭 가장 큼, 미국·독일·영국 등은 나랏빚을 줄이는 중

③ **경제 여건을 고려할 때 이런 추세는 어떻게 평가할 수 있을까요.**

→ 성장 둔화, 복지지출 증가 등을 감안하면 증가 속도 관리할 필요 있음

나랏빚은 범위를 잡는 기준이 여러 가지다. 정부는 나라빚 통계를 국가채무(D1), 일반정부부채(D2), 공공부문부채(D3)의 세 가지 유형으로 관리한다.

우리 정부가 공식적으로 사용하는 개념은 국가채무(D1)다. 기획재정부가 매달 발표하는 '월간 재정동향' 자료에서 수치를 확인할 수 있다. 국가채무는 정부가 직접적인 상환 의무를 지는 확정채무를 뜻한다. 중앙정부의 국채, 차입금, 국고채무부담행위와 지방정부의 순채무(지방정부 전체 채무에서 중앙정부에 진 채무를 뺀 것)까지가 포함된다. 상환 시기와 금액이 확정돼 반드시 갚아야 하는 것들로, 가장 좁은 범위의 나라빚이라 할 수 있다.

한국의 국가채무는 2014년 500조 원을 넘어선 이후 8년 만인 2022년 1,000조 원을 돌파했다. 가계부채와 마찬가지로 다른 나라보다 증가 속도가 빠르다는 점이 걱정거리다.

국제사회에서 통용되는 개념의 나라빚은 일반정부부채(D2)다. 국제통화기금(IMF)과 경제협력개발기구(OECD) 같은 국제기구들이 각국의 일반정부부채를 매년 집계하고 있어 국가별 비교가 가능하기 때문이다. 일반정부부채는 D1에 공공기관 부채까지 더한 값이다. 예금보험공사·한국장학재단·한국농어촌공사 등이 대표적이다. 공공부문부채(D3)는 D2에 공기업 부채까지 더한 수치다. 한국전력공사·한국가스공사·LH(한국토지주택공사)·한국도로공사 등이 여기에 포함된다.

공공기관과 공기업이 진 빚은 당장 정부가 갚아줄 의무는 없지만, 이들의 재무상태가 부실해지면 결국 정부가 책임져야 한다. 2020년 통계를 보면 한국의 D1은 846조 원, D2는 945조 원, D3은 1,280조 원으로 범위를 넓힐수록 빚의 규모가 확연히 커지는 점을 확인할 수 있다.

그런데 경제뉴스에서는 '가장 넓은 의미의 나랏빚'은 이보다도 많다며 정부의 방만한 재정 운용을 비판하는 기사도 자주 볼 수 있다. 여기에 등장하는 개념은 국가부채(D4)다. 국가부채는 D3에 연금충당부채까지 더한 것이다. 공무원연금·군인연금으로 지급하게 될 돈을 미리 계산한 금액을 말한다. 이들 연금도 정부가 직접 지급하는 게 아니지만, 만약 연금 재원이 거덜 나면 정부가 메꿔줘야 하는 만큼 장부상 부채로 잡아두는 것이다.

국가부채는 2021년 2,000조 원을 넘어서 국가채무의 두 배에 이른다. 언론이 국가부채 급등세를 지적하면 기획재정부가 "국가채무를 봐야 한다"라고 반박하는 일이 이따금 벌어지기도 한다. 다만 빚 관리는 늘 '최악의 상황'을 놓고 대비해야 한다는 점에서 본질에 맞는 논쟁으로 보긴 어려울 듯하다. 국가부채든 국가채무든 빠르게 불어나고 있는 건 똑같다.

디폴트/모라토리엄 (default/moratorium)

디폴트는 빚 상환이 불가능하다고 선언하는 것,
모라토리엄은 빚 상환을 유예해 달라고 선언하는 것을 말한다.

스리랑카, 결국 디폴트…英서 독립 후 처음

스리랑카가 공식적으로 채무불이행(디폴트)을 선언했다. 1948년 영국에서 독립한 뒤 처음 겪는 디폴트다.

위라싱게 스리랑카 중앙은행 총재는 19일 "현재의 채무가 조정될 때까지 상환이 불가능하다"며 디폴트를 공식 선언했다. 2023년과 2028년 각각 만기가 돌아오는 스리랑카 국채 이자 총액 7800만달러(약 1000억원)에 대한 지급 유예 기간은 전날 만료됐다. 스리랑카는 지난달 12일 국제통화기금(IMF)과의 구제금융 지원 협상이 마무리될 때까지 대외 부채 상환을 유예하며 '일시적 디폴트'를 선언하기도 했다.

스리랑카는 코로나19 확산으로 주요 수익원인 관광산업이 침체하며 외환위기를 맞았다. 올해 초에는 식료품, 에너지 등 필수재를 구입할 자금이 없어 하루 13시간 동안 단전 조치가 이뤄졌다.

경제 악화가 지속되자 신용평가업체들은 스리랑카의 국가 신용등급을 강등했다. 스탠더드앤드푸어스(S&P)는 지난달 말 스리랑카의 채권 이자 미지급 사태 이후 신용등급을 기존 'CC'에서 '선택적 디폴트(SD)'로 세 단계 낮췄다. 블룸버그는 "세계적인 금리 인상 기조와 원자재 가격 급등, 우크라이나 전쟁 등 여러 요인으로 인한 신용 경색이 아시아의 저소득 국가를 덮쳤다"고 분석했다. 최악의 상황에 부닥친 스리랑카가 현실적으로 강구할 수 있는 대책은 IMF의 구제금융뿐이다.

오현우 기자, 〈한국경제〉, 2022. 5. 20

① **디폴트의 정의는 무엇이고, 어떤 상황에서 발생하는지 알아보세요.**

→ 채무불이행, 채권 이자를 약속한 날까지 지급하지 못함

② **디폴트가 발생한 원인을 파악해보세요.**

→ 경제 침체, 금리 상승, 물가 급등으로 이자를 갚을 외화가 부족해짐

③ **디폴트를 선언한 나라에 어떤 일이 발생하는지 정리해보세요.**

→ 국가 신용등급이 하락해 자금 조달이 더 어려워지고 구제금융에 의존

도저히 빚을 갚을 수 없는 상황이 됐을 때 선택은 두 가지다. 하나는 "돈 없으니 배 째라". 다른 하나는 "갚을 테니 조금만 여유를 달라". 재정이 파탄 직전에 몰린 국가가 전자를 선택하면 디폴트, 후자를 선택하면 모라토리엄이 된다.

디폴트는 빚을 갚을 수 없다고 선언하는 것이다. 우리말로는 '채무불이행'으로 번역한다. 채무자가 이자나 원금 상환을 계약대로 이행할 수 없는 상황이라는 의미다. 돈을 빌려간 쪽(채무자)의 빚 상환이 불가능하다고 판단되면 빌려준 쪽(채권자)이 디폴트를 선언하고 조기 회수에 나서는 것도 가능하다.

모라토리엄은 빚을 갚을 의지는 있지만 여유가 안 되니 시간을 달라고 요청하는 것이다. 우리말로는 '채무상환유예'라고 부른다. 모라토리엄이 선언되면 그 나라에 돈을 빌려준 채권자들은 채권단을 꾸려 협상에 들어간다. 빚을 얼마나 탕감해줄 것인지, 상환유예 기간은 얼마나 줄지, 깎아준 빚을 언제까지 갚을 것인지 등을 논의한다.

디폴트든 모라토리엄이든 해당 국가는 돌이키기 힘든 타격을 입는다. 통화가치가 급락하고, 금리가 치솟고, 실물경제도 고꾸라지는 게 보통이다. 무엇보다 '돈을 빌려줘선 안 될 나라'라는 불명예스러운 딱지가 오래간다. 국가신용등급이 떨어지면 해외 자본시장에서 자금을 조달하기가 더 어려워진다.

채무를 감당하지 못하는 나라는 국제통화기금(IMF)과 같은 국제기구에 손을 벌릴 수밖에 없다. 국가나 기업이 도산, 지급 불능 등의 위기에 처했을 때 이들을 돕기 위해 지원하는 자금을 구제금융(bailout)이라고 한다. 한국도 1997년 외환위기 때 IMF에서 구제금융을 받았다. 국가부도 직전의 위기에서 급한 불은 껐지만 혹독한 대가를 치렀다. IMF가 시키는 대로 구조조정을 이행하는 과정에서 많은 기업과 국민이 고통을 분담해야 했다.

한계기업

영업이익으로 이자비용조차 감당하지 못하는 상태가 3년 연속 지속되는 회사.

이자 낼 돈도 못 버는 기업 41% '사상 최악'

지난해 영업이익으로 이자비용조차 갚지 못하는 기업 비중이 사상 처음 40%를 웃돌았다. 코로나19 사태로 기업 실적과 재무구조가 나빠진 결과다. 지난해 가계가 바깥 활동과 씀씀이를 억제하면서 음식·숙박업체들이 눈덩이 손실을 기록했다.

한국은행이 27일 발표한 '2020년 기업경영 분석'을 보면 지난해 이자보상비율(영업이익을 이자비용으로 나눈 값)이 100% 미만인 기업은 조사 대상 기업의 40.9%로 집계됐다. 2019년보다 4.3%포인트 상승한 것은 물론 관련 통계를 작성한 2010년 이후 가장 높았다.

기업 재무구조가 나빠졌다는 징후는 곳곳에서 포착된다. 지난해 말

기업의 평균 부채비율과 차입금 의존율(총차입금을 총자본으로 나눈 값)은 각각 118.3%, 30.4%를 기록했다. 2019년 말보다 2.6%포인트, 0.9%포인트 올랐다. 부실기업이 불어난 것은 지난해 벌이가 시원찮았던 것과 맞물린다. 지난해 기업 매출은 2019년과 비교해 1.0% 줄었다.

한은은 이달 발표한 보고서에서 3년 연속 이자보상비율이 100%를 밑돈 좀비기업 가운데 정상기업(5~10년 동안 이자보상비율이 100%를 웃돈 기업)으로 전환한 곳은 전체의 15.0~36.3%에 불과했다고 분석했다. 뒤집어 보면 좀비기업의 62.7~85.0%가 부실을 털어내지 못했다는 의미다.

김익환 기자, 〈한국경제〉, 2021. 10. 28

① 기업 재무상태의 건전성을 가늠할 수 있는 통계지표들을 찾아보세요.

→ 이자보상비율, 부채비율, 차입금의존율 등으로 알 수 있음

② 국내 기업들의 빚 규모는 어떤 상태인지 확인해보세요.

→ 전반적으로 악화, 매출은 감소하는데 부채비율과 차입금의존율은 상승

③ '좀비기업'은 무슨 의미인지 파악해보세요.

→ 영업이익으로 이자비용도 못 갚는 상태가 3년 연속 지속

공포영화에서 시체가 주술을 받고 살아나 선량한 사람들을 공격하는 장면을 자주 볼 수 있다. 서구권 영화에선 좀비가 단골로 등장하는 캐릭터다. 언론과 전문가들은 한계기업의 동의어로 좀비기업(zombie company)이란 표현을 쓴다. 한계기업의 특성이 좀비와 정확히 들어맞는 데다 대중이 이해하기 쉽기 때문일 것이다.

한계기업이란 재무구조가 망가져 스스로의 힘으로 살아남을 가능성이 줄고 있는 회사를 말한다. 이자보상비율이 3년 연속 1(백분율로는 100%) 미만이면 한계기업으로 분류한다. 이자보상비율은 기업의 1년 치 영업이익을 그 해 갚아야 할 이자비용으로 나눈 것이다. 이 값이 1을 밑돈다면 사업해서 낸 이익으로 대출 이자조차 감당하지 못했다는 뜻이다. 이런 상태가 3년째 지속됐다면 기업의 경쟁력이 상당히 훼손됐다고 볼 수밖에 없다.

시장 원리대로라면 진작 정리됐어야 할 부실기업이 현실에서는 정부나 은행의 지원으로 파산만 면하고 간신히 연명하는 사례가 많다. 문제는 좀비가 사람을 해치듯 좀비기업도 나라 경제에 악영향을 끼친다는 점이다. 자원이 한정된 상황에서 정상적인 기업이 투자를 집행하기 위해 자금을 조달하는 길을 가로막는 측면이 있기 때문이다.

어느 기업이 지고 있는 빚이 감당할 수 있는 수준인지 아닌지를 평가하는 또 다른 지표로 부채비율과 차입금의존도도 있다. 둘 다 수치가 높을수록 빚이 과하다는 뜻이다.

부채비율은 기업의 자산 중 부채가 차지하는 비율을 뜻한다. 재무제표에 나온 부채총액을 자기자본으로 나눠 100을 곱해 계산한다. 일반적으로 부채비율이 200%를 넘으면 재무건전성에 빨간불이 들어온 것으로 본다. 다만 부채비율은 몇 %가 적절하다는 정답은 없고 산업 특성에 따라 다르게 볼 여지는 있다. 부채에는 은행 대출이나 회사채 발행처럼 우리가 일반적으로 생각하는 빚 외에도 외상 구매, 리스 계약 등 다양한 거래가 포함되기 때문이다. 항공, 조선, 해운 등은 부채비율이 유독 높게 나오는 대표적 업종이다.

차입금의존도는 기업의 총자본 중 차입금이 차지하는 비율을 말한다. 여기서 차입금은 대출이나 회사채처럼 이자를 고정적으로 지급해야 하는 부채를 가리킨다. 차입금의존도 역시 통일된 적정 기준은 없지만 30%를 넘으면 좋지 않은 평가를 받는다.

워크아웃/법정관리

경영난을 겪는 기업에 대한 정상화 작업.
워크아웃은 채권단, 법정관리는 법원 주도로 이뤄진다.

KG 연합, 쌍용차 9000억대 인수 확정

KG그룹 컨소시엄이 쌍용자동차의 새 주인으로 최종 낙점됐다. 이로써 쌍용차는 중국 상하이차, 인도 마힌드라그룹을 거쳐 18년 만에 국내 자본을 대주주로 맞게 됐다.

28일 서울회생법원은 쌍용차 인수자로 KG그룹 컨소시엄을 확정하는 안을 허가했다. KG그룹과 매각 측은 오는 10월 15일로 예정된 회생 기한 내 거래를 마무리하기 위해 곧바로 회생계획안을 작성할 계획이다. KG그룹 컨소시엄은 지난달 쌍용차 인수예정자로 선정돼 우선매수권을 부여받았다. 공익채권과 회생채권, 운영자금 등을 포함해 총 9000억원가량의 인수가를 제시한 것으로 전해졌다. 캑터스PE와 파빌

리온PE 등 재무적투자자와 손잡으면서 자금력 측면에서 높은 평가를 받았다.

아울러 KG그룹은 전기차 생산 등 쌍용차 신사업에도 본격적으로 시동을 걸 것으로 관측된다. 쌍용차 매각 측은 KG그룹 컨소시엄과 회생계획안을 작성한 뒤 오는 8월 말 또는 9월 초 관계인 집회를 열어 채권단 동의를 받을 예정이다.

2004년 중국 상하이차로 넘어간 쌍용차가 처음 기업회생절차(법정관리)에 들어간 건 2009년이다. 당시 인도 마힌드라가 회사를 인수하며 2년여 만에 회생절차가 종료됐지만 이후 실적 악화로 어려움을 겪자 마힌드라그룹은 2020년 6월 쌍용차 경영권을 포기했다. 새 인수자가 나타나지 않고 대출금 만기가 도래하자 쌍용차는 그해 12월 다시 회생절차를 신청했다.

박시은·박한신 기자, 〈한국경제〉, 2022. 6. 29

① **이 회사가 법정관리를 신청했던 이유를 정리해보세요.**

→ 경영 실적이 나빠져 빚을 갚을 수 없게 됐기 때문

② **법정관리 신청 후 정상화 작업을 주도하는 것은 누구일까요.**

→ 법원의 권한으로 빚을 정리하며 법원이 허락해야 절차가 마무리됨

③ **기업이 법정관리를 졸업한 이후 과제는 무엇일까요.**

→ 계획대로 재무구조를 개선하고 신사업을 통해 실적을 정상화해야 함

◇◇◇◇◇◇◇◇◇◇◇◇◇

빚에 짓눌려 문을 닫을 위기에 처한 기업은 어떻게 재기의 기회를 얻을 수 있을까. 국내에서는 두 가지 방법이 많이 쓰인다. 은행을 찾아가 워크아웃을 신청하거나, 법원을 찾아가 법정관리를 신청하는 것이다.

워크아웃의 정식 명칭은 '기업개선작업'으로, 기업구조조정촉진법(기촉법)을 근거로 마련된 구조조정 제도다. 경영난을 겪는 기업에 돈을 빌려준 금융회사들(채권단) 주도로 이뤄진다.

워크아웃 신청을 받은 채권단은 회의를 열어 기업이 살아날 가능성이 있는지 따져본다. 채권단의 75% 이상이 동의하면 워크아웃이 시작된다. 채권단은 인력 감축, 자산 매각 등 자구노력을 전제로 채무 상환을 미뤄주거나 빚을 깎아주는 등 재무 개선 조치를 한다. 워크아웃에 들어가도 대주주는 경영권을 유지할 수 있다. 그러나 채권단이 받아야 할 돈을 회사 주식으로 바꾸는 출자전환을 해 버리면 경영권이 채권단으로 넘어갈 수도 있다. 기업이 정상 궤도에 복귀하면 채권단은 다시 회의를 열어 워크아웃 졸업 여부를 결정한다.

법정관리의 정식 명칭은 '기업회생절차'로, 채무자 회생 및 파산에 관한 법률(통합도산법)을 근거로 운영된다. 채권단이 아닌 법원이 주도권을 쥐고, 워크아웃에 비해 구조조정 강도가 훨씬 세다는 점이 특징이다. 워크

아웃으론 해결이 불가능할 정도로 재무상태가 망가진 기업이 법정관리행을 택한다.

법정관리 신청을 받은 법원은 기업이 살아날 가능성이 있는지 판단해 법정관리를 개시할지, 청산 또는 파산시킬지를 결정한다. 법정관리가 개시되면 법원이 임명한 법정관리인이 회사 경영과 재산 관리를 맡는다. 채권단이 빌려준 돈을 포함해 상거래채권 등 모든 채권과 채무는 동결된다. 법원은 일단 기업의 빚을 최대한 낮춰준 이후 채무상환 계획을 성실히 지키는지 점검한다. 빚을 잘 갚으면 법정관리를 졸업하지만, 그래도 상황이 개선되지 않으면 파산절차를 밟을 수도 있다.

미국에는 '챕터 11'과 '챕터 7'라는 제도가 있다. 각각 연방파산법 11조와 7조에 따라 부실기업이 파산을 신청하는 것을 의미한다. 챕터 7은 회생 가능성이 없는 기업의 빚을 정리하고 청산하는 과정을 밟는다. 챕터 11은 법원 감독 아래 구조조정을 통해 회생을 모색하는 것으로 우리나라 법정관리와 상당히 비슷하다. 제너럴모터스(GM), 크라이슬러, 유나이티드항공처럼 유명한 회사들이 챕터 11을 거쳐 재기한 사례가 있다.

세계 3대 신용평가회사의 역사
국가·기업 신용등급 매기는 그들의 '막강 권력'

신용점수가 낮은 사람은 은행에서 대출이 거절되듯, 국가와 기업도 신용등급이 좋아야 자금이 필요할 때 원활하게 조달할 수 있다. 이런 신용등급은 공신력 있는 국제기구가 아니라 민간의 신용평가 전문기업들이 매긴다. 세계 3대 신용평가회사로 꼽히는 무디스, 스탠더드앤드푸어스(S&P), 피치는 주요 국가와 기업의 장·단기 신용등급을 매기고 수시로 재평가해 발표한다.

이들 업체는 신용등급 평가에서 각자 100년 넘는 업력을 쌓으며 세계적 권위를 인정받고 있다. 국제 금융시장에서 투자자들은 3대 업체의 신용등급을 참조해 투자 여부를 결정한다. 3대 신용평가사 중 하나라도 한국의 국가 신용등급을 올리면 경제신문에서 큰 뉴스가 되고, 떨어뜨리면 더더욱 큰 뉴스가 되는 이유다.

무디스는 1900년 미국의 출판업자 존 무디가 설립한 업체다. 1909년 미국 최초로 200여 개 철도채권에 대한 등급을 발표하며 미국 굴지의 신용평가사로 떠올랐다. 1929년 시작된 미국 대공황 당시 수많은 회사가 무너졌지만 무디스가 우량하다고 평가한 곳은 모두 살아남아 명성을 얻었다.

S&P는 1860년 미국에서 설립돼 3대 신용평가사 중 역사가 가장 길다. 회사채 신용평가를 하던 스탠더드스태티스틱과 푸어스가 1941년 합병하면서 지금의 이름을 갖게 됐다. 개별 국가와 기업의 신용등급뿐 아니라 폭넓은 투자 정보를 제공하는 것으로 유명하다. 미국 증시의 S&P 지수를 만드는 게 바로 이 회사다.

피치는 1913년 설립된 후발 주자로 미국 뉴욕과 영국 런던에 본사를 두고 있다. 1975년 3대 신용평가사 중 최초로 미국에서 국가공인 신용평가기관 인증을 받았다. 다만 무디스와 S&P에 비해 점유율은 다소 처지는 편이다. 상대적으로 점수를 후하게 준다는 평이 많다.

세계 신용평가시장을 사실상 독점하며 막강한 영향력을 행사하는 세 업체지만 '그림자'가 전혀 없는 것은 아니다. 신용평가를 하면서 기업 컨설팅도 하는 사업구조여서 이해상충 소지를 안고 있고, 위험요인을 사전에 탐지해 신용등급에 반영하기보다 문제가 생기고 나서야 조정한다는 지적을 받기도 한다.

한국의 국가 신용등급은 2023년 2월 기준 무디스 Aa2(상위 세 번째), S&P AA(상위 세 번째), 피치 AA-(상위 네 번째)로 세계 최상위권이다. 1997년 외환위기 때 투기등급으로 강등되기도 했지만 위기를 신속히 수습하면서 빠르게 회복한 결과다.

3대 신용평가사는 국가 신용등급을 매길 때 단순한 경제지표 외에 정치 상황, 정부의 규제여건, 사회·문화적 요인 등을 폭넓게 고려한다. 이들은 한국이 더 좋은 평가를 받기 위해서는 고비용·저효율 구조를 개선하고, 노동시장의 생산성을 높이는 등 구조개혁을 강화해야 한다는 조언을 꾸준히 내놓고 있다.

intro

국가는 국방·치안·행정·복지·교육 등 민간에만 맡겨둘 수 없는 여러 업무를 도맡아 한다. 모두 돈이 들어가는 일이다. 정부의 주된 수입원은 두 가지다. 세금을 징수해 현금을 걷거나, 국채를 발행해 빚을 내는 것이다. 재정을 방만하게 운용해선 안 되는 이유가 바로 여기에 있다. 나라 곳간이 부실해지면 결국 납세자가 세금을 더 내든가 미래 세대가 빚을 갚아야 한다. 정부가 가계와 기업의 경제활동을 돕긴커녕 '민폐'가 될 수도 있다는 얘기다.

재정

통합재정수지/관리재정수지

통합재정수지는 정부의 총수입과 총지출의 차이.
관리재정수지는 통합재정수지에서 사회보장성기금의 수지를 제외한 것.

재정적자 2년 만에 또 100조 넘어

지난해 1~11월 재정적자가 98조원에 달한 것으로 집계됐다. 연간 기준으로는 2020년 이후 2년 만에 100조원을 넘을 게 확실시된다.

12일 기획재정부가 발표한 '1월 재정동향'에 따르면 지난해 1~11월 실제 나라 살림을 보여주는 관리재정수지(총수입-총지출-국민연금 등 4대 보장성 기금수지)는 98조원 적자를 기록했다. 2019년 이후 3년간 12월에 각각 8조 8000억원 적자, 13조7000억원 적자, 13조6000억원 적자가 난 것을 고려할 때 지난해 연간 재정적자는 100조원을 넘어섰을 가능성이 크다.

지난해 재정적자가 2021년보다 늘어난 이유로는 코로나19 여파가 꼽힌다. 작년 11월까지 총지출은 622조5000억원이었다. 전년 동기 대비 76조2000억원 증가했다. 정부는 코로나 위기 대응사업과 소상공인 손실보전금 지급 등이 지출 증가에 영향을 줬다고 설명했다. 같은 기간 총수입이 571조6000억원으로 47조7000억원 늘었지만 지출 증가폭에는 미치지 못했다.

정부는 국가채무와 적자 규모 등 건전성 지표가 걱정할 수준은 아니라는 입장이다. 문제는 내년 이후다. 경기 침체로 인한 세수 감소가 현실화할 수 있다는 우려가 나오는 가운데 지출 통제를 위한 재정준칙은 제대로 논의조차 안 되고 있기 때문이다.

강진규 기자, 〈한국경제〉, 2023. 1. 12

① **재정수지 통계로 나라 살림이 흑자인지 적자인지 확인해보세요.**

→ 2022년 관리재정수지는 100조 원 이상 적자

② **재정수지 규모가 달라진 원인을 파악해보세요.**

→ 코로나 대응, 손실보전금 지급 등으로 수입보다 지출이 더 많이 증가

③ **향후 재정수지 추이를 예상해보세요.**

→ 경기 침체로 세수가 감소할 경우 적자폭 확대될 가능성 있음

나라 살림이 흑자인지 적자인지, 그 규모가 얼마인지는 '재정수지'로 알 수 있다. 수지(收支)라는 단어는 수입과 지출이라는 뜻이다. 정부의 수입이 지출보다 많으면 재정수지는 흑자가 되고, 지출이 수입보다 많으면 재정수지는 적자 상태가 된다.

가정이나 기업은 벌이를 최대한 늘리고 씀씀이는 가급적 줄여 이익을 많이 내야 좋은 평가를 받는다. 하지만 정부는 얘기가 좀 다르다. 많은 경제학자는 재정의 수입과 지출이 일치하도록 균형을 맞추는 게 바람직하다고 본다. 재정수지 흑자는 국민들한테서 필요 이상으로 돈을 걷었다는 뜻이고, 재정수지 적자는 국민들이 미래에 갚아야 할 부담을 늘렸다는 뜻이 되기 때문이다. 한국의 재정수지는 1990년대 이후 경제 상황에 따라 흑자, 균형, 적자를 오갔다.

그런데 우리나라 경제뉴스에는 두 종류의 재정수지가 등장한다. 하나는 통합재정수지, 다른 하나는 관리재정수지다. 통합재정수지는 정부의 모든 수입에서 모든 지출을 뺀 것으로, 국제적으로 통용되는 일반적인 개념의 재정수지다. 국제통화기금(IMF)이나 경제협력개발기구(OECD) 등이 관리재정수지를 사용하고 있어 국가 간 비교도 가능하다.

관리재정수지는 통합재정수지에서 사회보장성기금(국민연금·사학연금·고용보험·산재보험)의 수입·지출을 제외한 것인데, 한국 정부가 따로 만들어 쓰고 있는 지표다. 이유는 국가의 실질적인 살림살이를 보다 명확하게 관찰하기 위해서다. 통합재정수지에는 사회보장성기금의 흑자가 재정수입으로 잡힌다. 하지만 엄밀히 보면 이 돈은 미래에 지급하기 위해 쌓아뒀을 뿐 정부가 동원할 수 있는 재정여력으로 보기 어렵다. 이런 한계를 보완하기 위해 관리재정수지를 별도로 작성하는 것이다.

재정건전성 (fiscal soundness)

정부가 수입을 고려해 합리적으로 지출하고,
국가채무를 안정적으로 관리함으로써 지속가능한 재정상태를 유지하는 것.

2025년 국가채무 비율, 문재인 정부보다 7%P 낮춘다

윤석열 정부가 지난 5년간 400조원 늘어난 국가채무를 정상 궤도로 되돌리기 위해 허리띠를 졸라맨다.

기획재정부가 30일 발표한 '2022~2026년 국가재정운용계획'은 전 정부부터 가속화한 재정건전성 악화 추세에 브레이크를 거는 데 중점을 뒀다. 문재인 정부가 임기 중 연평균 8.7%에 달하는 공격적 재정 확장을 한 결과, 국가채무는 2017년 660조2000억원에서 올해 말 1068조8000억원으로 불어났다. 국내총생산(GDP) 대비 국가채무 비율은 같은 기간 36%에서 50%로 높아졌고, GDP 대비 관리재정수지 적자 비율은 2017년 1.0%에서 올해 최종 예산 기준 5.1%로 악화됐다.

정부는 이처럼 '우상향'하던 재정 악화 그래프를 평탄화시킨 5년 뒤 재정의 미래를 제시했다. 2022~2026년 총지출 증가율은 올해 본예산(607조7000억원) 대비 연평균 4.6%로 줄이기로 했다. 관리재정수지 적자는 내년 2.6%를 시작으로 2026년 2.2%로 2%대 중반 안팎을 유지하기로 했다. 이를 통해 올해 49.7%인 GDP 대비 국가채무 비율을 5년 뒤에도 52.2%대로 관리할 계획이다.

정부는 계획의 지속 가능성을 확보하기 위해 9월 재정 운용의 목표를 법제화한 재정준칙 마련에 들어갈 계획이다. GDP 대비 관리재정수지 적자 비율을 3% 이내로 관리하되 국가채무비율이 60%를 넘어설 경우 적자 한도를 2%로 더 엄격하게 관리하도록 설계했다.

황정환 기자, 〈한국경제〉, 2022.8.31

① GDP 대비 국가채무와 재정적자 비율을 통해 재정건전성을 파악해보세요.

→ 2022년 GDP 대비 국가채무 비율 50%, 관리재정수지 적자 비율 5.1%로 재정건전성 악화

② 재정건전성의 변동 요인은 무엇이었는지 확인해보세요.

→ 전임 정부가 재정지출을 적극적으로 늘리면서 국가채무·재정적자 증가

③ 향후 재정운용 방향은 어떤지 살펴보세요.

→ 재정수지 적자 비율 2.2%로 낮추고, 국가채무 비율 52.2%로 관리

④ 재정정책 변화가 경제에 미칠 영향을 예상해 보세요.

→ 정부 예산 들어가는 공공일자리, 복지, 투자 등 축소하는 긴축재정 불가피

∾∾∾∾∾∾∾∾∾∾

우리는 뉴스에서 '정부는 재정건전성을 높여야 한다'는 이야기를 자주 듣는데, 사실 재정건전성은 굉장히 추상적인 개념이다. 유럽중앙은행(ECB)은 재정건전성을 "단기적으로는 재정의 안정성, 장기적으로는 재정의 지속가능성을 의미한다"고 정의했다. 우리나라 국가재정법은 "건전재정을 유지하기 위해 국가채무를 적정 수준으로 유지하도록 노력해야 한다"고 규정하고 있다. 나라마다 사정이 다르니 획일적인 잣대를 들이대 평가하기도 곤란한 면이 있다.

재정건전성을 평가하는 기준이 없는 것은 아니다. 유럽연합(EU)은 회원국들에게 국가채무는 국내총생산(GDP) 대비 60%를, 재정적자는 GDP 대비 3%를 넘지 말 것을 권고하고 있다. EU 사례처럼 재정건전성 관련 지표가 일정 수준 이내를 유지하도록 하는 가이드라인을 재정준칙(fiscal rules)이라고 한다. 한국도 나름의 암묵적인 마지노선을 두고 재정을 꾸려 오긴 했지만 공식적으로 재정준칙을 시행한 적은 없다. 기획재정부에 따르면 2022년 기준 105개 나라가 재정준칙을 운영 중이며 경제협력개발기구(OECD) 38개 회원국 중 재정준칙이 없는 곳은 한국과 튀르키예 뿐이다.

해외에는 우리나라보다 국가채무와 재정적자 비율이 훨씬 높은 나라

가 꽤 있다. 그래서 한국의 재정건전성을 당장 위험수위로 보기 어렵다는 주장도 있다. 하지만 나랏빚의 증가 속도가 빠른 데다 저성장·저출산·고령화가 굳어지고 있다는 점이 문제다. 경제 성장이 둔화하면 예전만큼 세금을 거두기 어렵고, 노년층이 늘면 복지 지출은 급증할 수밖에 없다.

재정건전성은 비상상황이 생겼을 때 재정이 본연의 역할을 수행할 수 있는 전제조건이라는 점에서 중요하다. 불경기에 정부는 재정지출을 늘려 경기 활성화를 유도해야 한다. 하지만 재정건전성이 부실한 상태에선 '실탄'을 확보하기 어렵다. 재정건전성은 3대 신용평가회사가 국가 신용도를 매길 때 중요하게 보는 항목 중 하나이기도 하다.

빚이 많고 적자가 심한 나라는 대외적으로 자금을 조달하기 쉽지 않다. 2010년대 초 그리스, 포르투갈 등에서 이어진 유럽 재정위기에서 볼 수 있듯 방만한 재정 운용은 걷잡을 수 없는 혼란으로 돌아온다. 평소 씀씀이가 헤프고 빚을 쉽게 내는 사람은 자금 사정이 조금만 쪼들려도 휘청이기 쉬운 것과 똑같은 이치다.

조세부담률/국민부담률

조세부담률은 국내총생산(GDP)에서 국민이 낸 세금이 차지하는 비율.
국민부담률은 GDP에서 국민이 낸 세금과 사회보장기여금이 차지하는 비율.

국민 1인당 세부담 4년 새 300만원 '쑥'

지난해 우리나라 국민 1명이 납부한 세금 부담액은 1200만원에 달하는 것으로 나타났다. 문재인정부 첫해인 2017년과 비교하면 300만원가량 늘어난 수준이다.

10일 국회 기획재정위원회 소속 국민의힘 김상훈 의원이 국회예산정책처에 의뢰해 추계한 '2017~2021년 조세 및 국민 부담액 현황'에 따르면 지난해 국세·지방세 등 조세와 연금·보험료 등 사회보장 기여금을 합산한 국민 부담액은 총 619조4000억원으로 집계됐다. 이는 2017년 (465조5000억원)보다 153조9000억원 증가한 수치다.

국민 부담액을 해당 연도 인구수로 나눈 1인당 국민 부담액은 같은 기간 899만원에서 1199만원으로 늘었다. 국민 한 사람이 부담하는 세금 액수가 4년 만에 300만원 늘어났다는 의미다. 사회보장 기여금을 제외하고 총조세 기준으로 집계한 1인당 조세 부담액 역시 2017년 668만원에서 2021년 885만원으로 217만원 증가했다.

명목 국내총생산(GDP) 대비 총조세 비중을 나타내는 조세부담률의 경우 2017년 18.8%에서 2021년 22.1%로 3.3%포인트 올라갔다. 사회보장 기여금을 포함해 집계하는 국민 부담률 또한 2017년 25.4%에서 2021년 29.9%로 4.5%포인트 상승해 30%에 근접했다.

안용성 기자, 〈세계일보〉, 2022. 10. 11

① **조세부담률과 국민부담률을 통해 국민의 세금 부담 수준을 확인해보세요.**

→ 2021년 조세부담률 22.1%, 국민부담률 29.9%이며 지속 상승 중

② **수치가 이와 같이 변화한 이유를 생각해보세요.**

→ 코로나 대응 등으로 정부 지출 증가, 건강보험 등의 보장성 확대 정책

③ **국민부담률은 왜 조세부담률보다 높은지 파악해보세요.**

→ 공적연금·보험료 등 사회보장 기여금이 추가되기 때문

누구도 피할 수 없는 두 가지는 '죽음'과 '세금'이라는 말이 있다. 납세는 국방, 근로, 교육과 함께 헌법상 국민의 4대 의무로 꼽힌다. 정부가 국민들로부터 거둬들인 국세와 지방세는 2021년 기준 456조 원에 달했다. 한국인의 소득 대비 세금 부담은 어느 정도일까. 다른 나라 국민들과 비교하면 어떤 수준일까. 여기에 답을 주는 통계가 조세부담률과 국민부담률이다.

조세부담률은 국내총생산(GDP)에서 조세(국세+지방세)가 차지하는 비중을 말한다. 쉽게 말해 국민들이 번 소득 중 얼마를 세금으로 냈는지다. 일반적으로 개발도상국에서 선진국이 될수록 조세부담률도 높아지는 경향을 보인다. 국민소득이 오를수록 세금을 부담할 여력이 커지고, 사회복지 제도가 강화되는 과정에서 많은 재정이 필요하기 때문으로 볼 수 있다.

조세부담률은 단순한 GDP 대비 세금 총액이기 때문에 과세의 형평성 등은 보여주지 못한다. 조세부담률의 또 다른 한계는 세금이 아니지만 사실상 강제 납부하는 국민연금, 건강보험, 고용보험 등이 빠져 있다는 점이다. 이 때문에 경제협력개발기구(OECD)는 세금에 연금·사회보험 납부액까지 더한 국민부담률을 따로 계산하고 있다.

국민부담률은 GDP에서 조세와 사회보장기여금이 차지하는 비중을 말한다. 사람들은 사회보장기여금을 세금과 비슷하게 받아들이므로 국민부담률이 국민의 체감 수준을 더 정확히 나타낸다는 평가를 받는다.

2021년 기준 한국의 조세부담률은 22.1%, 국민부담률은 29.9%를 기록했다. OECD 회원국 평균과 비교할 때 절대적 수치는 낮지만 증가 속도는 세 배가량 빠르다. 국민들이 늘어난 세금 부담만큼 실생활에서 혜택을 느낄 수 있도록 해야 조세 저항을 방지할 수 있다고 전문가들은 조언한다.

연금개혁

연금의 고갈시기를 늦추고 혜택의 형평성을 높이기 위한 제도 개편.
일반적으로 납부액을 높이고 지급액은 낮추는 방향이어서 반발이 거세다.

마크롱 "더 오래 일해야 한다"…지지율 바닥에도 佛연금개혁 강행

에마뉘엘 마크롱 프랑스 대통령은 21일(현지시간) 정년 연장을 통해 연금 수령 시점을 늦추는 연금개혁을 강행하겠다는 의지를 다시 밝혔다. 프랑스 전역에서 파업이 일어나고 지지율까지 떨어졌지만 물러서지 않겠다는 것이다. 마크롱 대통령은 이날 기자들과 만나 "기적은 없다"며 "연금제도를 유지하고 싶으면 우리는 더 오래 일해야 한다"고 말했다고 AFP·AP통신 등이 전했다.

마크롱 대통령이 추진하는 연금개혁안은 정년을 62세에서 2030년까지 64세로 올려 연금을 받기 시작하는 시점을 늦추는 것을 핵심으로 한다. 대신 최소 연금 수령액은 최저임금의 75%에서 85%로 올리고, 연금 100% 수령을 위해 필요한 근속연수를 42년에서 2027년 43년으로 높인다는 방침이다.

연금개혁에 나선 것은 최근 프랑스 연금의 적자폭이 커지고 있어서다. 베이비붐 세대가 한꺼번에 은퇴하면서 연금 수령액이 대폭 늘어나고 있다. 이에 비해 프랑스의 한 해 출생인구는 1965년 86만6000명에서 2020년 69만7000명으로 급감했다. 마크롱 대통령은 "개혁을 하면 국가를 위해 더 많은 부를 창출할 수 있다"며 "부를 창출하지 못하면 부를 나눠주지도 못한다"고 설명했다. 연금개혁에 반대해 온 8개 프랑스 주요 노동조합은 3월 7일 추가 파업과 시위를 예고했다.

박신영 기자, 〈한국경제〉, 2023. 2. 23

① **연금개혁은 어떤 내용을 담고 있는지 정리해보세요.**

→ 정년 연장 등을 통해 연금 납부 기간을 늘리고 수령 시점은 늦춤

② **연금개혁이 필요한 이유를 생각해보세요.**

→ 저출산·고령화로 인해 연금 재원의 적자폭이 갈수록 커지기 때문

③ **연금개혁을 추진할 때 가장 큰 난관은 무엇일까요.**

→ 기존 가입자의 거센 반발로 사회적 합의를 이뤄내기 어려움

안정적인 노후자금을 마련하기 위한 방법으로 전문가들은 '3층 연금'을 탄탄히 쌓을 것을 강조한다. 1층은 국민연금·공무원연금·군인연금·사학연금 등 공적연금, 2층은 직장 퇴직금인 퇴직연금, 3층은 개인이 선택적으로 추가 저축하는 개인연금이다. 세 가지 유형의 연금에 모두 가입해 충분한 금액의 노후소득을 확보해 놓으면 나이 들어 곤란할 일이 없다는 얘기다. 1층을 차지하는 공적연금은 국가가 국민을 강제로 가입시킨 것이다. 미래 어떠한 경우에도 지급을 보장한다는 조건으로 소득의 일부를 떼어가고 있다.

재정건전성을 높이려면 정부의 부채를 줄이고 지출을 효율화하는 것도 중요하지만, 또 한 가지 중요한 포인트로 연금개혁을 빼놓을 수 없다. 기금이 바닥을 드러내면 정부 예산을 쏟아부어야 하기 때문이다. 국민연금은 아직까지는 젊은 가입자들이 낸 돈으로 은퇴자들에게 연금을 정상적으로 지급하고 있지만 재원이 갈수록 빠듯해지는 상황이다. 저출산·고령화가 심해지면서 국민연금은 2055년께 고갈이 확실시되고 있다. 국민연금 가입자들은 공무원·군인연금에 비해 혜택이 적다는 불만도 많이 제기한다. 공무원연금은 2002년, 군인연금은 1973년 기금이 고갈돼 벌써 재정이 투입되고 있다.

국민연금은 기금 고갈을 늦추기 위해 이미 노후보장 기능을 많이 떨어뜨린 상태다. 연금 수령액이 은퇴 전 월급의 몇 %인지를 '소득대체율'이라 한다. 국민연금이 도입된 1988년 가입자는 소득대체율 70%를 적용받았으나 2028년 가입하는 사람은 40%로 낮아진다.

모든 개혁은 어렵지만 연금개혁은 더더욱 어렵다. 기존 가입자가 손해이기 때문이다. 기금의 투자 수익률을 어마어마하게 끌어올리면 고갈을 영원히 막을 수 있겠지만 현실적으로 불가능하다. 결국 가입자들이 돈을 더 내거나 덜 받는 방법밖에 없다. 하지만 전 국민이 이해당사자이고, 노후와 직결되는 만큼 누구도 선뜻 양보하려 하지 않는다.

역대 정부마다 연금개혁을 공언했으나 용두사미로 끝나곤 했다. 정책을 완성하고 집행할 권한은 정치인들이 갖고 있는데 이들이 '표 떨어져 나가는 정책' 밀어붙이는 데 소극적인 탓이다. 해외도 사정은 비슷하다. 러시아의 절대권력 푸틴 대통령마저 연금계획을 추진하다가 여론의 반발을 넘지 못하고 거둬들여야 했다.

나랏빚 많은 美·日 왜 안 망하나
달러·엔화는 기축통화니까, 돈 찍어내서 갚으면 된다?

미국 뉴욕 맨해튼 6번가에는 '국가채무시계(National Debt Clock)'라는 것이 걸려 있다. 한 부동산업자가 급증하는 부채에 경각심을 일깨우기 위해 설치한 가로 7.9m, 세로 3.4m 크기의 전광판이다. 여기에 표시된 미국의 나랏빚은 30조 달러, 우리 돈으로 4경 원을 넘어섰고 지금도 계속 올라가고 있다. 미국의 국내총생산(GDP) 대비 국가채무 비율은 2020년 161%를 기록했다. 이 수치가 이제 막 50%를 넘어선 우리는 나랏빚 걱정이 이만저만 아닌데, 미국은 괜찮은 걸까.

사실 '미국이 빚 때문에 망할지 모른다'는 얘기는 거의 나오지 않는다. 이유는 달러가 세계 최강의 기축통화이기 때문이다. 미국 중앙은행(Fed)이 1억 달러를 찍어내면 해외 어느 나라에서든 1억 달러 상당의 지급능력을 행사할 수 있다. 극단적으로 얘기하면, 빚이 아무리 많아도 달러를 더 찍어서 갚으면 '땡'이라는 얘기다.

주요 선진국 가운데 미국보다 나랏빚이 더 심각한 나라도 있다. 바로 국가채무가 1,250조 엔(약 1경 2,000조 원)을 넘어선 이웃나라 일본이다. 일본의 GDP 대비 국가채무 비율은 2020년 257%를 찍었다. 웬만한 신흥국은 국가부도를 맞아도 이상하지 않은 수준인데 일본 또한 건재하다.

일본은 1980년대 후반만 해도 국가채무가 GDP의 10%대 규모에 불과할 정도로 재정이 건실했다. 하지만 1990년대 '잃어버린 30년'으로 불리는 장기 불황을 맞으면서 빚이 빠르게 불어났다. 불황을 타개하기 위해 확장재정 정책에 많은 돈이 투입된 반면 저출산·고령화로 세금 낼 사람은 줄었기 때문이다.

그런데 일본은 국채의 90% 이상을 일본 내에서 보유하고 있다. 정부와 중앙은행이 상황을 어느 정도 통제할 수 있다는 뜻이다. 일본 국채 절반을 중앙은행인 일본은행이 갖고 있고 은행이 10%, 보험사와 연기금이 20% 정도를 들고 있다. 원래 일본인들은 저축을 많이 하기로 유명했는데, 금융회사로 흘러들어온 막대한 돈이 국채 수요를 뒷받침할 수 있었다. 해외 투자자들로부터 빚을 갚으라는 요구에 시달릴 가능성도 낮다. 엔화도 달러에 버금가는 준(準)기축통화인 만큼 최악의 경우 일본은행이 돈을 찍어내 빚을 갚는 방법도 있다.

게다가 미국과 일본이 발행한 국채는 전 세계 투자자들이 선호하는 안전자산 중 하나이기도 하다. 이런 이유 때문에 두 나라의 국가부도를 걱정하는 사람은 많지 않다.

조세재정연구원에 따르면 2020년 경제협력개발기구(OECD) 회원국 중 달러·유로·엔 등 주요 기축통화를 사용하는 23개국의 GDP 대비 국가채무 비율은 평균 80.4%였다. 반면 14개 비기축통화국은 41.8%였다. 기축통화국으로 인정받는 나라는 그렇지 않은 나라에 비해 국가채무 비율이 높은 경향이 있다. 세계적으로 화폐 수요가 꾸준해 일정 수준까지 발권력을 행사해도 무리가 없기 때문이다. "한국은 국가채무가 적으니 좀 더 늘려도 문제가 없다"는 주장은 우리가 기축통화국이 아니라는 점을 간과한 것으로 볼 수 있다.

intro

'수출로 먹고사는 나라' 한국은 반도체·자동차·석유화학·전자 제품 등 다양한 품목을 앞세워 세계 9위의 무역대국으로 성장했다. 지구 영토의 70%를 차지하는 국가들과 자유무역협정(FTA)도 맺고 있다. 활발한 무역과 개방은 우리 경제를 키운 원동력이지만, 때론 불안요인으로 작용하기도 한다. 무역 뉴스에 항상 등장하는 경상수지·상품수지·무역수지의 개념을 알아보고, 자유무역 체제 아래에서 각국이 어떻게 자신의 이익을 극대화하고 있는지 살펴보자.

8장

무역

국제수지 (balance of payments)

일정 기간 동안 한 나라의 거주자와 비거주자 사이에 발생한 상품, 서비스, 자본 등의 모든 경제적 거래에 따른 수입과 지급의 차이.

수출 급감에…경상수지 3개월 만에 또 적자

반도체 등 주력 품목 수출이 급감하면서 지난해 11월 경상수지가 3개월 만에 다시 적자로 돌아섰다. 지난해 연간 경상수지는 상반기 실적 덕에 흑자가 예상되지만 흑자폭은 전년 대비 대폭 감소할 전망이다.

10일 한국은행에 따르면 지난해 11월 경상수지는 6억2000만달러(약 7694억원) 적자를 기록했다. 전년 같은 기간 대비 74억4000만달러 급감한 수치다. 상품수지가 큰 폭으로 감소한 여파였다.

상품수지는 15억7000만달러 적자로, 같은 기간 76억4000만달러 쪼그라들었다. 수출은 대폭 줄어든 반면 수입은 늘어났기 때문이다. 수출은 전년 같은 기간보다 12.3%(73억1000만달러) 줄어든 523억2000만달러로 집계됐다. 반도체(-28.6%), 화학공업제품(-16%), 철강제품(-11.3%) 등 대부분 수출 주력 품목이 '마이너스'를 기록했다. 지역별로는 중국(-25.5%), 동남아시아(-20.7%), 중남미(-19.2%), 일본(-17.8%) 등으로의 수출이 부진했다. 수입은 원자재와 곡물 등의 수입 증가로 1년 전보다 0.6% 증가한 538억8000만달러로 나타났다. 23개월 연속 증가세를 이어갔다.

서비스수지는 수출 화물 운임이 내린 영향으로 운송수지 흑자 폭이 축소되면서 1년 전보다 7000만달러 적자 폭이 확대된 3억4000만달러 적자를 기록했다.

조미현 기자, 〈한국경제〉, 2023. 1. 10

① **국제수지 통계에선 경상수지가 가장 중요합니다. 먼저 수치를 확인하세요.**

→ 11월 경상수지 6억 2,000만 달러 적자, 3개월 만에 적자 전환

② **경상수지에선 상품수지가 가장 중요합니다. 수치를 또 확인해보세요.**

→ 11월 상품수지 15억 7,000만 달러 적자, 1년 전보다 76억 4,000만 달러 감소

③ **경상수지는 월 단위로 발표됩니다. 최근 흐름을 종합적으로 파악해보세요.**

→ 상반기 실적이 좋아 연간 단위로는 흑자가 예상되지만 악화 추세

④ **원인은 무엇인지, 경제에 좋은 뉴스인지 나쁜 뉴스인지 정리해보세요.**

→ 반도체·화학·철강 등 주력 품목 수출이 줄고 있어 매우 걱정스러운 상황

한 국가가 필요한 상품과 서비스를 모두 자체 생산하는 것은 불가능하기 때문에 다른 나라와 거래를 통해 해결하게 된다. 특히 천연자원이 부족한 소규모 개방경제 한국에서 무역의 중요성은 더욱 크다. 국내총생산(GDP)에서 수출입 금액이 차지하는 비율을 뜻하는 무역의존도는 1970년 36.0%에서 2021년 84.8%로 높아졌다. 이 뿐만 아니라 많은 한국인이 해외에 나가 회사를 세우고, 현지에 취업해 돈을 벌고, 여행이나 유학을 다녀오기도 한다.

국경을 넘나드는 경제적 거래에는 외화가 오가게 마련이다. 이런 외화 수입과 지출의 차이를 국가 단위에서 가계부 쓰듯 체계적으로 기록한 것이 국제수지다.

국제수지는 한국은행이 매달 발표하는데, 원화가 아닌 달러화로 표시한다. 미국, 영국, 캐나다 등은 국제수지를 분기별로 공개하는 반면 한국, 일본, 독일 등은 월별로 내놓고 있다. 경제에서 수출입 비중이 큰 나라일수록 국제수지 통계를 중요하게 여긴다는 의미로 볼 수 있다. 국제수지는 무역과 외환을 비롯한 각종 경제정책을 수립하고 경제 상황을 분석하는 기초 자료로 폭넓게 쓰이고 있다.

국제수지는 구성 항목이 워낙 다양해 굉장히 복잡해 보인다. 일단 결론부터 말하면 국제수지에서는 경상수지, 경상수지에서는 상품수지가 가장 중요하다는 점을 기억하면 웬만한 경제뉴스를 읽는 데 큰 지장이 없을 것이다.

국제수지는 ①경상수지 ②자본수지 ③금융계정 ④오차 및 누락으로

국제수지표									
경상수지				자본수지	금융계정				오차 및 누락
상품수지	서비스수지	본원소득수지	이전소득수지		직접투자	증권투자	파생금융상품	기타투자	준비자산

*자료: 한국은행

구성된다. 이 중 가장 주목해야 할 항목은 경상수지다. 재화와 서비스의 거래, 즉 우리 경제에 큰 영향을 미치는 수출과 수입의 결과가 경상수지로 드러나기 때문이다.

경상수지는 다시 ①상품수지 ②서비스수지 ③본원소득수지 ④이전소득수지로 나뉜다. 상품수지는 상품의 수출과 수입의 차이를 나타낸 것으로 반도체, 자동차, 선박, 석유제품, 철강제품, 가전제품 등이 큰 비중을 차지하는 주요 품목이다. 상품수지는 경상수지의 네 가지 항목 가운데 비중이 가장 크다. 실제로 상품수지 흐름만 봐도 경상수지의 상당 부분을 파악할 수 있다. 서비스수지는 서비스 거래의 결과를 나타낸 것으로 운송, 여행, 건설, 지식재산권사용료 등이 해당한다. 본원소득수지에는 배당이나 이자 같은 투자소득과 임금 등이 포함된다. 이전소득수지는 아무 대가 없이 주고받는 무상원조, 가족 간 송금 등을 가리킨다.

국제수지의 또 다른 항목인 금융계정은 정부와 민간의 대외 금융자산과 부채의 거래 변동을 기록한 통계로 직접투자, 증권투자, 파생금융상품, 기타투자, 준비자산으로 구성된다. 자본수지는 규모가 미미한 편이고, 오차 및 누락은 통계상 보정을 위한 것이어서 크게 신경 쓸 필요는 없다.

경상수지

외국과 상품·서비스를 거래한 결과로 나타난 수입과 지급의 차이.

코로나가 만든 '불황형 흑자'…경상수지 9개월 만에 최대

지난 7월 경상수지 흑자폭이 최근 9개월 만에 최대를 기록했다. 수출이 줄었지만 수입이 더 큰 폭으로 감소한 이른바 '불황형 흑자' 양상이 뚜렷해진 결과다.

한국은행은 7월 경상수지 흑자가 74억5180만달러(약 8조8600억원)로 집계됐다고 4일 발표했다. 흑자폭은 2019년 10월(78억2720만달러) 후 9개월 만에 가장 컸고, 작년 7월에 비해 13.1%(8억6720만달러) 늘었다.

경상수지 흑자폭이 증가세로 전환한 것은 상품수지(수출-수입) 증가폭이 커진 영향이다. 7월 상품수지는 69억7450만달러로 1년 전보다 12.8%(7억9210만달러) 늘었다. 코로나19 여파로 수출과 수입이 모두 전년 대비 기준으로 5개월 연속 줄었다. 이달에는 수출보다 수입 감소폭이 더 크게 줄면서 상품수지가 1년 전보다 크게 늘었다. 7월 수출은 432억220만달러로 작년 7월에 비해 10.7%(52억2160만달러) 줄었다. 7월 수입은 362억2770만달러로 14.2%(60억1370만달러) 감소했다.

서비스수지는 11억760만달러 적자를 기록했다. 코로나19로 해외 여행길이 막히면서 여행수지 적자(3억6960만달러)가 1년 전보다 7억5810만달러나 감소한 영향이 컸다. 임금·배당·이자 흐름과 관계 있는 본원소득수지 흑자(19억5160만달러)는 배당소득 감소 등으로 작년 같은 달보다 5억1670만달러 감소했다.

김익환 기자, 〈한국경제〉, 2020. 9. 5

① 경상수지 수치를 확인하고 변화 원인을 분석해보세요.

→ 7월 경상수지 74억 5,180만 달러 흑자, 상품수지 흑자 증가 때문

② 수출이 줄어도 상품수지가 좋아질 수 있는 이유를 찾아보세요.

→ 수입이 더 많이 줄었기 때문, 전형적인 불황형 흑자

③ 서비스수지는 무엇과 관련 있는지 확인해보세요.

→ 해외 관광을 떠나는 내국인이 줄면 여행수지에 영향을 미침

④ 본원소득수지에 영향을 미치는 요인도 확인해보세요.

→ 외국에서 벌어들이는 임금·배당·이자 소득이 대표적

경상수지 흑자와 적자는 우리 경제에 어떤 영향을 주는지 좀 더 자세히 알아보자. 경상수지 흑자는 외국에 판매한 재화와 서비스가 사들인 것보다 많았고, 그만큼 외화를 벌어왔다는 얘기가 된다. 국내 기업들의 생산이 활발해진 만큼 일자리가 늘어나고 국민 소득도 올라간다. 그 뿐만 아니라 벌어들인 외화로 외채(외국에 진 빚)를 갚아나갈 수 있고, 기업들이 해외 이곳저곳에 투자할 여력도 풍부해지게 된다.

경상수지 적자는 반대 상황을 떠올리면 된다. 수출보다 수입이 많았고, 그만큼 외화가 빠져나갔다는 의미다. 국민들 소득은 줄고, 실업은 늘고, 외채도 불어나면서 경제에 부담을 키울 수 있다. 1997년 외환위기 당시 한국이 보유한 외화가 부족해진 데는 1990년대 들어 계속 누적된 경상수지 적자도 원인으로 작용했다.

그렇다면 경상수지 흑자는 무조건 많이, 무조건 오랫동안 지속되면 좋은 걸까. 꼭 그렇지만도 않다. 벌어들인 외화의 상당 부분은 원화로 바꿔어 국내에서 돌게 된다. 통화량 증가는 화폐가치 하락으로 이어지고, 결국 물가 상승과 자산가격 거품을 자극할 소지가 있다. 또 우리의 흑자는 다른 누군가의 적자라는 점도 생각해봐야 한다. 경상수지 적자가 심각한 나라와 무역 마찰이 생길 가능성이 높아진다. 실제로 도널드 트럼프 대통령 재임 당시 미국은 한국이 미국과의 무역에서 벌어들이는 흑자가 과도하다는 점을 물고 늘어지며 한미 자유무역협정(FTA) 개정을 압박하기도 했다.

종합해 보면, 경상수지는 대규모 흑자가 반드시 좋다고 할 수 없고 균형을 이루는 게 합리적이다. 다만 한국처럼 대외의존도가 높은 경제에서는 적정 수준의 경상수지 흑자를 이어가는 것이 바람직하다는 게 중론이다.

간혹 수출이 줄었는데도 수입이 더 크게 줄어든 탓에 경상수지가 흑자를 보이는 경우가 있는데 이런 현상은 '불황형 흑자'라고 부른다. 겉으로 보기엔 무역으로 이익을 남긴 것 같지만, 실제론 수출기업 상황이 어려워진 것이라 결코 반갑지 않은 일이다. 따라서 경상수지 뉴스를 볼 때는 단순히 흑자냐 적자냐뿐만 아니라 세부적인 내용도 들여다볼 필요가 있다.

| 참고 |

쌍둥이는 귀엽지만, 쌍둥이 적자는 싫어

경상수지와 재정수지가 동시에 적자인 상태를 쌍둥이 적자(twin deficit)라고 부른다. 수입에 쓴 돈이 수출로 번 돈보다 많고(경상수지 적자), 정부가 쓴 돈이 번 돈보다 많다(재정수지 적자)는 뜻이니 좋지 않은 뉴스다.

쌍둥이 적자가 지속되면 자본 유출과 대외신인도 하락을 유발해 경제의 기초체력을 흔들 수 있다. 쌍둥이 적자의 원조는 도널드 레이건 대통령 시절의 1980년대 미국이다. 당시 미국은 1·2차 오일 쇼크 여파로 심각한 무역 불균형을 겪어 경상수지에서 적자를 봤다. 이런 와중에 소련을 의식해 국방비 지출을 확대하고, 경

제를 살리기 위해 세금도 깎아주게 되면서 재정수지까지 적자를 냈다. 한국이 연
간 단위로 쌍둥이 적자를 낸 마지막 기록은 외환위기가 터진 1997년이었다.

무역수지

수출액과 수입액의 차이.
통관 기준으로 집계해 경상수지와 차이가 있을 수 있다.

올 50일간 무역적자 186억弗, 작년 한해의 40%

지난 1~20일 무역수지가 59억8700만달러 적자를 기록했다. 1월(126억5100만달러)에 이어 2월에도 대규모 적자가 발생하면서 올해 누적 적자 규모는 186억3900만달러가 됐다. 사상 최악의 무역적자를 기록한 지난해(연간 474억달러)의 40%에 달하는 적자가 약 50일 만에 발생한 것이다.

21일 관세청에 따르면 지난 1~20일 수출은 335억4900만달러(통관 기준 잠정치)였다. 지난해 같은 기간과 비교하면 2.3% 줄었다. 수출이 줄어드는 가장 큰 이유는 반도체 수출 부진이다. 지난 1~20일 반도체 수출은 38억300만달러로 전년 동기 대비 43.9% 줄었다. 반도체 수출 증감률은 지난해 8월 이후 7개월째 '마이너스'를 기록하고 있다. 무선통신

기기(-25.0%)와 정밀기기(-15.6%), 가전제품(-38.0%), 컴퓨터 주변기기(-55.5%)
수출도 부진했다.

국가별로 보면 대(對)중국 수출이 66억6400만달러로, 전년 동월 대
비 22.7% 감소했다. 이달을 포함하면 9개월 연속 줄고 있다. 전체 수
출 중 중국의 비중은 19.9%를 기록했다. 지난달 19.8%에 이어 두 달
연속 20%를 밑돌 가능성이 크다. 수출에서 중국 비중이 20% 아래로
떨어진 것은 2004년(19.6%) 이후 처음이다.

도병욱·김소현 기자, 〈한국경제〉, 2023.2.22

① **경상수지와 무역수지의 공통점은 무엇일까요.**

→ 수출액과 수입액의 차이에 따른 통계라는 점은 기본적으로 비슷

② **무역수지 통계에서 가장 주목할 만한 포인트를 짚어보세요.**

→ 올 1월 1일~2월 20일까지 적자가 지난해 전체 적자의 40%에 달함

③ **무역수지에 큰 영향을 미치는 요인과 현황을 정리해보세요.**

→ 핵심 수출 품목인 반도체가 43.9%, 최대 수출국 중국이 22.7% 급감

◇◇◇◇◇◇◇◇◇◇◇◇◇◇

앞서 우리나라 수출입 상황을 가장 잘 보여주는 통계는 경상수지, 그

중에서도 상품수지라는 점을 소개했다. 그런데 경제뉴스에서는 '무역수지'라는 지표도 자주 볼 수 있다.

무역수지는 매달 관세청이 발표하는 수출입 현황 자료에서 확인할 수 있는데, 수출액에서 수입액을 뺀 것이다. 관세청은 국경을 드나드는 물품의 통관(通關)을 처리하는 부처이니 이곳에 신고된 자료를 봐도 수출입 현황을 파악할 수 있다. 상품수지와 무역수지는 물건을 수출·수입한 결과라는 점에서 기본적으로 같은 개념이다. 하지만 숫자는 조금씩 다르게 나오는데, 집계하는 기관과 방식의 차이 때문이다.

관세청의 무역수지는 '통관 시점'이 기준이어서 세관 검사를 거쳐 수출·수입이 허가되면 곧바로 통계에 반영된다. 반면 한국은행의 상품수지는 '소유권 이전 시점'이 기준이라 통관 후 수입업자에게 물품이 전달돼야 통계에 잡힌다. 웬만한 상품은 통관과 소유권 이전에 시차가 크지 않지만 그렇지 않은 품목도 많다. 일감을 따내 최종 납품하기까지 2~3년 넘게 걸리는 선박이 대표적 사례다.

수출입 가격을 계산하는 기준도 다르다. 국제무역에서 가격은 본선인도조건(FOB·Free On Board)과 운임·보험료포함조건(CIF·Cost, Insurance and Freight)이 있다. FOB는 수출업자가 물건을 배에 싣는 비용까지 부담하고, 이후 운임과 보험료는 수입업자가 내는 조건이다. CIF는 운임과 보험료까지 모두 수출업자가 부담한다. 무역수지는 수출액은 FOB, 수입액은 CIF 기준으로 작성하지만 상품수지는 모두 FOB 가격으로 집계한다. 일반적으로 무역수지가 상품수지에 비해 흑자는 적게, 적자는 크게 나타난다.

관세선을 거치지 않는 가공무역과 중계무역이 늘어나는 점도 격차를 벌리는 요인이다. 국내 기업에 해외에서 상품을 제조해 곧바로 다른 나라로 수출하면 경상수지에는 포함되지만 무역수지에는 잡히지 않는다.

이런 이유들 때문에 무역수지가 적자여도 상품수지는 흑자가 나올 수 있다. 하지만 큰 틀에서 방향성은 같은 만큼 보완적 역할을 한다고 볼 수 있다. 몇 가지 한계에도 불구하고 무역수지가 주목받는 것은 통계가 금방 금방 나오는 '속보성' 때문이다. 한국은행도 상품수지를 파악할 때 관세청 자료를 쓰지만 보정을 거치느라 시간이 걸린다.

WTO/FTA (World Trade Organization/Free Trade Agreement)

세계무역기구(WTO)는 상품·서비스·지적재산권 등 모든 분야의
자유무역 질서 확대를 목적으로 하는 국제기구. 자유무역협정(FTA)은 두 개 이상
국가가 상호무역 증진을 위해 맺는 협정으로 주로 관세 철폐에 초점을 맞춘다.

한미 FTA 10년…교역 68% 늘고 반도체 등 공급망 파트너國 부상

올해 발효 10주년을 맞은 한·미 자유무역협정(FTA)이 양국 간 무역·
투자를 큰 폭으로 확대하고, 공급망 결속을 강화하는 데 핵심 역할을
했다는 조사 결과가 나왔다.

11일 한국무역협회 국제무역통상연구원이 발간한 '한·미 FTA 10년
평가와 과제' 보고서에 따르면 양국 간 상품무역은 FTA 발효 전(2011
년) 1008억달러(약 123조8000억원)에서 지난해 1691억달러(약 207조7000억원)로
67.8% 증가했다. 미국이 한국 상품무역에서 차지하는 비중은 같은 기
간 9.3%에서 13.4%로 상승하며 한국의 두 번째 무역상대국이 됐다.

품목별로는 자동차 및 부품, 석유제품, 2차전지, 냉장고, 합성수지 등이 수출을 주도했다. 자동차 및 부품은 지난해 기준 전체 대미 수출 중 가장 큰 비중(25.0%)을 차지했다. 10년간 연평균 5.8% 성장해 FTA 체결 이전 대비 수출 규모가 75.5% 늘었다. 석유제품 수출액은 2011년 26억5000만달러에서 2021년 48억1000만달러로 연평균 6.2% 증가했다. 2차전지는 지난해 미국 내 전기자동차 수요 증가의 영향으로 전년 대비 122.6% 늘어난 27억6000만달러어치가 수출됐다. 한국의 대미 무역수지 흑자는 FTA 발효 전 연간 116억달러에서 2021년 227억달러로 두 배 가까이로 증가했다.

　　대외경제정책연구원은 "피해가 우려되던 소고기 시장 개방, 의약품 관련 지식재산권 보호제도 강화, 스크린쿼터 축소 등의 쟁점은 보완대책 수립과 경쟁력 강화 노력으로 애초 우려했던 부작용이 완화됐다"고 설명했다.

강경민 기자, 〈한국경제〉, 2022. 3. 12

① **여러 국가가 FTA를 체결하는 목적은 무엇일까요.**

　→ 무역과 투자를 확대해 경제 성장 촉진하고 소비자 편익 증진

② **한미 사례를 토대로 FTA의 긍정적 효과를 정리해보세요.**

　→ 10년간 양국 상품 교역 67.8% 증가, 대미 무역 흑자는 2배로 확대

③ 대한민국의 FTA 현황을 추가로 확인해보세요.

→ 미국 외에 중국·EU·아세안·인도·호주·캐나다 등과도 FTA를 맺고 있음

∞∞∞∞∞∞∞∞∞

세계 무역 규모는 우리돈으로 연간 4경 원에 육박하고 있다. 유엔무역개발회의(UNCTAD)에 따르면 2021년 국제 무역액은 28조 5,000억 달러로 사상 최대를 기록했다. 국가 간의 무역을 제약하는 인위적 조치를 무역장벽이라 부른다. 이 장벽을 최대한 없애자는 것이 자유무역주의, 반대로 탄탄하게 쌓자는 것이 보호무역주의다. 무역의 역사는 고대 페니키아 시대로 거슬러 올라갈 만큼 길지만 지금과 같은 자유무역의 개념이 완성된 것은 100년이 채 되지 않았다.

시작은 1947년 체결된 '관세와 무역에 관한 일반협정(GATT·가트)'이다. GATT는 2차 세계대전 이후 세계 각국이 자유무역의 제도적 틀을 만들자는 데 뜻을 모아 맺은 협정이다. 하지만 정식 국제기구가 아니어서 허점

자유무역의 진화 과정

	GATT	WTO	FTA
목적	다자간 관세 인하로 국제무역 확대	다자간 관세·비관세 장벽 제거	WTO 체제를 바탕으로 뜻 맞는 나라끼리 관세·비관세 장벽 제거
형태	국제기구가 아닌 협정 체제로 운영	스위스 제네바에 본부를 둔 국제기구	협정 당사국 간의 협의 하에 운영

*자료: 관세청

이 많았다. GATT를 대체할 강력한 기구가 필요하다는 공감대가 형성됐고 1995년 세계무역기구(WTO) 출범으로 이어졌다.

무역질서를 수호하는 국제기구인 WTO는 '경제 분야의 유엔'으로 불린다. WTO는 무역분쟁 조정, 관세 인하 요구, 반덤핑 규제 등 GATT에는 없었던 강력한 권한과 구속력을 행사한다. 전통적인 상품 교역 외에 서비스, 지식재산권, 투자 등의 영역도 폭넓게 다룬다. WTO 출범 이후 무역장벽이 지속적으로 낮아졌고 신흥국 경제 발전에도 기여했다는 평가를 받는다. 한국은 1967년부터 GATT 회원국이었고, WTO에는 출범 당시부터 참여한 원년 멤버다.

그런데 WTO 체제에도 한계는 있다. 사공이 많으니 배가 자꾸 산으로 향한다는 점이다. 회원국이 164개국에 달하다 보니 합의를 도출하기 쉽지 않다. FTA의 확산도 WTO의 위상을 예전만 못하게 하는 요인이 되고 있다.

FTA는 두 개 이상의 국가가 상호무역 증진을 위해 맺는 협정이다. 당사자들의 필요에 따라 상품, 서비스, 투자, 지식재산권, 정부 조달 등에서 관세·비관세 장벽을 완화하기로 약속하는 것이다. 협정문에는 다양한 내용이 포함되지만 핵심은 관세 철폐다.

한국은 FTA로 지구촌 경제 영토의 70% 이상을 확보한 'FTA 강국'이다. 2023년 2월 기준 59개국과 21건의 FTA를 맺고 있다. 우리나라가 최초로 FTA를 체결한 나라는 칠레로, 1999년 협상을 시작해 2004년 적용에 들어갔다. 과거에는 FTA 체결국이 늘어날 때마다 "국내 산업이 황폐화될 것"

이라는 반대 시위가 격렬했지만, 시간이 흐르면서 여러모로 득이 되는 선택이었음이 입증되고 있다.

　최근에는 두 나라끼리 맺는 '양자 FTA' 대신 여러 국가가 참여하는 '메가 FTA'가 주목받고 있다. 한국과 아세안(ASEAN) 10개국, 중국, 일본, 호주, 뉴질랜드가 참여해 2022년 2월 발효된 역내포괄적경제동반자협정(RCEP) 등이 대표적 사례다. 하지만 이런 대규모 FTA에는 강대국의 주도권 싸움이 얽혀있어 외교 관계를 민감하게 고려해야 할 때도 있다.

관세장벽 (tariff barriers)

수입을 억제할 목적으로 관세를 부과하는 조치.

소·닭고기도 '관세 0%'…6개 생필품 가격 낮춰 '밥상물가' 잡는다

정부가 소고기·닭고기·분유 등 6개 생필품에 대한 관세를 연말까지 0%로 내리기로 했다. 고물가로 서민층이 직격탄을 맞자 '밥상물가' 잡기에 나선 것이다.

정부는 8일 용산 대통령실에서 제1차 비상경제민생회의를 열어 '고물가 부담 경감을 위한 민생안정 방안'을 발표했다. 지난달 소비자물가 상승률이 24년 만에 6%대로 치솟자 기존 두 차례의 물가대책에 이어 추가 물가대책을 낸 것이다.

핵심은 소고기, 닭고기, 분유, 커피 원두, 주정 원료, 대파 등 6개 품목에 대해 연말까지 할당관세 0%를 적용하기로 한 것이다. 할당관세는 일정 기간 일정 물량의 수입 물품에 대해 관세율을 일시적으로 낮추거나 높이는 제도다. 신규 할당관세 품목 중 정부가 가장 신경을 쓴 건 국내 소비량의 65%를 수입에 의존하는 소고기다. 소고기 수입의 90% 이상을 차지하는 미국과 호주산 소고기 관세율은 각각 10.6%, 16.0%에 달한다. 할당관세 적용 물량은 10만t이다. 정부는 이번 대책으로 소고기 소매가격이 5~8%가량 떨어질 것으로 기대하고 있다.

황정환 기자, 〈한국경제〉, 2022. 7. 9

① **정부가 특정 품목을 골라 관세를 인하하는 이유를 확인해보세요.**

　→ 수입산 먹거리 공급을 늘려 식품 물가를 안정시키기 위해

② **관세의 종류는 매우 다양합니다. 어떤 관세를 활용했는지 찾아보세요.**

　→ 일정 기간 일정 물량에 한해 관세율을 조정하는 탄력관세를 이용

③ **실제 소비자 가격에는 얼마나 영향을 주게 될까요.**

　→ 미국·호주산 소고기의 수입가가 저렴해져 소매가 5~8% 인하 효과

◇◇◇◇◇◇◇◇◇◇◇◇◇◇◇◇

자유무역이 확산되고 있지만 나라마다 자신들의 이익을 극대화하기 위해 여전히 무역장벽을 활용하기도 한다. 무역장벽에는 다양한 방법이

있는데 크게 관세장벽과 비관세 장벽으로 나눌 수 있다.

관세장벽은 수입품에 물리는 세금, 즉 관세(關稅)를 활용한다. 해외여행 길에 마음에 드는 명품을 발견하고도 공항에서 관세 낼 것이 부담스러워 포기한 경험을 가진 사람이 있을 것이다. 기업이 외국에서 들여오는 제품에도 높은 관세를 매기면 수입량이 줄어드는 효과가 있다.

정부가 경제 상황에 따라 관세를 신축적으로 조절할 수 있도록 하는 제도를 탄력관세라고 한다. 품목, 수량, 용도 등에 따라 관세를 달리 매길 수 있어 각국의 통상정책에 중요한 수단이 되고 있다.

탄력관세에는 여러 가지 유형이 있다. 상계관세는 특정국 정부에서 보조금을 받은 물품이 수입될 때, 반덤핑관세는 수입품이 국내에 비정상적으로 낮은 가격에 들어올 때 국내 산업의 피해를 막기 위해 추가로 물리는 관세다. 보복관세는 다른 나라에서 불이익을 받았을 때 맞불을 놓기 위해 그 나라 제품에 고율의 관세를 물리는 것이다. 긴급관세는 특정 물품의 수입이 급증해 피해를 봤을 때 부과하는 탄력관세다.

탄력관세는 물가를 안정시키거나 농어민을 보호하는 수단으로 활용되기도 한다. 할당관세는 물가 안정, 산업경쟁력 강화 등을 위해 세율을 한시적으로 낮춰주는 것이다. 예를 들어 삼겹살, 계란, 설탕 등의 가격이 급등할 때는 관세를 0%로 낮춰 수입을 촉진한다. 조정관세는 취약산업 보호, 세율 불균형 개선 등을 목적으로 세율을 한시적으로 높이는 것이다. 국내 농어민을 보호하기 위해 꽁치, 명태, 오징어, 새우젓 등에 비싼 관세를 물리는 게 대표적이다. 계절관세는 특정 기간에만 높은 세율을 부과하

는 것이다. 국산 감귤 성수기에 한해 미국산 오렌지 관세율을 높이는 식
이다.

세이프가드(safeguard)는 특정 물품의 수입이 급증해 자국 산업이 피해
를 입을 때 수입을 임시 제한하거나 관세를 인상하는 '긴급 수입제한 조
치'를 말한다. 선진국은 잘 쓰지 않는 규제인데, 미국은 2017년 한국산 세
탁기에 최대 50% 관세를 물리는 세이프가드를 16년 만에 발동한 사례가
있다.

관세장벽을 높이는 게 나라 경제에 반드시 도움이 되진 않는다. 1930년
미국은 자국산업 보호를 위해 2만여 개 품목에 사상 최고 관세율을 적용
한 '스무트-홀리법'을 발효했다. 그러자 영국 등 23개국이 보복관세를 매
기면서 '관세 전쟁'이 불붙었다. 결과는 모두의 패배로 끝났다. 세계 무역
액은 4년 만에 3분의 1로 쪼그라들었고, 대공황을 맞은 미국의 국내총생
산(GDP)은 50% 이상 급감했다.

비관세장벽 (non-tariff barriers)

관세를 제외하고 수입을 억제할 목적으로 활용되는 모든 조치.

브렉시트 3주…삐걱거리는 영국 경제

지난 18일 영국 런던 다우닝가의 정부청사 인근. 수산물 수출업자 수십 명이 트럭에 해산물을 가득 싣고 집결했다. 이들이 몰고 온 트럭에는 '브렉시트(영국의 유럽연합 탈퇴)는 대학살' '무능한 정부가 수산업을 망치고 있다' 등의 문구가 적혀 있었다. 브렉시트 이후 통관 절차가 복잡해지면서 생계에 위협이 될 정도로 수출에 어려움을 겪고 있다며 항의 시위에 나선 것이다.

영국 수산업자들이 불만을 제기하는 핵심 사항은 복잡한 통관 및 검역 절차다. 브렉시트 이전과 달리 이들은 관세 신고와 원산지 보증, 보건 관련 증명서 등의 각종 서류를 완벽하게 갖춰야 유럽연합(EU) 국가에 수출할 수 있다. 여러 상품이 한 트럭에 실린 경우 한 상품에 대한 서류 문제만 발견돼도 수출이 중단될 수 있다. 한 해산물 수출업자는 "지난주 유럽에 입국하기 위해 400쪽이 넘는 서류를 구비해야 했다"고 하소연했다.

지난해 12월 영국과 EU는 무관세 등을 기반으로 하는 자유무역협정(FTA)을 맺었다. 하지만 추가적인 무역 행정 비용, 운임 인상 등 '비관세 장벽'에 부딪히게 될 것이라는 분석이 많다. 결국 수입품 가격이 올라 영국 소비자들이 피해를 보게 될 것이라는 우려다.

박상용 기자, 〈한국경제〉, 2021.1.22

① **어떤 비관세 장벽이 무역을 위축시키고 있는지 파악해보세요.**

→ 복잡한 통관·검역 절차가 수산물 수출을 어렵게 하는 요인으로 작용

② **다른 종류의 비관세 장벽은 무엇이 있을지 생각해보세요.**

→ 수입품 수량 제한, 자국 상품 보조금 지급 등이 있음

③ **관세장벽에 비해 비관세 장벽이 더 까다로운 이유를 생각해보세요.**

→ 안전·보건과 같은 이유를 들어 주관적 잣대를 적용할 수 있기 때문

WTO 체제가 출범하고 FTA 체결이 확대되면서 관세장벽은 크게 낮아졌다. 하지만 비관세 장벽은 여전히 자유무역의 상당한 장애물로 작용하고 있다.

비관세 장벽은 관세를 뺀 나머지 모든 무역 제한 조치를 통칭하는 말이다. 수입품에 대한 수량 제한, 가격 통제, 유통경로 제한 등을 비롯해 자국 품목에 대한 보조금 지급, 외국인에 대한 투자·정부조달 참여 제한 등이 모두 해당된다. 통관, 위생검역 등 행정절차를 까다롭게 해 간접적으로 수입을 억제하는 것도 비관세 장벽이다. 중국은 외국 제품을 통관할 때 포장지의 깨알 같은 글씨까지 온갖 꼬투리를 잡아 퇴짜를 놓는 것으로 악명이 높았다.

WTO 보고서에 따르면 비관세 장벽에 빈번하게 활용되는 것은 '기술'과 '검역'이다. 예를 들면 국제표준을 인정하지 않고 그 나라에서만 쓰는 인증마크를 획득할 것을 요구하거나, 서류작업과 검사를 복잡하게 만드는 것은 수출업체에 큰 부담이다. 식품을 수출하기 전 제품 검사를 받고, 판매 허가를 받은 뒤 사후 검역을 또 요구하는 나라도 있다. 수량 제한은 가장 직접적인 효과를 내긴 하지만 너무 대놓고 티가 나기 때문에 요즘은 많이 쓰이지 않는다.

비관세 장벽은 국제적으로 통일된 분류기준이 마련되지 않았고 객관적으로 입증하기도 어려워 국제기구를 통한 관리·감독에 한계가 있다. 특히 비관세 장벽을 쌓은 국가가 국민 안전, 환경 보호 등과 같은 공공성을 근거로 들면 반박하기 힘든 경우도 많다.

한국은 월급쟁이, 일본은 건물주?
해외 자산 많은 日……소득수지가 경상수지 이끈다

한국과 일본은 2021년 모두 경상수지 흑자를 기록했다. 그런데 항목별로 뜯어보면 흑자의 원인이 너무나 다르다. 한국은 경상수지 흑자(883억 달러)에서 상품수지 흑자가 86%(762억 달러)를 차지했다. 무역에 힘입어 성장하는 경제 특성이 고스란히 드러난다. 반면 일본은 경상수지 흑자(1,424억 달러) 중 상품수지 흑자가 11%(158억 달러)에 불과했다. 1차 소득수지(한국의 본원소득수지) 흑자가 1,871억 달러에 달했다. 서비스수지와 이전소득수지에서 적자를 봤지만 1차 소득수지의 막대한 흑자가 이걸 모두 덮어버렸다.

한국은 무역, 일본은 이자와 배당 소득이 경상수지 흑자를 이끌었다는 얘기다. 열심히 발로 뛰어 돈을 버는 '흙수저 월급쟁이'와 투자로 앉아서 돈을 버는 '금수저 건물주'가 떠오른다면 지나친 비유일까.

소니, 파나소닉, 도시바, 도요타, 닛산, 닌텐도……. 유명 제조 기업을 많이 거느린 일본은 무역액 세계 5위 국가다. 다만 1990년대 들어 '잃어버린 30년'의 장기 침체에 빠졌고, '메이드 인 재팬(Made in Japan)' 경쟁력이 약해지면서 수출 강국으로서 위상이 예전만은 못한 것이 사실이다. 대지진을 겪은 2010년부터는 무역수지가 적자인 해도 많아지기 시작했다. 그럼에도 불구하고 경상수지는 1980년 이후 줄곧 흑자를 유지하고 있다.

일본의 대외순자산은 2021년 말 기준 411조 1,841억 엔(약 4,000조 원)으로 31년 연속 세계 1위다. 전성기 때 수출로 번 외화로 해외 곳곳에서 사둔 주식, 채권 등이 이만큼 쌓였다. 일본인들이 불황과 저물가에 힘들어하면서도 '우리 경제는 끄떡없다'라고 자신할 수 있는 데는 소득수지 공이 컸다.

꼭 일본이 영리해서 그랬다기보다, 원래 소득 수준이 발전할수록 이런 구조로 변해간다. 경제학자들이 말하는 '국제수지 발전 단계설'에 따르면 한 나라의 경제는 미성숙 채무국→성숙 채무국→미성숙 채권국→성숙 채권국의 네 단계로 순환한다. 경제 발전 초기에는 밑천이 부족하고 산업 경쟁력도 취약해 상품수지·경상수지 모두 만성 적자에 시달린다. 그러다 수출로 돈을 벌기 시작하면 상품수지가 개선되고, 뒤이어 경상수지도 흑자로 돌아선다. 여기서 더 성장하면 국내에 쌓인 돈을 해외에 투자하게 되면서 상품수지·소득수지가 동반 흑자를 이어간다. 하지만 경제가 성숙기에 접어들면 수입은 많은데 수출은 둔화하는 시기가 온다. 무역 적자가 쌓이면 기존 해외자산을 처분하는 단계로 바뀐다는 것이 이 이론의 줄거리다.

부자는 망해도 삼대가 간다고는 하지만, 일을 적게 하고 물려받은 재산만 헐어 쓰면 결국 가난해진다. 일본 안에서도 산업 구조를 재편해 미래 성장 동력을 확보해야 한다는 지적이 많다. 한때 세계 시장을 주름잡던 반도체, 가전, 자동차 등에서 밀려난 데 이어 무역 적자가 커지는 추세여서다. 한국은 '자본 수출'로 새로운 부가가치를 창출해야 한다는 목소리가 나온다. 우리나라도 2014년 대외순자산이 플러스로 전환하면서 건물주의 꿈을 키워가고 있다. 이웃 나라 사례에서 배워둘 것이 많다.

intro

불과 빛이 없는 세상은 원시시대와 다를 게 없다. 경제가 발전할수록 에너지의 중요성은 높아진다. 청정에너지를 개발하려는 노력이 이어지고 있지만 여전히 세계 에너지 사용량의 80%를 석유·석탄·천연가스 같은 화석연료가 차지한다. 중동이 원유를, 러시아가 가스를 무기로 뻣뻣하게 '갑질'을 할 수 있는 배경이다. 한국은 이들 3대 에너지원의 99% 이상을 수입에 의존한다. 안정적인 에너지 확보는 단순히 삶의 질을 넘어 경제 안보의 필수 요건이 됐다.

9장

에너지

3대 원유

세계 원유 시장에 영향력이 큰 미국 서부텍사스유(WTI),
북해 브렌트유, 중동 두바이유.

국제 유가 끌어내린 'R의 공포'…WTI 연중 최저

'R(경기침체 · recession)'의 공포가 국제 유가에도 번졌다. 러시아의 우크라이나 침공으로 인한 상승분을 모두 반납하며 지난해 말 수준으로 되돌아갔다.

6일(현지시간) 뉴욕상업거래소(NYMEX)에서 내년 1월 인도분 서부텍사스원유(WTI) 가격은 전장보다 3.48% 떨어지며 74.25달러로 거래를 마쳤다. 이로써 최근 3거래일 연속 하락한 WTI는 지난해 12월 23일 후 최저치를 기록했다. 같은 날 런던 ICE선물거래소에서 브렌트유(내년 2월물)는 전장보다 4.03% 급락하며 79.35달러에 장을 마감했다. 브렌트유가 배럴당 80달러 아래로 하락한 것은 지난 1월 3일 이후 처음이다.

커진 경기침체 우려가 국제 유가를 끌어내렸다는 분석이다. 경기가 둔화되면 원유 수요가 위축될 가능성이 높다. 골드만삭스, JP모간 등 글로벌 투자은행(IB)은 내년 경제 상황을 비관적으로 내다보며 침체를 경고하고 있다.

전문가들은 국제 유가가 당분간 낮은 수준을 유지할 것으로 전망했다. 유럽연합(EU) 등이 5일부터 러시아산 원유를 대상으로 가격 상한제를 시행하고 있다. 석유수출국기구(OPEC) 회원국과 비(非)OPEC 산유국 협의체인 OPEC+는 원유 생산량을 현재 수준으로 유지하기로 결정했지만 하락세를 막지 못하고 있다.

박주연 기자, 〈한국경제〉, 2022. 12. 8

① **3대 원유 중에서도 국제 유가를 대표하는 WTI의 가격 흐름을 확인해보세요.**

→ 배럴당 74.25 달러 기록, 연중 최저치로 하락

② **국제 유가가 이렇게 움직인 원인을 찾아보세요.**

→ 경기침체 우려, 원유 소비가 위축되기 때문

③ **향후 유가에 영향을 줄 다른 요인은 없을지 확인해보세요.**

→ OPEC+의 생산량 조절, EU의 가격 상한제 등도 변수가 될 수 있음

국제 원유시장에서는 수백 종류의 원유가 거래된다. 관심을 가장 많이 받는 것은 '3대 원유'인 미국 서부텍사스유(WTI), 북해 브렌트유, 중동 두바이유다. 이들 원유는 세계 각 지역 원유 가격의 기준이 된다. 3대 원유 시세에 일정액을 더하거나 빼서 나머지 원유의 가격이 결정되는 구조다. 3대 원유는 거래시장이 잘 발달해 가격이 투명하게 정해진다는 특성이 있다.

이들의 이름은 모두 생산지와 관련이 깊다. WTI(West Texas Intermediate)는 서부 텍사스에서 생성된 것이라는 뜻이다. 브렌트유는 영국과 유럽 대륙 사이의 북해 브렌트 유전에서, 두바이유는 중동 아랍에미리트 쪽에서 만들어져 이런 이름이 붙었다. 즉 WTI는 미주, 브렌트유는 유럽, 두바이유는 아시아 일대의 원유 가격을 대표한다고 이해하면 된다.

WTI는 거의 미국 안에서만 소비되지만 세계 최대 선물시장인 뉴욕상업거래소(NYMEX)에 상장돼 대량 거래된다는 점 때문에 국제 유가의 대표적 지표로 활용되고 있다. 품질은 미국산 WTI가 가장 좋고, 유럽산 브렌트유가 그 다음으로 좋고, 중동산 두바이유는 다소 떨어진다. 그래서 가격도 WTI, 브렌트유, 두바이유 순으로 비싸다.

우리나라 기름값은 두바이유에 가장 큰 영향을 받는다. 한국은 원유의 70~80%를 중동 지역에서 수입하고 있다. 두바이유는 중동산 여러 유종 가운데 가장 활발하게 거래되고 가격이 투명하게 결정된다는 특성 때문에 이 지역의 대표 원유로 인정받고 있다. 다만 두바이유의 가격 변동이 국내 유가에 바로 반영되진 않는다. 원유를 배에 실어 들여오기 때문에 통상 2~3주가량 시차가 있다.

원유 가격은 온전히 수요와 공급에 따라서만 결정되지 않는다. WTI와 브렌트유의 경우 거래소에서 사고파는 선물 가격이 현물 가격을 이끌고 있다. 금융시장과 실물시장의 상호작용 하에 가격이 형성되고, 투기 자본의 움직임도 지대한 영향을 미친다. 두바이유는 현물로만 거래되고 있으나 중동의 정세 불안이나 산유국의 생산량 조절에 따라 높은 변동성을 보일 때가 있다.

OPEC (Organization of the Petroleum Exporting Countries)

주요 석유 생산·수출국들이 영향력을 높이기 위해 결성한 단체.

OPEC+ "하루 200만 배럴 감산하겠다"

석유수출국기구(OPEC)와 러시아 등 비(非)OPEC 산유국의 협의체인 OPEC+가 하루 200만 배럴의 원유 감산을 결정했다. 경기 침체 우려로 하락하는 유가를 떠받치기 위한 조치로 풀이된다. 최근 진정세를 보이던 유가가 다시 치솟아 인플레이션 압력을 높일 것이란 우려가 나온다.

5일 블룸버그통신, 월스트리트저널(WSJ) 등 외신에 따르면 OPEC+는 오스트리아 빈에서 2020년 3월 후 첫 대면 정례회의를 열고 이같이 결정했다.

우크라이나 전쟁 발발 직후인 지난 3월 국제 유가는 사상 최고치인 배럴당 147달러까지 뛰었다. 그러나 미국 중앙은행(Fed)의 긴축에 따른 경기 침체 우려와 달러 강세로 7월 배럴당 100달러 선이 깨졌다. Fed가 3연속 자이언트스텝(한 번에 기준금리 0.75%포인트 인상)을 밟은 지난달에는 1월 이후 처음으로 80달러 선으로 밀렸다.

OPEC+의 대규모 감산으로 유가가 다시 배럴당 100달러를 넘어설 것이라는 전망도 나온다. 앞서 골드만삭스는 대규모 감산이 이뤄지면 브렌트유 가격이 배럴당 100달러를 웃돌 것으로 내다봤다. 유가 강세가 이어지면 에너지 비용 급등에 따른 인플레이션에 시달리고 있는 많은 나라가 거세게 반발할 것으로 보인다. 한편 이날 감산 소식에도 뉴욕상업거래소(NYMEX)에서 장 초반 서부텍사스원유(WTI) 11월물은 보합권에서 등락을 반복하고 있다.

전설리·노유정 기자, 〈한국경제〉, 2022. 10. 7

① 산유국들이 어떤 결정을 내렸고, 목적은 무엇인지 확인해보세요.

→ 하루 200만 배럴 감산, 하락하는 유가를 부양하기 위해서

② 이들의 결정이 국제 유가에 미칠 영향을 정리해보세요.

→ 80달러 아래로 떨어진 유가가 다시 100달러를 넘어설 가능성 제기

③ OPEC+는 OPEC과 무엇이 다른지 파악해보세요.

→ OPEC 회원국에 더해 러시아 등 OPEC+ 비회원국까지 참여한 협의체

산유국 상당수가 이렇다 할 신산업 발전 없이도 부유하게 사는 것은 기름 팔아 번 돈, '오일 머니'가 넘쳐나는 덕분이다. 이들에게 석유는 축복인 동시에 한계다. 국제 유가가 뛰면 돈방석에 앉지만 급락하면 나라 경제에 직격탄이 될 수 있다.

1950년대 중동과 아프리카에서 대형 유전이 잇따라 발견되자 원유의 공급과잉 사태가 빚어졌다. 스탠더드오일·엑손모빌 등 미국의 거대 석유기업은 다른 산유국에 '가격 후려치기'를 시작했다. 산유국끼리 똘똘 뭉쳐 미국에 맞서고 가격 하락도 막아보자는 움직임이 생겨났다. 1960년 이라크 주도로 사우디아라비아·이란·베네수엘라·쿠웨이트까지 5개 산유국이 모인 것이 석유수출국기구(OPEC·오펙)의 시작이다. 이후 카타르·리비아·아랍에미리트·알제리·나이지리아·에콰도르·가봉·앙골라·적도 기니·콩고가 합류했다.

초창기 OPEC은 정보 교환을 통해 유가 하락을 방어하는 가격 카르텔(cartel)의 성격이 강했다. 하지만 1970년대 세계 원유 생산량의 절반 이상을 차지하게 되자 석유 생산량을 무기로 삼는 생산 카르텔로 변신했다. OPEC 회원국의 원유 감산이 유가 폭등을 불러온 1973년 1차 오일 쇼크가 대표적이다. 당시 기름값이 서너 배씩 뛰면서 산유국은 앉아서 떼돈을 벌었다. 이후 기세등등해진 OPEC은 석유시장을 쥐락펴락하며 '지구 최대의 카르텔'로 이름을 떨쳤다.

하지만 2000년대 들어 OPEC의 석유 패권은 흔들리고 있다. 미국이 세일 오일을 펑펑 캐내 기존 산유국을 위협하면서다. 셰일 오일에 위기감을 느낀 OPEC은 2014년부터 원유를 증산해 유가를 떨어뜨리는 작전을 썼다. 생산비용이 상대적으로 높았던 셰일 오일을 고사시키기 위해서였다. 하지만 미국은 기술 혁신으로 셰일 오일의 생산단가를 더 낮췄고, 2018년 사우디아라비아를 제치고 세계 최대 산유국에 올라섰다.

국제 원유시장에서 OPEC의 힘은 여전히 강하지만, 과거에 비해 많이 빠졌다는 평가도 적지 않다. 초창기 핵심 멤버였던 카타르가 2019년, 에콰도르가 2020년 OPEC을 탈퇴해 회원국도 13개로 줄었다.

OPEC은 자신들의 영향력을 유지하기 위해 2016년부터 'OPEC+(오펙 플러스)'라는 협의체를 꾸려 대응하기 시작했다. OPEC 13개 회원국에 더해 OPEC에 가입하지 않은 10개 산유국인 러시아·아제르바이잔·바레인·브루나이·말레이시아·멕시코·오만·필리핀·남수단·수단이 참여하는 모임이다. OPEC+에서 발언권이 가장 큰 나라는 OPEC 회원국 중에선 사우디아라비아, 비회원국 중에선 러시아로 볼 수 있다.

정제마진/에틸렌 스프레드
(refining margin/ethylene spread)

정제마진은 최종 석유제품 가격에서 원유를 비롯한 원료비를 뺀 값.
에틸렌 스프레드는 에틸렌 가격에서 원료인 나프타 가격을 뺀 값.
정유업계와 석유화학업계의 수익성 지표다.

정유, 팬데믹 이전 수준으로 회복…정제마진 당분간 강세

지난해 역대급 호황기를 누린 정유산업은 올해도 전망이 밝다. 코로나19 엔데믹(감염병의 풍토병화) 국면을 맞아 석유 수요가 팬데믹(세계적 대유행) 이전을 웃도는 수준까지 회복될 것으로 예상되기 때문이다.

국제에너지기구(IEA)는 세계 석유 소비량이 올해 하루 9961만 배럴에서 내년 1억126만 배럴로 약 1.5% 증가할 것으로 예측했다. 제품별로는 항공유와 휘발유의 수요 강세가 뚜렷할 전망이다. 봉쇄를 지속해온 중국까지 최근 방역 규제를 대폭 완화하면서 여행용·상업용 항공운항이 본격 재개되고 있기 때문이다.

정유사 실적을 좌우하는 정제마진도 안정화 국면에 들어설 것이란

게 업계 관측이다. 정제마진은 휘발유 등 석유제품 가격에서 원료인 원유 가격 등 비용을 뺀 값이다. 통상 배럴당 4~5달러를 넘어야 이익이 나는 것으로 본다. 우크라이나 전쟁의 여파로 지난해 2분기까지 초강세를 보이던 정제마진은 국제 유가 급락에 따라 한때 마이너스로 떨어지며 큰 변동성을 보였다. 최근에는 배럴당 8.7달러(싱가포르 복합정제마진·12월 셋째주 기준)까지 회복했다.

글로벌 경기 침체로 인한 불확실성은 변수다. 경유, 나프타 등 산업용 수요가 줄면서 수요 확대 폭은 제한적일 것이란 분석이다.

장서우 기자, 〈한국경제〉, 2023. 1. 3

① 정유업계 매출은 어떤 요인에 영향을 받는지 확인해보세요.

→ 휘발유·항공유 등 운송 분야와 나프타 등 산업 분야의 수요에 좌우

② 정유업계 수익성을 보여주는 지표는 무엇일까요.

→ 정제마진, 배럴당 4~5달러 선이 손익분기점

③ 국제 유가와 정유회사 실적의 관계를 정리해보세요.

→ 유가가 급락하면 정제마진도 줄어들어 정유사 실적에 악영향

◇◇◇◇◇◇◇◇◇◇◇◇◇◇

석유가 나지 않는 우리나라에서 석유를 처음 쓴 것은 1880년으로 기록 돼 있다. 고종 시절 궁중에서 등불을 밝히는 데 쓰였다. 140여 년이 지난 지금, 한국은 매년 10억 배럴 안팎의 원유를 해외에서 사는 세계 5위 수입국이 됐다.

해외에서 들여온 원유는 연료뿐 아니라 일상의 다양한 제품으로 탈바꿈한다. 석유를 가공해 제품을 만드는 산업은 크게 정유와 석유화학으로 나눈다. 정유업은 SK이노베이션·에쓰오일·GS칼텍스·현대오일뱅크 같은 주유소 회사를 떠올리면 된다. 원유를 수입해 정제한 뒤 휘발유·경유·LPG 같은 석유제품을 생산한다. 또 원유 정제 과정에서 나프타(naphtha)라는 것도 뽑아내 석유화학업체에 공급한다. 석유화학회사는 LG화학·롯데케미칼·금호석유화학 등이 대표적이다. 이들은 정유사에서 사온 나프타로 에틸렌·프로필렌 등을 생산하는데 이것이 플라스틱·섬유·고무·비닐·페인트·비료 등 각종 화학제품의 원료가 된다.

정유회사 실적을 분석한 기사에는 정제마진이라는 용어가 자주 등장한다. 정제마진은 최종 석유제품 가격에서 원유를 포함한 원료비를 뺀 값이다. 국내에서 주로 들여오는 중동산 원유가 싱가포르에서 많이 거래되기 때문에 싱가포르 복합 정제마진이 핵심적 수익성 지표로 꼽힌다. 석유화학회사 실적은 에틸렌 스프레드로 가늠할 수 있다. 에틸렌 스프레드는 에틸렌 가격에서 원료인 나프타 가격을 뺀 것이다. 통상 정제마진은 배럴당 5달러, 에틸렌 스프레드는 톤당 300달러는 돼야 기업이 손익분기점을 넘은 것으로 본다.

에너지경제연구원에 따르면 원유 가격이 배럴당 1달러 오를 경우 우리나라는 원유 수입에 연간 12억 달러를 더 써야 하고 소비자물가는 0.15%포인트 상승, 경제성장률은 0.1%포인트 하락한다.

국제 유가가 뛰면 업종에 따라 기업들의 희비가 엇갈린다. 우선 기름을 많이 소비하는 운송업종은 직격탄을 맞게 된다. 원가에서 연료비가 차지하는 비중이 항공사는 20~30%, 해운사는 10~25%에 이른다. 항공사와 해운사가 유가 상승분을 반영해 운임을 올리면 수출기업들 부담까지 무거워질 수 있다.

정유업계에는 유가 상승이 기본적으로 호재다. 정유사들이 2~3개월 전부터 사서 쟁여놓은 원유의 가치가 올라가면서 실적이 개선되는 효과가 있다. 석유화학업계에는 달갑지 않은 일이다. 제조원가의 60~80%를 차지하는 나프타값도 자연스레 오르기 때문이다. 물론 단순히 국제 유가 외에도 제품 수요·공급에 따라 득실이 달라질 수 있기 때문에 경기 상황을 종합적으로 보고 판단해야 할 것이다.

석탄

식물이 땅에 묻혀 만들어진 퇴적암.
발전소·제철소·시멘트 공장 등에서 유연탄을 많이 사용한다.

시멘트값 5개월만에 또 인상…레미콘·건설社 반발

지난 4월 시멘트값을 올린 시멘트업계가 오는 9월 또다시 12~15% 인상을 추진하자 건설업계와 레미콘업계가 강력 반발하고 나섰다. 시멘트업계는 올 들어 두 배 이상 급등한 유연탄 영향으로 가격을 올리지 않을 수 없다는 입장이다. 반면 시멘트 주요 소비자인 건설사와 레미콘업계는 "관련 업계가 고통을 분담해 분양가 인상에 따른 국민 피해를 막아달라"고 촉구했다.

한일시멘트는 다음달 1일부터 현재 t당 9만2200원인 시멘트 가격을 10만6000원으로 약 15% 올리는 내용의 공문을 최근 레미콘업체 등에 전달했다. 삼표시멘트도 11.7%의 인상안을 통보했다. 쌍용C&E와 아세아시멘트, 성신양회 등 나머지 시멘트업체도 조만간 인상 폭을 확정해 통보할 전망이다.

시멘트업계는 가격 인상이 불가피하다는 방침이다. 지난 4월 인상분에 반영된 국제 유연탄 시세는 t당 174달러였다. 하지만 현재 두 배가 넘어 400달러대를 기록하고 있다. 시멘트업계 관계자는 "유연탄은 장기 보관이 어려워 실시간으로 구매할 수밖에 없다"며 "시멘트 가격을 올리지 못하면 생산할수록 손해를 보기 때문에 공장 가동을 멈출 수밖에 없다"고 말했다.

안대규 기자, 〈한국경제〉, 2022. 8. 5

① **해외 석탄 가격이 국내에 어떤 연쇄적 효과를 미치고 있는지 정리해보세요.**

→ 석탄은 시멘트의 원료이기 때문에 시멘트의 값이 오르면 건설사 분양 원가에 도 영향

② **석탄을 활용하는 다른 업종은 무엇인지 함께 알아보세요.**

→ 화력발전소와 제철소에서 훨씬 많은 양을 소비하고 있음

③ **석탄 가격의 최근 흐름을 확인해보세요.**

→ 2022년 들어 t당 100달러대에서 400달러 이상으로 폭등

"연탄재 함부로 발로 차지 마라. 너는 누구에게 한 번이라도 뜨거운 사람이었느냐." 안도현 시인의 《너에게 묻는다》는 세대를 막론하고 대중적으로 사랑받는 명시(名詩)로 꼽힌다. Z세대쯤 되면 연탄을 직접 써본 경험은 거의 없을 것이다. 석탄의 일종인 무연탄을 가공해 만든 연탄은 1980년대까지만 해도 서민의 생활필수품이었지만 도시가스가 보급된 이후 일상에서 자취를 감췄다.

하지만 석탄은 여전히 한국 경제에서 떼려야 뗄 수 없는 중요한 에너지원이다. 석탄의 또 다른 종류인 유연탄이 발전소와 제철소에서 많이 활용되고 있다. 2020년 기준 국내 석탄의 60.7%는 발전용, 29.0%는 철강업 원료로 소비됐다.

국제 석탄가격의 변동은 우리가 쓰는 전기요금에 영향을 미칠 수 있다. '원전이냐, 신재생에너지냐'를 놓고 논쟁이 거세지만 우리나라 전기 생산에서 가장 큰 비중을 차지하는 에너지원은 아직까지 석탄이다.

포스코·현대제철·동국제강 같은 철강회사들은 철강석을 녹여 쇳물을 뽑아낼 때 석탄을 사용한다. 제철소 고로에 투입하는 철광석과 석탄의 비율이 7 대 3 정도이니 제조원가에서 적지 않은 비중을 차지한다. 시멘트도 제조원가의 30% 정도를 유연탄이 차지한다. 시멘트가 비싸지면 건설사에 납품되는 레미콘 가격에도 인상 요인이 된다.

세계적으로 볼 때 석탄을 제일 많이 생산하고 소비하는 나라는 중국이다. 환경 규제가 다른 나라만큼 심하지 않고, 낙후된 지역에선 난방용으로도 많이 쓰고 있어서다. 석탄 수출량이 많은 나라는 호주·인도네시아·

러시아 순이다. 2020년에는 중국과 호주의 외교 관계가 나빠지면서 중국이 호주산 석탄 수입을 금지하는 일이 있었다. 당초 호주가 타격을 입을 것이란 전망이 많았지만 중국이 전력난에 빠져 더 큰 손해를 봤다. 결국 중국은 2년 만에 호주산 석탄 수입을 재개했다.

석탄은 친환경 정책의 영향으로 생산량이 늘지 않는 추세지만 생각처럼 수요가 빠르게 줄진 않고 있다. 원유와 천연가스 가격이 치솟으면 대체재인 석탄이 다시 주목받는 양상도 나타난다. '석탄의 귀환'은 기후변화 대응에 앞장섰던 유럽연합(EU)조차 예외가 아니다. 2022년 우크라이나를 침공한 러시아가 EU로의 천연가스 수출을 죄자 독일을 비롯한 유럽 국가들이 일제히 석탄 수입을 늘리기도 했다.

천연가스

지하에서 자연적으로 생성된 가스.
도시가스를 통해 난방용으로 많이 사용한다.

무섭게 치솟은 LNG값…'난방비 폭탄' 터졌다

올겨울 '난방비 폭탄' 현상이 전국 곳곳에서 속출하고 있다. 액화천연가스(LNG) 수입 가격에 연동하는 도시가스 요금이 급등하면서 이달 들어 가정마다 난방·온수비가 많게는 전달 대비 수십만원씩 늘어났다. 도시가스 요금이 추가로 인상될 가능성이 커 가계 부담은 더욱 가중될 전망이다.

19일 관세청에 따르면 지난해 국내 LNG 수입 물량은 4639만4832t으로, 전년(4593만1842t) 대비 1.0% 증가했다. 같은 기간 수입액은 254억5278만달러(약 31조5000억원)에서 500억2218만달러(약 62조원)로 두 배로 증가하며 사상 최고치를 기록했다. 작년 6월 t당 762.07달러였던 LNG 수입 가격이 같은 해 12월 1255.04달러로, 반년 새 64.7% 급등했기 때문이다.

LNG 수입단가 급등은 도시가스 요금을 끌어올렸다. 이달 서울 도시가스 소매요금은 메가줄(MJ·가스 사용 열량 단위)당 19.691원으로, 전년 동기(14,2243원) 대비 38.4% 올랐다.

작년 말부터 LNG 국제 가격이 하락하고 있지만 올해 도시가스 요금은 인상이 불가피할 전망이다. 도시가스 요금은 LNG 국제 가격을 시차를 두고 반영하기 때문이다. 게다가 LNG를 수입해 판매하는 한국가스공사는 지난해 미수금(영업손실)이 9조원에 이를 정도로 재정 상태가 나빠졌다.

강경민 기자, 〈한국경제〉, 2023. 1. 20

① 국제 LNG 가격은 국내 경제에 어떤 영향을 미칠까요.

→ 도시가스로 가정과 산업 현장에 널리 보급, 에너지 요금과 직결

② LNG 수입 가격의 최근 흐름을 확인해보세요.

→ 2022년 하반기 64.7% 급등한 이후 2023년 들어 하락 추세

③ LNG 요금이 물가에 미치는 영향을 생각해보세요.

→ 소매요금 1년 새 38.4% 상승, 소비자물가에 악영향 불가피

'샤워를 5분 안에 끝내자'(네덜란드), '사우나는 1주일에 한 번만 하자'(핀란드), '공공기관 건물의 난방 온도는 19도'(독일·프랑스)…….

2022년 유럽 각국에서 에너지 절약 운동이 펼쳐졌다. 가스요금이 1년 새 두 배로 뛴 나라가 수두룩해지면서 서민층은 '식사냐 난방이냐(eating or heating)'를 양자택일하는 지경에 몰렸다. 국민소득 높은 선진국이 많은 유럽에서 이런 원초적인 에너지 위기가 불거진 발단은 러시아의 보복이었다. 유럽 국가들이 러시아 제재에 동참했다는 이유로 유럽에 공급하는 천연가스량을 확 줄여버린 것이다.

천연가스는 석유와 함께 땅속에 묻힌 화석연료지만 탄소 배출량이 석유보다 적어 청정연료로 분류된다. 천연가스는 운송 방식에 따라 파이프라인천연가스(PNG)와 액화천연가스(LNG) 두 종류로 나눈다. PNG는 기체 상태 그대로 가스관을 통해 공급하고, LNG는 기체를 냉각해 액체로 바꿔 부피를 600분의 1로 줄인 다음 배로 운반한다.

유럽은 천연가스를 난방과 취사의 에너지원으로 적극 활용해 왔다. 러시아와 유럽을 잇는 노르트스트림(Nord Stream)이라는 1,222km짜리 초대형 가스관을 통해 PNG를 공급받았다. 천연가스 생산 세계 1위인 미국이나 수출 세계 1위인 호주도 있지만 러시아가 거리도 가깝고 가격도 싸기 때문이다. 하지만 유럽 천연가스 사용량의 40%를 러시아에 의존하는 이런 구조가 위험할 수 있다는 우려가 적지 않았고, 우크라이나 전쟁 이후 현실이 됐다.

한국은 중국과 일본에 이어 세계 3대 LNG 수입국이다. 노르트스트림

같은 가스관을 지을 수 없기 때문에 PNG 대신 LNG를 적극 활용하고 있다. LNG는 2,000만 가구가 넘는 가정에서 도시가스로 쓰이며, 석유화학·금속·철강 등의 공장에서도 연료로 사용한다. 우리나라는 전체 LNG 수입의 80%가량을 카타르·호주·미국 등과 장기 계약을 맺고 들여오고 있다. 하지만 유럽 국가들이 러시아 의존도를 낮추기 위해 LNG 비축에 눈을 돌리고 있어 안정적인 수급 관리가 과제로 떠올랐다.

해외에서 LNG 수요가 많아지면 국내 조선사에는 반가운 일이다. 가스를 실어나르는 LNG선(船) 주문이 늘기 때문이다. LNG선은 온도를 영하 163도 이하로 유지해야 하는 등 제작이 까다로운 고부가가치 선박인데, 한국 조선사들이 세계적 경쟁력을 보유하고 있다.

사상 초유의 '마이너스 유가'
"돈 줄 테니 석유 가져가세요, 제발……."

원유시장의 역사를 책으로 쓴다면 2020년 4월 20일 얘기가 빠지지 않을 것이다. 국제 유가가 '마이너스'를 기록하는 초유의 사건이 투자자를 충격에 빠뜨렸기 때문이다. 이날 미국 뉴욕상업거래소(NYMEX)에서 5월 인도분 서부텍사스유(WTI) 선물은 배럴당 -37.63달러로 거래를 마쳤다. 직전 거래일 종가(18.27달러)보다 55.9달러 폭락하면서 사상 처음 마이너스가 됐다. 쉽게 말해 석유를 사면 돈을 내긴커녕 오히려 받는다는 얘기다.

당시 국제 유가는 코로나19의 급속한 확산으로 폭락을 거듭하고 있었다. 세계 각국이 봉쇄령을 내리면서 산업계 수요가 뚝 끊긴 영향이었다. 공장도, 비행기도, 배도 멈췄으니 석유가 필요한 기업이 없었다. 아무리 그래도 어떻게 가격이 마이너스까지 간 걸까. 일반적인 물건과 달리 선물(先物)로 거래되는 원유의 속성 때문에 생긴 특수한 상황이었다고 할 수 있다.

앞서 국제 원유시장에는 실제 기름을 사용하는 사람 말고 차익을 목적으로 거래에 뛰어든 사람도 많다는 점을 설명한 바 있다. 선물 시장의 트레이더들이 대표적이다. 선물이란 미래의 특정 시점에 현물(現物)을 인도하기로 약속하고 미리 거래하는 파생금융상품이다. 경제뉴스 속의 원유 가격이 'X월 인도분 서부텍사스유' 식으로 표시돼 있는 이유다. 트레이더들은 만기가 다가오면 다음 만기 선물로 갈아타는 롤오버(roll over)를 하든가 정유사·항공사 같은 실수요자에게 기름을 넘겨야 한다.

당시 5월물 WTI의 만기일은 4월 21일로 딱 하루 남아 있었다. 그런데 기름을 사겠다는 곳도 없고, 원유 저장시설 또한 포화상태였다. 트레이더 입장에서는 가만히 손 놓고 있다간 '처치곤란' 드럼통을 떠안아야 하는 난감한 상황이 벌어졌다. 웃돈을 붙여서라도 5월물 WTI를 다급하게 처분하려는 주문이 몰리면서 가격은 0달러 아래로 추락한 것이다. 마이너스 유가는 5월물 WTI에서만 발생했고 6월물 WTI에서는 나타나지 않았다.

마이너스 유가 사건으로 우리나라 투자자도 적지 않은 손실을 떠안았다. 국내에도 상장지수펀드(ETF)나 상장지수증권(ETN)을 통해 원유 선물에 투자하는 개미들이 많다. 사실 원유 가격과 연동된 파생상품은 변동성이 커서 초보 투자자에게는 상당히 위험하다. 롤오버에 많은 비용이 들어 장기 투자에도 썩 적합하지 않다. 그런데도 국제 유가가 들썩일 때마다 막연하게 뛰어드는 개미들이 끊이지 않는다. 옆에서 지켜보기에 아슬아슬하다.

intro

"원자재값 상승으로 가격을 인상하게 됐습니다." 제품값이
오를 때 기업들이 내놓는 단골 해명이다. 원자재는 생산 원
료가 되는 자재를 뜻한다. 금과 은, 철광석, 구리·아연·알루미
늄 같은 비철금속, 옥수수·밀·콩을 비롯한 곡물에 이르기까
지 범위가 매우 넓다. 앞서 살펴본 석유·석탄·가스도 원자재
의 일종이다. 이들의 가격 변화는 기업 실적은 물론 금융시
장의 자금 이동에도 영향을 미친다. 재미는 좀 없어도 원자
재 뉴스에 꾸준히 관심을 둬야 하는 이유다.

원자재

금/은 (gold/silver)

대표적 귀금속.
장신구뿐만 아니라 금은 투자 자산, 은은 산업용 자재로도 많이 활용된다.

경기침체 우려 커져…"새해 금값 4000달러까지 뛸 것"

대표적 안전자산인 금 가격이 새해 들어 최대 4000달러까지 오를 수 있다는 전망이 나왔다. 경기침체 우려가 커지면서 현재 시세보다 두 배 이상 오를 수 있다는 분석이다.

22일(현지시간) CNBC에 따르면 글로벌 투자정보회사 스위스아시아캐피털의 주르그 키네르 최고투자책임자(CIO)는 "경기침체 우려가 지속되면서 내년 금값이 트로이온스(약 31.1g)당 2500~4000달러까지 오를 수 있다"고 내다봤다. 그는 "많은 나라가 내년 1분기 약한 경기침체에 직면함에 따라 중앙은행들이 기준금리 인상 속도를 늦출 것"이라면서 "이는 금을 매력적인 투자 수단으로 보이게 할 수 있다"고 말했다.

금은 경기침체 국면에서 가격이 오르는 경향이 있다. 하지만 올해는 상황이 달랐다. Fed의 가파른 금리 인상으로 달러 가치가 급등하자 달러와 반대로 움직이는 금 가격은 내리막길을 걸었다. 금은 달러로 거래되기 때문에 달러가 강세이면 금 수요가 줄어들고 가격이 떨어진다. 지난 3월 초 트로이온스당 2063달러를 돌파한 금 선물 가격(내년 2월 인도분)은 최근 13% 가까이 하락한 1800달러 선에서 거래되고 있다.

키네르는 또 "금은 모든 중앙은행이 보유하고 있는 유일한 자산"이라고 강조했다. 세계금위원회(WGC)에 따르면 지난 3분기 세계 중앙은행들이 매입한 금의 양은 400t으로 4년 전보다 두 배가량 증가했다. 이어 그는 "채권, 주식과 달리 금은 2000년대 이후 어느 통화 기준으로든 연평균 8~10% 수익률을 달성했다"며 "투자 포트폴리오에 금을 넣는 게 좋다"고 조언했다.

허세민 기자, 〈한국경제〉, 2022. 12. 24

① **금 가격의 최근 흐름을 확인해보세요.**

→ 2022년 3월 2,063달러까지 올랐다가 하락해 1,800달러 선에 거래 중

② **금 가격에 영향을 주는 요인은 무엇인지 정리해보세요.**

→ 경기와 밀접한 관련이 있고, 달러로 거래돼 달러 가치의 영향도 받음

③ **금이 '안전자산'으로 불리는 이유를 생각해보세요.**

→ 경기침체 우려가 커질수록 수요 증가

◇◇◇◇◇◇◇◇◇◇◇◇◇◇

인류에게 금(金)과 은(銀)은 특별한 금속이다. 고대 이집트인들은 금을 '태양의 상징', 은은 '달의 여신'으로 숭배했다. 오래 전부터 장신구와 공예품에 이어 화폐로도 쓰였다. 금과 은은 귀금속 시장을 대표하는 1인자와 2인자지만 실물경제에서 쓰임새는 약간 다르다. 금이 귀금속 본연의 기능에 더 가깝다면 은은 산업용 재료로 더 많이 쓴다.

금은 경제 위기 상황에서 가치가 더 높아지는 안전자산이기도 하다. 경기가 안 좋고 금리가 내려갈 때 금 찾는 사람이 늘어난다. 오일 쇼크가 터진 1970년대 금값은 3년 만에 세 배 올랐다. 2008년 미국발 금융위기와 2011년 유럽발 재정위기가 불거졌을 때도 금은 상한가였다.

| 참고 |

'안전자산'의 정의는?

안전자산(riskless asset)은 손실을 볼 위험이 매우 적은 투자자산을 말한다. 금, 달러, 선진국 국채 등이 대표적이다. 일반적으로 금융자산 투자에는 여러 위험이 뒤따른다. 시장 가격이 변동하거나 인플레이션(물가 상승)으로 자산의 실질 가치가 하락할 수 있고, 채권의 경우 돈을 떼일 위험도 있다. 안전자산은 주로 채무불이행 위

힘이 없는 자산이라는 뜻으로 사용되고 있다. 금은 언제 어디서든 다른 자산으로 쉽게 바꿀 수 있는 데다, 녹슬거나 닳아 없어지지 않고 본래 가치를 꾸준히 유지한다는 점에서 안전자산으로 꼽힌다.

금은 세계적으로 해마다 4,000~5,000t 정도가 공급된다. 4분의 3은 광산에서 채굴하고 나머지는 기존 금을 재활용한 것이다. 금 생산량은 중국, 러시아, 호주가 '톱3'이며 캐나다, 미국, 가나, 페루, 멕시코 등이 뒤를 잇고 있다. 금의 55%는 보석류 제작에 사용되고 25%는 투자 목적으로 보관된다. 준비금의 일부를 금으로 보유하는 각국 중앙은행도 시장의 큰손이다. 금 수요량의 10%를 중앙은행이 차지한다. 나머지 일부는 전자, 의료 등 산업용으로 활용된다.

그렇다면 금값은 무엇이 결정할까. 기본적으로는 수요와 공급인데, 보석이나 산업용보다는 투자 자산 수요가 중요하다. 기관투자가들은 거시경제지표를 감안해 자산 배분 차원에서 대규모로 매매하다 보니 가격에 미치는 영향력이 크다. 금이 다른 안전자산과 경쟁하는 관계라는 점도 변수다. 금의 약점은 달러나 채권과 달리 갖고 있어도 이자를 받을 수 없다는 것이다. 금리가 상승할수록 금 보유의 기회비용이 높아진다. 또 국제 금값은 달러로 표시되기 때문에 달러 가치가 오르면 미국 이외 나라에서는 환율을 반영한 실제 금값이 비싸진다. 이런 점은 금 수요를 떨어뜨리는 요인으로 작용할 수 있다.

금에 투자하는 방식은 아주 다양하다. 우선 골드바, 즉 진짜 금덩어리를 사서 보관할 수 있는데 조금 번거로운 방법이다. 은행에서 금 통장(골드 뱅킹)을 만들어 예금하면 국제 금 시세에 따라 잔액이 자동으로 움직인다. 증권사 계좌를 터서 한국거래소(KRX) 금시장에 들어가면 금을 주식처럼 사고팔 수 있다. 수수료가 가장 저렴한 데다 원하면 실물로 바꿀 수도 있다. 금 펀드, 금 ETF, 금 신탁 같은 금융상품도 고려해볼 만하다.

은은 세계적으로 매년 1,000t 정도가 공급된다. 멕시코가 최대 생산국이며 중국과 페루가 뒤를 잇고 있다. 은은 전류가 잘 통하는 속성이 있어 전체 수요량의 절반 이상을 산업용이 차지한다. 컴퓨터, 스마트폰 등 거의 모든 가전제품에 들어가고 태양광 패널, 화학 공정 촉매로도 투입된다. 예전에는 사진 인화에도 은을 썼지만 디지털 카메라 등장 이후 그런 수요는 크게 줄었다. 보석류 제조에 쓰는 은은 20% 안팎에 불과하고, 또다른 20%는 동전과 실버바를 만드는 데 활용된다.

은값은 기본적으로 금값과 함께 움직이지만 제조업 경기도 반영한다. 금과 비교한 은의 상대가격은 호황기에 상승하고 불황기에 하락하는 경향이 있다. 은 투자도 실버바, 통장, 펀드, ETF 등 여러 방법이 있다. 다만 금에 비해 시세 등락이 심하기 때문에 손실에 민감한 개미라면 투자에 신중할 필요가 있다.

철광석 (iron ore)

철(Fe)을 많이 함유한 광물.
철강제품 원가의 절반 이상을 차지하는 원료다.

철광석 가격의 딜레마

포스코와 현대제철 등 국내 철강업체가 최근 국제 철광석 가격 급등을 놓고 딜레마를 겪고 있다. 철강제품 원재료인 철광석 가격이 오르면 철강업계에 호재다. 하지만 경기침체 여파로 원가 상승분을 제품 가격에 반영하지 못하면서 수익성이 되레 나빠질 수 있다는 관측이 나온다.

25일 철강업계에 따르면 지난 20일 기준 국제 철광석 가격은 t당 122.26달러로, 2개월 전인 작년 11월 초(82.42달러) 대비 48.3% 급등했다. 지난해 7월 이후 6개월 만에 120달러를 넘어섰다. 철강업계는 중국의 '제로 코로나' 해제로 경기가 살아나면서 철강 생산이 회복될 것이라는 기대에 철광석 가격이 오른 것으로 보고 있다. 원자재인 제철용 원료탄(석탄) 가격도 지난 19일 기준 t당 325달러로, 최근 두 달 새 20% 이상 올랐다.

철광석과 원료탄 가격이 오르면 철강사들은 원가 상승분을 열연과 냉연, 후판 등 제품 가격에 반영한다. 하지만 시장 상황이 워낙 나빠 원가 상승분을 제품 가격에 반영하지 못하고 있다는 것이 철강업계의 공통된 설명이다.

철강업계에 따르면 20일 기준 포스코와 현대제철이 생산하는 열연강판(SS275)의 국내 유통가는 t당 105만원이다. 지난달 초부터 한 달 이상 105만원을 유지하고 있다. 철광석 가격이 t당 80달러 초반대에 머물 때인 작년 10월 말 가격(120만원)보다 오히려 낮아졌다.

강경민 기자, 〈한국경제〉, 2023. 1. 26

① **철광석 시세의 최근 흐름을 확인해보세요.**

→ t당 122.26달러, 2개월 전보다 48.3% 급등

② **이와 같은 가격 변동의 원인을 파악해보세요.**

→ 철강제품 최대 소비국인 중국의 경기가 회복될 것이라는 기대 반영

③ **철광석 가격과 철강업체 실적의 연관성을 정리해보세요.**

→ 철광석값이 오른 만큼 완제품값을 인상할 수 있다면 호재로 작용

대한민국의 '기적의 산업 발전사'를 상징하는 장면 중 하나가 제철소의 탄생이다. 박정희 정부가 제철소 건설에 나선 것은 1970년. 경제를 발전시키려면 중공업의 기초 소재인 철강 산업을 키워야 했다. "돈도 기술도 전문가도 없는 나라에서 무모한 일"이라는 국내외 비판을 무릅쓰고 영일만 허허벌판 위에 첫 삽을 떴다. 1973년 6월 9일, 모두가 숨을 죽이고 지켜보는 가운데 포항제철소 용광로에서 첫 쇳물이 터져나왔다. 철강업계가 매년 6월 9일을 '철(鐵)의 날'로 기념하는 이유다.

오늘날 한국은 연간 조강 생산량 7,000만t을 넘는 세계 6위의 철강 생산국으로 성장했다. 철은 워낙 무거운 탓에 수출보다 내수로 소화하는 비중이 높다. 철강은 건설·자동차·조선·기계·가전 등 여러 산업을 움직이는 기반이 되고 있다. 철강제품을 안정적으로 자급할 수 있게 됐으니 선박이나 차량도 잘 만들고 건물도 착착 지을 수 있는 것이다.

철광석은 철강제품 원가에서 차지하는 비중이 절반을 넘는 핵심 원자재다. 철광석은 쉽게 말해 철이 많이 포함된 돌멩이다. 이것을 용광로에서 가열해 녹인 다음 각종 철강제품을 뽑아낸다. 국내 철강업계 경영 실적에 직접적인 영향을 미치는 원자재인데 100% 수입에 의존하고 있다.

세계적으로 철광석 수요와 공급은 호주·브라질·중국 세 나라가 좌우한다고 볼 수 있다. 철광석 수출은 호주가 50%, 브라질이 20% 안팎을 독식하고 있다. 한국 철강회사들도 주로 두 나라에서 철광석을 들여온다.

중국은 세계 철광석 수입의 70%를 차지하는 큰손이다. 그래서 철광석값은 중국 경기를 반영하는 지표로도 통한다.

사실 철광석은 1990년대까지만 해도 공급이 풍부해 가격이 안정적이었다. 하지만 2000년대 들어 중국에서 수요가 폭증하면서 상황이 달라졌다. 중국은 철강제품의 최대 생산국이자 소비국이다. 세계 생산량의 절반 이상을 차지하고 대부분을 건설·기계 등 자국 제조업에서 소비한다.

철광석 가격이 하락하면 국내 철강회사들로서는 원가 절감과 수익성 개선을 기대할 수 있지만, 이것이 중국의 경기침체에 따른 것이라면 반가운 일만은 아니다. 세계적으로 철강 수요가 줄어들면 결국 국내 업체 제품값에도 반영될 수밖에 없어서다.

구리/아연/알루미늄 (copper/zinc/aluminum)

3대 비철금속.

구리는 전기와 열이 잘 통하면서 저렴하고, 알루미늄은 가볍고 튼튼하며,

아연은 합금으로 가공하기 좋아 산업용으로 폭넓게 쓰인다.

회복이냐 침체냐, 엇갈린 산업지표…구리값 뛰는데 컨船운임 추락

경기의 가늠자 역할을 해 '닥터 코퍼'로 통하는 구리 가격이 최근 석 달 새 24.1% 올랐다. 하지만 또 다른 '경기 바로미터'인 해상운송료 지표는 추락을 거듭해 석 달 새 42.1%나 빠졌다. 시장에서는 기업들이 체감하는 불확실성이 그 어느 때보다 높아졌다는 분석이 나온다. 경기를 민감하게 반영하는 산업·경제 지표가 극명하게 엇갈리고 있어서다.

30일 한국광물자원공사에 따르면 구리 현물은 지난 27일 영국 런던 금속거래소(LME)에서 t당 9345.5달러에 거래됐다. 전 거래일보다 57달러(0.61%) 올랐고, 최근 석 달 새 24.1%(1820.5달러) 뛰었다. 건축과 설비,

송전 등에 두루 쓰이는 구리는 대표적인 경기 선행지표로 통한다.

구리 가격은 지난해 3월 t당 1만달러를 넘어서기도 했지만, 이후 내림세를 지속하면서 지난해 7월 7000달러대로 떨어졌다. 이후 등락을 거듭하다 석 달 전 오름세로 전환했다. 구리와 함께 대표 비철금속인 아연과 알루미늄도 최근 석 달 새 각각 27.4%, 18.2% 뜀박질했다.

최근 금속 가격이 뜀박질한 것은 중국이 부동산 부양책을 추진한 것과 맞물린다는 분석이 나온다. 지난해 말 중국 정부가 발표한 14차 5개년 계획에는 주요 인프라 건설사업의 속도를 높이겠다는 내용이 담겼다. 중국의 건설 자재 씀씀이가 커지면서 관련 금속 가격이 오름세를 보이고 있다는 논리다.

김익환 기자, 〈한국경제〉, 2023. 1. 31

① **구리에는 재미난 별명이 붙어있습니다. 어떤 이름일까요.**

→ 닥터 코퍼, 경기를 미리 알려주는 선행지표 역할을 하기 때문

② **구리 시세의 최근 흐름을 파악해보세요.**

→ t당 9,345.5달러, 3개월 전보다 24.1% 상승

③ **아연과 알루미늄의 가격 동향도 함께 확인해보세요.**

→ 3개월 동안 아연은 27.4%, 알루미늄은 18.2% 올라 역시 급등세

④ **비철금속 가격에 영향을 미친 요인을 정리해보세요.**

→ 건설 자재로 많이 쓰여 중국의 부동산 부양 정책이 호재로 작용

◇◇◇◇◇◇◇◇◇◇◇◇

공장에서는 철 외에도 여러 금속이 활용된다. 철을 제외한 나머지 금속을 비철금속이라 부른다. 비철금속은 일반적으로 열과 전기가 잘 통하고, 다른 금속과 섞는 합금(合金)이 쉬운 속성이 있어 곳곳에서 유용하게 활용된다. 비철금속 종류는 줄잡아 100여 개에 이르는데 산업 소재로 가장 많이 쓰는 구리, 아연, 알루미늄을 이른바 '3대 비철금속'으로 분류한다. 납, 니켈, 주석을 더해 '6대 비철금속'으로 정의하기도 한다.

비철금속 시세도 철광석과 마찬가지로 최대 소비국인 중국의 경기와 밀접한 연관이 있다. 3대 비철금속 모두 가장 많이 사용하는 나라가 중국이다. 또 대부분 달러로 거래되기 때문에 금과 마찬가지로 환율도 중요한 변수라는 점을 알아두자.

구리는 동(銅)이라는 한자로도 많이 부르는데, 올림픽에서 주는 동메달이 바로 구리다. 구리는 은 다음으로 전기와 열의 전도율이 높아 전선, 배관, 전자기기, 자동차 등에 널리 활용된다. 그러면서 가격은 은에 비해 훨씬 싸다. 만약 세상의 모든 전선을 은으로 만들어야 했다면 돈이 너무 많이 들어 전기 보급이 더뎌졌을 것이다.

구리는 '닥터 코퍼(Dr. Copper)'라는 별명으로도 유명하다. 사용하는 산업이 워낙 다양하기 때문에 국제 시세에 경기 전망이 반영되는 경향이 있

다. 구리값을 보면 실물경기를 가늠할 수 있다고 해서 '구리 박사님'이라 부르는 것이다. 구리는 중남미 지역에서 많이 생산되고 중국에서 가장 많이 소비된다. 2020년 기준 세계 생산량의 27.8%를 칠레가, 10.4%를 페루가 차지했다.

알루미늄 역시 은박지와 캔부터 안경, 샷시, 자동차, 우주선에 이르기까지 폭넓게 활용되는 소재다. 철 못지않게 튼튼하면서도 비철금속 중 가장 가벼워 '경량화'가 중요한 제품에 많이 활용된다. 다른 금속과 섞어 원하는 형태로 가공하기 쉽고, 100% 재활용이 가능하다는 점도 매력이다. 깐깐한 애플이 아이폰과 맥북 케이스에 알루미늄을 고집하는 데는 이유가 있다.

알루미늄은 지구 상에서 흔한 금속 원소지만 암석에서 분리해내기가 힘들어 옛날에는 값이 비쌌다. 19세기 들어 전기 분해 제련법이 개발되면서 가격이 획기적으로 낮아졌다. 다만 생산원가의 40%를 전기요금이 차지할 정도로 전력이 많이 들어 아무 나라에서나 대량 생산하긴 쉽지 않다. 알루미늄의 최대 생산국은 중국으로 2020년 세계 생산량의 57.0%를 차지했다. 최대 소비국 역시 중국으로 절반 이상을 쓴다. 중국이 대기 오염을 줄이기 위해 환경 규제를 강화하는 점은 알루미늄 공급량에 변수로 떠올랐다.

아연은 우리가 영양제로 많이 섭취하는 성분이기도 한데 산업계에서는 철, 구리, 알루미늄에 이어 네 번째로 많이 활용하는 금속이다. 아연 생산량의 50%가량은 철강 도금에 쓰인다. 철에 아연을 입히면 아연이 먼저 산화하면서 철을 보호하는 속성이 있어 건축물과 자동차 재료로 제격이다. 그런 의미에서 아연은 비철금속 중 '자기 희생의 아이콘'으로 부를 만하다. 생산량의 30%는 아연과 구리의 합금인 황동 제조에 사용된다. 황동은 쉽게 말해 놋쇠인데 악기, 통신기기, 동전 등에 많이 활용된다. 아연은 건전지, 조명, 페인트, 타이어 등에도 들어간다.

아연은 한국 기업이 세계 제련 시장을 꽉 잡고 있는 품목이라는 점이 눈에 띈다. 고려아연과 영풍을 거느린 영풍그룹이 세계 아연 생산량 1위 업체다. 영풍문고 서점도 이곳 계열사 중 하나다.

3대 비철금속 수요는 앞으로도 꾸준히 늘어날 전망이다. 태양광 모듈, 풍력 발전소, 전기차 배터리 같은 친환경 미래 산업에서도 중요한 역할을 해서다. 예를 들어 전기차에는 내연기관차보다 20배 많은 구리가 필요하며, 배터리가 무거워진 만큼 차량 무게를 줄여야 해 철판보다 알루미늄을 더 많이 사용한다.

| 참고 |

비철금속 비싸지면 한국은행도 손해

동전은 일상에서 아주 쉽게 볼 수 있는 비철금속 제품이다. 우리가 쓰는 모든 동전은 구리, 니켈, 아연, 알루미늄을 일정 비율로 조합해 만든다. 2006년까지 제조된 옛날 10원짜리 동전은 구리 함량이 높은 합금(구리 88%, 아연 12%)이어서 제조원가가 10원을 넘었다. 이렇다 보니 비철금속 시세가 급등하면 동전을 녹여 파는 사람이 생겨나 한국은행이 골머리를 앓았다. 10원짜리를 동파이프로 만들면 20~30원을 벌 수 있었기 때문이다. 지금은 구리 48%, 알루미늄 52%로 성분이 바뀌어 녹여도 수지타산을 맞추기 어렵다. 또 2011년 한국은행법이 개정돼 영리 목적으로 동전을 훼손하면 처벌받게 된다.

리튬/니켈 (lithium/nickel)

비철금속의 일종.
2차전지 산업이 성장하면서 수요가 급증하는 광물이다.

t당 1억원 넘는 '하얀 석유'…리튬 확보전 나선 K배터리

배터리 핵심 광물인 리튬이 연일 신고가를 갈아치우며 폭등하고 있다. '하얀 석유'로 불리는 리튬은 전기차 배터리 생산 원가의 40%를 차지하는 양극재 핵심 광물이다.

3일 한국광해광업공단에 따르면 탄산리튬 국제 거래가격은 지난 2일 kg당 557.5위안(약 10만8000원)을 기록했다. 1년 전(175.5위안) 대비 세 배 넘게 급등했다. 지난 4월부터 연일 최고가를 경신하고 있다. t당 1억원이 넘는다. 경기 선행지표 역할을 하는 원자재 가격이 경기 침체 공포로 일제히 하락하고 있는 것과 딴판이다. 니켈·코발트·망간 등 다른 배터리 광물은 경기 침체 여파로 올 들어 20% 이상 급락했다.

리튬 가격이 급등하는 이유는 수요 대비 공급이 부족하기 때문이다. 시장조사업체 SNE리서치에 따르면 글로벌 리튬 수요는 올해 52만 9000t에서 2025년 104만3000t으로 급증할 전망이다. 전기차 배터리에 광범위하게 활용되는 리튬은 다른 희소 광물에 비해 상대적으로 매장량이 풍부하다.

2차전지 사업을 하는 국내외 기업들도 리튬 확보에 비상이 걸렸다. 포스코홀딩스는 지난달 7일 아르헨티나 염수 리튬 상용화 공장 2단계 투자를 결정했다. SK온은 호주 광산업체로부터 친환경 고순도 리튬 23만t을 장기 공급받는 계약을 했다. LG에너지솔루션도 2025년부터 5년 동안 캐나다 광물업체에서 수산화리튬을 공급받기로 했다.

강경민 기자, 〈한국경제〉, 2022. 11. 4

① **리튬 시세의 최근 흐름을 확인해보세요.**

→ ㎏당 557.5위안, t당 1억 원 이상, 1년 전보다 세 배 넘게 상승

② **이와 같은 가격 변동의 원인을 파악해보세요.**

→ 2차전지를 만드는 필수 재료지만 공급이 수요를 따라가지 못함

③ **기업들은 어떻게 대응하고 있는지 정리해보세요.**

→ 안정적 물량을 확보하기 위해 구매처 다변화, 장기 계약 등 확대

◇◇◇◇◇◇◇◇◇◇◇◇◇◇◇

아무리 좋은 스마트폰이 있어도 배터리가 나가면 무용지물이다. 갈수록 많은 기기가 전자화되는 디지털 세상에서 배터리의 중요성은 커지고 있다. 반도체에 이어 2차전지가 차세대 유망산업이라는 얘기를 경제뉴스에서 자주 접할 수 있다. 사실 2차전지의 사전적 의미는 별 게 아니다. 충전해서 다시 쓸 수 있는 배터리가 2차전지이고, 건전지처럼 방전되면 수명이 끝나는 배터리는 1차전지다. 우리는 이미 100여 년 전부터 2차전지를 활발하게 소비해 왔다.

2차전지 시장이 새삼스레 '폭풍 성장'을 맞게 된 계기는 전기차의 보급이다. 한국을 포함한 여러 선진국은 환경 오염을 줄이기 위해 내연기관차(휘발유·경유차) 퇴출과 전기차 보급을 유도하고 있다. 국제에너지기구(IEA)에 따르면 2020년 세계 각국이 전기차 판매를 촉진하는 데 쓴 돈만 140억 달러(약 18조 원)에 달했다. 다행히 한국은 중국·일본과 함께 세계 전기차 배터리 시장을 주도하고 있다. LG에너지솔루션·삼성SDI·SK이노베이션이 국내 3대 배터리 업체다.

전기차 바람을 타고 '귀하신 몸'이 된 원자재가 리튬과 니켈이다. 전기차 배터리 원가의 40~50%를 차지하는 핵심 구성 요소인 양극재에 채워져 전기를 생성하고 충전하는 역할을 하기 때문이다. 리튬은 어떤 방식으로 배터리를 만들든 간에 필수적이다. 스마트폰 배터리에는 리튬이 30g 들어가는 반면 전기차 배터리에는 30~60kg이 필요하다.

니켈은 공기에 쉽게 산화하지 않는 특성 때문에 예전부터 스테인리스강 생산에 많이 쓰였는데 최근 2차전지용 수요가 폭증하는 추세다. 특히 한국 기업들이 주력하는 방식인 NCM(니켈·코발트·망간) 배터리의 원료라는 점에서 중요하다. 니켈 함량이 높을수록 배터리 용량이 커서 고성능 차량에 탑재된다.

문제는 리튬과 니켈은 우리나라 땅에서 나오지 않아 수입해야 한다는 점이다. 특히 리튬은 중국 의존도가 높다. 리튬은 세계 매장량의 60%가 칠레·아르헨티나·볼리비아 일대에 매장돼 있다. 하지만 상당량은 중국에서 가공돼 다시 세계 각국으로 공급되는 구조다. 채굴된 리튬을 배터리에 쓸 수 있도록 고순도로 제련하려면 상당한 노동력 투입과 환경 오염이 불가피한데 이걸 중국이 잘 해서다. 다른 원자재와 달리 리튬은 달러화가 아닌 위안화로 가격이 매겨지고 있다.

국내 배터리 업체들은 원자재 공급망을 다양화하려는 노력에 나섰다. 미국·캐나다·호주 등으로 공급선을 확장하는 한편 리튬·니켈을 뽑아낼 수 있는 광산을 직접 사들이기도 한다.

| 참고 |

자원의 무기화, 총칼보다 무섭다

세계 각국에서 천연자원을 활용해 무역·외교·국방 등에서 자신들의 이익을 극대화하려는 움직임이 강해지고 있다. 이런 현상을 자원의 무기화(weaponization of resources) 또는 자원 민족주의(resource nationalism)라 한다. '노다지'로 떠오른 리튬·니켈 생산국들이 이런 기회를 놓칠 리 없다. 칠레·아르헨티나·볼리비아는 석유

수출국기구(OPEC)와 비슷한 '리튬판 OPEC' 결성을 추진하고 있다. 멕시코는 리튬을 국유화했고, 인도네시아는 니켈 광석 수출을 금지했다. 식량과 에너지 원자재도 무기화 대상에 오르면서 국제 가격의 불안 요인이 되고 있다.

옥수수/밀/콩 (corn/wheat/soybean)

3대 곡물.
사람의 식량 외에 동물 사료, 바이오연료 등으로도 소비된다.

3개월 평균 수익률 23%…'투자 맛집' 농산물펀드

농산물펀드에 돈이 몰리고 있다. 우크라이나 사태, 미국과 남미 지역의 가뭄, 중국의 코로나19 봉쇄가 맞물리면서 식탁 물가가 치솟을 것이라는 예상 때문이다.

26일 펀드평가사 에프앤가이드에 따르면 농산물펀드는 테마형 펀드 중 가장 높은 수익률을 기록하고 있다. 농산물펀드 9개의 3개월 수익률 평균은 22.75%, 6개월 수익률은 33.41%에 달했다. 가장 수익률이 좋은 상품은 상장지수펀드(ETF)였다. 'KODEX3대농산물선물(H) ETF'와 'TIGER농산물선물(H) ETF'가 각각 지난 3개월간 약 27%, 26%씩 수익을 냈다. KODEX는 미국 상품 시장에 상장된 옥수수·콩·밀 선물 가격을 추종하고, TIGER는 옥수수·콩·밀·설탕 선물 가격을 따라간다.

지난달 초까지만 해도 러시아의 우크라이나 침공만 악재로 여겨졌다. 러시아와 우크라이나가 각각 세계 밀 수출의 1위와 5위를 차지하고 있기 때문이다. 여기다 다른 곡창지대인 북미 프레리, 아르헨티나 팜파스마저 지난해부터 이어진 가뭄으로 흉작이 예상된다. 중국에서는 '코로나19 봉쇄'로 쌀·옥수수 등의 파종 시기를 놓치고 있다.

국제연합식량농업기구(FAO)는 우크라이나 사태로 흑해 지역의 곡물 수출량이 감소함에 따라 내년까지 밀과 옥수수 가격이 각각 8.7~21.5%, 8.2~19.5% 상승할 것이라고 전망했다. 심은주 하나금융투자 연구원은 "곡물 가격 상승은 사료 가격과 밀가루 등 가공품 가격으로 전이되고, 축산물 및 식료품 물가 상승으로 이어질 것"이라고 내다봤다.

고재연 기자, 〈한국경제〉, 2022. 4. 27

① 곡물에 간접투자할 수 있는 방법을 정리해보세요.

→ 옥수수·콩·밀 등의 선물 가격을 추종하는 펀드를 활용

② 국제 곡물 가격에 영향을 미치고 있는 요인을 요약해보세요.

→ 우크라이나 사태, 미국·남미 가뭄, 중국 코로나 봉쇄 등 다양한 외부 변수 작용

② 곡물 가격이 오르면 경제에 어떤 영향을 미치는지 확인해보세요.

→ 가공식품·사료 가격이 연쇄적으로 상승해 물가상승률에 큰 영향

원자재 하면 많은 사람이 돌덩어리나 쇳가루 같은 것들을 먼저 떠올린다. 하지만 각종 농산물도 원자재 시장의 한 축을 떠받치고 있다.

우리나라는 세계 7위 곡물 수입국이자 식량 자급률이 45.8%(2020년 기준)에 불과한 나라다. 하지만 한국인은 국제 곡물값에 그리 민감하지 않다. 주식(主食)인 쌀의 자급률이 100% 안팎에 이르는 탓에 생긴 착시현상이다. 한국은 '3대 곡물'로 꼽히는 옥수수·밀·콩의 수입 비중이 95%에 달해 경제협력개발기구(OECD) 회원국 중 가장 높은 축에 든다. 곡물이 비싸지면 국내에서 소비하는 농산물과 사료도 덩달아 비싸지는 구조다. 곡물 가격은 식품업체 주가는 물론 물가상승률과도 직결된다는 점에서 중요하다. 곡물 가격이 인플레이션(물가 상승)을 주도하는 현상을 뜻하는 애그플레이션(agriculture+inflation)이란 말도 있다.

지구 상에서 생산량이 가장 많은 곡물은 옥수수다. 옥수수를 먹어봤자 얼마나 먹겠냐고 생각할 수 있지만, 사람뿐 아니라 동물과 자동차가 엄청난 양을 소비하고 있다. 옥수수의 60%는 가축에게 먹이는 사료의 원료로 쓰인다. 옥수수에서 뽑아낸 전분은 거의 모든 가공식품에 들어가는데, 제지회사는 옥수수 전분을 펄프를 붙이는 풀 역할로도 쓴다. 옥수수를 발효시켜 만든 바이오메탄올은 차량 연료로 활용되고, 바이오플라스틱으로 변신하기도 한다. 미국 농무부에 따르면 2021년 기준 옥수수 수출량은 미국(31.8%)이 가장 많고 브라질(21.5%), 아르헨티나(19.5%), 우크라이나

(17.6%), 유럽연합(2.5%) 순이었다.

옥수수 다음으로 많이 나는 곡물은 밀이다. 소맥(小麥)으로도 부르는 밀은 옥수수와 달리 70%가 식량으로 소비된다. 밀가루는 세계인의 식탁에 빠지지 않고 오르는 빵과 국수의 주된 원료다. 그래서 밀 가격이 너무 뛰어 먹고사는 문제가 흔들리면 정치적 혼란으로 비화하기도 한다. 2010~2012년 중동 곳곳에서 확산된 반정부 시위 '아랍의 봄'은 서민들의 누적된 불만이 밀값 폭등을 계기로 분출된 사례다.

소맥 수출량은 유럽연합(18.5%)을 필두로 러시아(15.8%), 호주(13.5%), 미국(13.5%), 우크라이나(9.8%)가 뒤를 이었다. 이 통계를 보면 러시아의 우크라이나 침공이 왜 세계 곡물시장을 뒤집어놨는지 쉽게 이해된다. '유럽의 빵 공장'이라 불릴 정도로 옥수수와 밀을 많이 재배하는 우크라이나와 단일국 기준 최대 밀 수출국인 러시아가 전쟁통에 빠져들었으니 곡물 공급이 정상적으로 돌아갈 리가 없었다.

3대 곡물의 마지막 주자인 콩은 대두(大豆)라고도 부른다. '밭에서 나는 고기'라 할 만큼 단백질 영양소가 풍부하다. 수확량의 3분의 2 이상은 기름과 사료를 만드는 데 사용한다. 콩은 우리가 요리할 때 쓰는 식용 기름의 대표적 원료다. 또 콩기름을 짜내고 남은 찌꺼기인 대두박(깻묵)은 가축 사료로 많이 쓴다. 콩은 브라질과 미국이 전체 수출량의 80% 이상을 차지해 특정 국가의 집중도가 3대 곡물 중 가장 높은 것이 특징이다.

곡물 가격은 수요와 공급 말고도 기후에 크게 좌우된다. '농사는 하늘이 짓는다'라는 말처럼 사람이 어찌할 수 없는 영역이다. 세계 곡물 생산량은 꾸준히 늘어나고 있지만 금속과 마찬가지로 특정 국가 비중이 높다. 이들 지역에 가뭄, 폭우, 폭염, 한파 등이 발생하면 충격을 피하기 어렵다. 곡물 재배에 필요한 종자, 비료, 연료 등의 가격도 공급가에 영향을 미친다. 신흥국의 소득 수준이 높아지면 육류와 생선을 비롯한 고급 먹거리 수요가 급증해 시세를 끌어올리는 변수가 되기도 한다.

희토류 (rare earth metal)

자연계에서 드물게 존재하는 금속 원소를 담고 있는 흙.
첨단 기술 제품에 반드시 필요한 재료다.

희토류값 겁난다…기업, 광물대란 초긴장

중국의 리오프닝(경제활동 재개)으로 희토류 가격이 3개월 새 31% 오르는 등 광물 가격이 급등하면서 국내 산업계가 바짝 긴장하고 있다. 희토류는 반도체, 스마트폰, 전기차 등에 필수적인 광물로 가격상승 시 원가부담이 가중될 수밖에 없어 실적악화 상황에서 '직격탄'이 될 수 있다는 지적이다. 특히 최근 미국의 '중국 정찰풍선' 격추로 미·중 관계가 다시 냉각되면서 중국이 희토류를 자원무기로 활용할 경우 광물대란마저 우려된다.

6일 중국희토류공업협회에 따르면 21개 희토류 산화물과 복합제품의 가격지수가 305.6783으로, 지난해 8월 300 선이 깨진 이후 6개월 만에 다시 300선을 회복했다. 희토류는 17종 원소를 총칭하는데 지난 3개월간 프라세오디뮴-네오디뮴 산화물, 산화 네오디뮴, 프라세오디뮴-네오디뮴 금속합금 가격의 누적 증가율은 각각 5.97%, 14.62%, 31.51%를 기록하며 상승세를 보였다. 아울러 중국 의존도가 높은 텅스텐, 망간 등도 리오프닝에 따라 상승세를 보이고 있다.

이에 국내 산업계도 바짝 긴장하고 있다. 특히 최근 실적악화로 고전하는 반도체업계는 희토류 리스크에 촉각을 곤두세우고 있다. 업계 관계자는 "반도체 공정에는 소량 들어가지만 없어서는 안될 필수 원자재여서 현재 공급망 관리를 점검하며 중국 정부의 움직임을 면밀히 살피고 있다"고 답했다.

김준석 기자, 〈파이낸셜뉴스〉, 2023. 2. 7

① **희토류 시세의 최근 흐름을 정리해보세요.**

→ 프라세오디뮴-네오디뮴 산화물 3개월 새 31.51% 오르는 등 급등세

② **이와 같은 가격 변동의 원인을 파악해보세요.**

→ 중국이 코로나 봉쇄를 풀고 경제활동을 재개하면서 수요 증가

③ **국내 산업에는 어떤 영향을 주는지 확인해보세요.**

→ 반도체·스마트폰·전기차 등에 소량이지만 반드시 필요해 큰 부담

스칸튬, 이트륨, 란타넘, 세륨, 프라세오디뮴, 네오디뮴, 프로메튬, 사마륨, 유로퓸, 가돌리늄, 터븀, 디스프로슘, 홀뮴, 어븀, 툴륨, 이터븀, 두레튬…….

대중에게 이름조차 생소하지만 여러 산업에서 필수 원료로 활용되는 희토류(稀土類)의 목록이다. 희토류는 자연계에서 드물게 존재하는 금속 원소를 담고 있는 흙을 가리킨다. 란탄 계열 15개 원소(원자번호 57~71번)와 스칸튬(21번), 이트륨(39번)까지 희귀광물 17종이 포함돼 있다.

희토류는 핸드폰, 반도체, 자동차 같은 제품은 물론 미사일, 레이더 등 군사 무기의 핵심 부품에 폭넓게 쓰인다. 철강, 세라믹 등과 재생에너지, 의료 분야에서도 사용된다. 독특한 자기적 성질을 띠면서 전자파를 흡수하는 등의 특징이 있어 모터, 자기부상열차, 모니터 등을 만드는 데도 필요하다. 일명 '첨단산업의 비타민'으로 불리는 이유다.

중국은 세계 희토류 생산량의 95%를 차지하고 있다. 미국은 수입 희토류의 80%를 중국에서 조달하고 있다. 희토류는 '희귀할 희(稀)'라는 글자가 붙어 있어 매장량 자체가 적다고 생각할 수 있지만 실제론 그렇지 않다. 지구 곳곳에 묻혀 있을 뿐만 아니라 국내 강원, 충북 등에서도 많이 발견된다. 다만 원석에서 차지하는 비율이 매우 낮다. 소량을 얻기 위해 많은 돌을 가공한 뒤 버려야 하기 때문에 생산비가 많이 들고 환경에도 해롭다. 선진국들이 자체 생산을 하지 않고 대부분 중국에서 가져다 쓰는 배경이다.

상황이 이렇게 되자 중국은 희토류를 외교 무대 주도권을 잡는 도구로 활용했다. 중국은 일본과 센카쿠열도 갈등을 겪던 2010년 "일본에 더 이상 희토류를 팔지 않겠다"라고 선언했다. 일본은 체포해 억류한 중국인 선장을 며칠 만에 석방하면서 사실상 항복하고 말았다. 중국은 미국과 치열한 무역전쟁이 불붙은 2019년에도 "희토류로 보복할 수 있는 중국의 능력을 과소평가하지 말라"며 으름장을 놓기도 했다.

선진국들은 뒤늦게 중국산 희토류 수입 의존도를 낮추기 위해 제도 정비를 서두르고 있다. 미국도 마음만 먹으면 희토류를 자국 영토에서 채굴할 수 있다. 그러나 중국 수준의 생산량과 채산성을 확보하려면 시간이 필요하다는 분석이 많다.

비트코인은 '디지털 숲' 될 수 있나
불변성·희소성 닮았지만…… 안전자산 가능성은 '글쎄?'

▲금융위기가 한창이던 2009년 1월 3일자 영국 신문 〈더타임스〉 1면.
액자에 담겨 비트코인 지지자들에게 판매되고 있다.
출처: www.aliexpress.us

유튜브·트위터·인스타그램에 기록된 최초의 콘텐츠에는 공통점이 있다. 공동창업자 중 한 명이 시험 삼아 올려본 것이어서 알맹이가 없다. 유튜브의 1호 동영상은 2005년 4월 23일 자웨드 카림이 등록한 'Me at the zoo(동물원의 나)'. "코끼리 코가 엄청 길다"더니 "할 말이 없다"면서 끝나는 18초 허무 영상이다. 트위터는 2006년 3월 21일 잭 도시가 끄적인 'just setting up my twttr(방금 내 트위터 설정함)', 인스타그램은 2010년 7월 17일 케

빈 시스트롬이 개 사진과 함께 올린 'test(테스트)'라는 글이 시초다.

반면 비트코인이라는 블록체인 네트워크에 올려진 최초의 메시지는 꽤나 함축적이다. 비트코인의 역사는 2009년 1월 3일 익명의 개발자 사토시 나카모토가 생성한 첫 번째 블록에서 시작됐다. 그는 이 블록에 'The Times 03/Jan/2009 Chancellor on brink of second bailout for banks(더 타임스, 2009년 1월 3일, 은행들의 두 번째 구제 금융을 앞두고 있는 장관)'라는 문구를 새겼다. 은행 추가 구제금융이 임박했음을 보도한 영국 신문 〈더타임스〉의 1면 머리기사 제목인데, 금융위기를 촉발한 이른바 '중앙집권적 금융 체제'에 대한 그의 문제의식을 나타낸 것으로 해석됐다. 암호화폐 지지자들은 지금도 그날 〈더타임스〉 1면을 상징적인 기록물로 여긴다.

행동경제학자 로버트 실러는 비트코인이 뜬 이유로 내러티브(narrative)를 꼽았다. 정부와 중앙은행에 반기를 든 저항정신, 모든 것이 연결된 투명한 세계라는 이상적 청사진, 정체불명의 사토시라는 인물이 뿜어내는 신비주의가 하나의 드라마처럼 어우러져 대중을 매료시켰다는 것이다.

출사표부터 의미심장했던 비트코인은 이후 10여 년 동안 여러 수식어를 더해가며 더욱 풍성한 서사를 구축해 나갔다. 사실 1차 코인 광풍이 불었던 2017년까지 비트코인을 일상생활에서 쓸 수 있는 화폐로 도입하려는 수많은 실험이 이어졌지만 처참하게 실패했다. 2차 코인 광풍이 몰아친 2020년을 전후해 친(親)비트코인 진영은 교환의 매개(화폐)가 아닌 가치저장의 수단(자산)으로서의 가치를 강조했다. 비트코인을 '디지털 금(金)'으로 부르면서 금과 똑같은 '인플레이션 피난처'가 될 수 있다고 주장했다.

비트코인이 금과 닮은 구석이 전혀 없는 건 아니다. 최대 공급량이 2,100만 개로 한정된 희소성, 위·변조가 불가능하다는 불변성 등이 대표적이다. 눈에 보이지 않는 디지털 자산인 만큼 보관 비용 면에서는 비트코인이 오히려 우위에 있다. 코로나 사태 이후 한동안 비트코인의 가격 상승률이 금을 앞지르면서 이런 주장은 힘을 받았다. 테슬라의 일론 머스크, 마이크로스트래티지의 마이클 세일러 같은 유명 기업 최고경영자(CEO)의 비트코인 예찬은 이 신종 자산에 '권위'를 더해줬다.

하지만 이들의 주장에 균열이 생기는 데는 오랜 시간이 걸리지 않았다. 2021년 들어 비트코인값이 나스닥지수와 비슷하게 움직이는 커플링(coupling) 현상이 두드러지면서다. 시중에 많은 돈이 풀린 유동성 파티 속에 투자자의 위험자산 선호가 높아지며 나타난 현상이라는 게 국제통화기금(IMF) 분석이다. 2022년 각국 중앙은행이 유동성 회수에 나서자 비트코인 가격은 4분의 1로 폭락해 버렸다. 물가가 천정부지로 치솟는데도 인플레이션 방어 수단으로 전혀 작동하지 못했다.

물론 역사가 짧은 만큼 비트코인의 정체성과 가격 변동 요인에 대해 완벽한 합의가 이뤄지지 않은 상태다. 금도 수천 년에 걸쳐 장신구, 화폐, 자산 등의 순서로 변신을 거듭해왔다. 다만 비트코인을 벌써부터 금과 똑같은 안전자산 반열에 올려 찬양하는 것이 너무 성급한 일은 아닐까. 비트코인 가격이 금과 비슷하게 오르내린다면 만족할 수 있는 코인러는 얼

마나 될까. 대부분 고위험·고수익을 노리고 진입하는 비트코인 투자자
의 속성을 생각해도 아직은 앞뒤가 안 맞는다.

intro

'지수' 하면 무엇이 먼저 떠오르시는지. 아이돌 이름부터 생각난다면 경제와 친해질 준비가 아직 덜 됐다. 뉴스 속의 지수(index)는 복잡다단한 경제 현상을 알기 쉽게 파악하기 위해 관련된 수치나 가격을 종합해 만든 통계 지표다. 코스피·S&P지수로 한미 증시 상황을, 선행·동행종합지수로 경기의 향방을, BDI·SCFI로 해운업계 분위기를 파악할 수 있다. 국내외에서 쏟아지는 지수는 어림잡아 수백 종류가 넘는다. 무궁무진한 지수의 세계로 들어가 보자.

지수

주가지수

주식시장 전반의 움직임을 파악하기 위해
일정 시기의 주가를 기준 삼아 작성하는 지수.

'세계 꼴찌 수익률' 코스피의 굴욕

올해 국내 증권시장이 최악의 성적표를 받아 들었다. 코스피지수는 20% 넘게 급락해 2008년 이후 14년 만에 가장 큰 하락폭을 기록했다. 주요 20개국(G20) 중 꼴찌 수준의 수익률이다.

22일 한국거래소에 따르면 올해 코스피지수 하락률(1월 3일~12월 20일)은 21.93%에 달했다. 미국·일본·중국 등 G20 국가의 주요 증시 지수 중 19위다. 코스피지수는 미국 S&P500지수(-20.33%), 중국 상하이종합지수(-19.25%), 일본 닛케이225지수(-9.33%) 등 주요국 증시보다 낙폭이 컸다. 20위가 우크라이나와 전쟁을 벌이고 있는 러시아 RTS지수(-40.40%)라는 점을 고려하면 사실상 최하위 수익률이다.

올해 코스피지수는 2008년 금융위기(-40.73%) 후 가장 큰 폭의 하락세를 보였다. 투자자 사이에서 "'증시 체감 온도'는 올해가 금융위기 때보다 더 나빴다"는 평가가 적지 않다. 짧고 굵었던 2008년 하락장과 달리 이번 증시 조정은 지난해 6월부터 올해 말까지 1년6개월간 지속적으로 진행됐기 때문이다.

글로벌 중앙은행의 강력한 통화 긴축 기조와 이에 따른 금리 급등은 1년 내내 증시를 짓눌렀다. 반도체 업황 둔화, 한국과 긴밀하게 연동된 중국 경기의 경착륙 우려도 지수 하락폭을 키우는 역할을 했다.

심성미 기자, 〈한국경제〉, 2022. 12. 23

① **코스피지수로 우리나라 증시의 전체 수익률을 파악해보세요.**

→ 2022년 코스피지수 21.93% 하락, G20 국가 중 19번째로 큰 하락률

② **지수가 이렇게 변했다는 것은 무슨 의미일까요.**

→ 유가증권시장 모든 상장사 시가총액이 한 해 동안 21.93% 떨어졌다는 뜻

③ **지수가 이와 같이 변동한 원인을 정리해보세요.**

→ 세계적 긴축 기조, 반도체 업황 둔화, 중국 경기 연착륙 등의 악재 때문

◇◇◇◇◇◇◇◇◇◇◇◇◇◇◇

국내 주식시장에는 2,000개가 넘는 종목이 거래되고 있다. 누군가 "오늘 증시 어땠어?"라고 묻는다면 어떻게 답해야 할까. "삼성전자는 1% 올랐고, 현대차는 3% 떨어졌고, 네이버는 2% 상승, 카카오는 7% 하락……." 이렇게 일일이 나열하면 서로 머리만 아플 것이다. 주가지수를 활용하면 간단하게 설명할 수 있다. "코스피지수는 3%, 코스닥지수는 5% 올랐어. 잘 나가지?"

국가마다 그 나라 증시를 대표하는 지수가 여러 개씩 있다. 조금씩 다른 산출 방법까지 모두 외우고 있을 필요는 없지만, 주요 주가지수의 이름과 최근 흐름을 알아두면 경제뉴스를 읽는 데 많은 도움이 된다.

한국에서는 유가증권시장의 '코스피지수'와 코스닥시장의 '코스닥지수'가 양대 축이다. 코스피지수는 1980년 1월 4일 유가증권시장에 상장된 모든 보통주의 시가총액을 100으로 잡고 산출한다. 예컨대 지금 코스피지수가 3,000이라면 유가증권시장에 상장된 주식 가치의 총합이 기준 시점(1980년 1월 4일)보다 30배 커졌다는 얘기다. 코스닥지수도 코스피지수와 기본 원리는 같다. 1996년 7월 1일 코스닥시장의 시총을 1,000으로 잡고 비교한다.

| 참고 |

시가총액(aggregate value of listed stocks)

시가총액(시총)은 전체 주식의 가치를 시장가격으로 평가한 금액이다. 주가에 발행주식 수를 곱해 구한다. 예컨대 2023년 1월 20일 삼성전자 종가는 6만 1,800원. 주식 수가 59억 6,978만 2,550주였으니 시총은 368조 9,325억 6,159만 원이다. 주가는 매일 달라지니 시총도 매일 바뀐다. 기업 가치를 간단명료하게 보여주기 때문에 "A의 시총이 B를 넘어섰다"거나 "C의 시총이 하루 만에 ○○조 원 증발했다" 같은 뉴스가 관심을 받곤 한다. 시총은 특정 주식이 아닌 전체 시장의 값어치를 따질 때도 활용된다. 유가증권시장에 상장된 모든 종목의 시총을 더하면 그날그날 코스피 시총을 구할 수 있다.

미국 증시를 대표하는 3대 지수는 '다우, S&P500, 나스닥'이다. 다우지수의 정식 명칭은 다우존스 산업평균지수(Dow Jones Industrial Average)로 미국에 상장된 30개 우량기업 주가의 평균값이다. 종목 수가 너무 적어 대표성이 떨어진다는 지적도 받지만, 1884년 탄생한 세계 최고(最古) 주가지수라는 점에서 명성을 유지하고 있다.

S&P500은 스탠더드앤드푸어스(S&P)가 미국에 상장된 대기업 500개를 골라 이들의 시총을 지수화한 것이다. 미국 상장사 시총의 80%를 반영해 다우지수보다 미국 증시의 전반적인 흐름을 잘 보여준다는 평가를 받는다. 나스닥지수의 정식 명칭은 나스닥종합지수(NASDAQ Composite Index)로 나스닥에 상장된 모든 보통주의 시총을 반영한다.

중국에서는 상하이종합지수와 선전종합지수, 홍콩은 항생지수, 일본은 닛케이225, 영국은 FTSE100, 유럽은 유로스톡스50 등이 주식시장 대표 지수로 인정받고 있다.

주가지수는 기본적으로 투자자의 의사결정을 돕기 위한 지표지만 그 이상의 역할도 한다. 주가는 기업 실적이나 경기를 3~6개월 앞서 반영하는 것으로 알려져서 경기 예측에도 활용된다. 실제로 통계청은 선행종합지수를 구할 때 코스피지수를 반영하고 있다.

주가지수는 그 자체로 하나의 투자상품이 될 수도 있다. 인덱스펀드(index fund)와 ETF는 특정 주가지수를 구성하는 주식을 동일한 비중으로 매입해 그 지수와 같은 수익률을 올리도록 설계한 대표적 상품이다. 고수들이 거래하는 주가지수 선물(futures)과 옵션(option)을 만들기 위해서도 꼭 필요한 재료다.

그런데 코스피지수나 나스닥종합지수 같은 지수로는 이런 상품을 만들기가 어렵다. 너무나 다양한 기업이 포함돼 있어 펀드에서 이들 종목을 다 사들이고 관리하려면 돈도 많이 들고 복잡하기 때문이다.

그래서 거래소들은 시가총액이 큰 대형주를 선별해 또 다른 주가지수를 만들기도 한다. 코스피200지수는 유가증권시장 상장사 중 시장 대

| A14 2023년 2월 25일 토요일 | | | | 마켓데이터 |

한눈으로 보는 글로벌 증시 시간/가격 체크 단위:%				
코스피 2,423.61 0.63	코스닥 778.88 0.56	미국다우 33,153.91 0.33	미국나스닥 11,590.40 0.72	미국 S&P 500 4,012.32 0.53
중국 상하이종합 3,267.16 0.62	중국 선천종합 2,140.65 0.65	일본 닛케이225 27,453.48 1.29	대만 가권 15,503.79 0.71	홍콩 항셍 20,010.04 1.68
홍콩 H 6,703.45 2.28	베트남 VN 1,039.56 1.34	싱가포르 STI 3,282.19 0.53	브라질 BVSP 107,592.87 0.41	영국 FTSE 100 7,907.72 0.29

▲2023년 2월 25일자 〈한국경제신문〉 14면의 글로벌 증시 데이터. 주가지수의 종류는 훨씬 다양하지만 투자자들이 중요하게 보는 주요 지수를 선별해 싣고 있다.

표성, 산업 대표성, 유동성 등을 기준으로 200개 종목을 골라 산출한 지수다. 코스닥시장에는 코스닥150지수, 나스닥시장에는 나스닥100지수도 있다. 중국에는 상하이·선전에 상장된 300개 우량 기업으로 산출한 CSI300지수라는 게 있다.

예를 들어 코스피200지수를 추종하는 ETF 상품 가운데 규모가 가장 큰 'KODEX200'을 보면 이 지수에 포함된 200개 기업에 똑같이 투자하고 있음을 알 수 있다. 또 S&P500지수를 따라가는 ETF 'SPDR S&P500'도 마찬가지다. 이런 펀드를 사면 한국과 미국의 간판 상장사에 한꺼번에 투자할 수 있는 셈이다.

어떤 기준으로 업종과 종목을 구성하고 얼마만큼의 비율로 반영하는지에 따라 주가지수는 무궁무진하게 만들어낼 수 있다. 자동차·바이오·게임 같은 업종별 지수가 다양하게 개발돼 있고 최근에는 치킨 지수나 K팝 지수에 투자하는 상품까지 등장했다.

선행종합지수/동행종합지수

경기종합지수의 일종. 선행종합지수는 경기보다 먼저 움직이는,
동행종합지수는 경기와 비슷하게 움직이는 여러 경제지표를 합성해 산출한다.

경기동행지수 30개월 만에 최대폭 하락…커지는 침체 경고음

현재 경기를 보여주는 '동행종합지수 순환변동치'가 지난달 30개월
만에 가장 큰 폭으로 떨어졌다. 향후 경기 흐름을 가늠할 수 있는 '선행
종합지수 순환변동치'는 5개월 연속 하락했다. 현재·미래 경기지표가
모두 악화한 것이다. 게다가 소비는 3개월 연속 뒷걸음질쳤고 반도체
생산은 11% 감소했다. 경기 침체 경고음이 커졌다는 지적이 나온다.

통계청이 29일 발표한 '11월 산업활동 동향'에 따르면 지난달 동행종
합지수 순환변동치는 전월 대비 0.7포인트 하락한 101.7(2015년=100)을 기
록했다. 지난 4월(-0.4포인트) 후 7개월 만의 하락이다. 하락폭은 코로나
19 사태 초기인 2020년 5월(-0.8포인트) 후 30개월 만에 가장 컸다. 동행

종합지수 순환변동치는 현재 경기 상황을 보여주는 지표다. 전문가들은 이 지수가 6개월 이상 하락하면 경제가 침체 국면에 들어선 것으로 본다. 선행종합지수 순환변동치는 99.0(2015년=100)으로 전월 대비 0.2포인트 하락했다. 지난 7월(-0.2포인트) 이후 5개월 연속 하락세다.

지난달 소매판매는 전월 대비 1.8% 감소했다. 준내구재(-5.9%) 내구재(-1.4%) 비내구재(-0.5%) 판매가 모두 줄었다. 기획재정부는 "이태원 사고 등으로 소비가 부진한 모습을 보이며 경기 회복 흐름이 약화하는 조짐을 보이고 있다"고 했다.

정의진·조미현 기자, 〈한국경제〉, 2022. 12. 30

① **동행종합지수·선행종합지수 순환변동치의 수치와 최근 흐름을 확인해보세요.**

→ 동행지수는 7개월 만에 하락해 101.7, 선행지수는 5개월 연속 하락해 99.0

② **경기 상황을 어떻게 진단할 수 있는지 정리해보세요.**

→ 현재와 미래의 경기지표가 모두 나빠지고 있다는 의미

③ **경기 지표는 매우 다양합니다. 다른 지표를 찾아 근거를 보완해보세요.**

→ 소매판매, 반도체 생산 등도 감소하고 있어 침체 징후

경제 전문가들은 밑바닥 경기를 파악하는 저마다의 '촉'을 갖고 있다. 앨런 그린스펀 전 미국 중앙은행(Fed) 의장은 세탁소에 세탁물이 얼마나 쌓였는지를 수시로 관찰했다고 한다. 유통업계에는 립스틱이 잘 팔리거나 남성 속옷 판매량이 줄어들면 불황이라는 속설이 존재한다. 동네에서 배출되는 음식물쓰레기의 양으로 경기를 가늠한다는 기업인도 있다.

하지만 국가 차원에서 이런 정보를 수집해 경기를 판단할 수는 없는 일이다. 정부는 생산, 소비, 고용, 금융, 투자 등 부문별로 경기 흐름을 잘 드러내는 경제지표를 골라 이들의 전월 대비 증감률을 합성해 '경기종합지수'를 작성한다. 기준연도(2015년) 수치를 100으로 잡고 상대적인 수준을 보여주며 전달보다 올랐으면 경기 상승, 떨어졌으면 경기 하강을 의미한다. 통계청이 매달 발표하는 산업활동동향 자료에서 이를 확인할 수 있다.

경기종합지수		
선행종합지수	동행종합지수	후행종합지수
재고순환지표	비농림어업취업자수	취업자수
경제심리지수	광공업생산지수	생산자제품재고지수
기계류내수출하지수	서비스업생산지수	소비자물가지수변화율
건설수주액	소매판매액지수	소비재수입액
수출입물가비율	내수출하지수	CP유통수익률
코스피	건설기성액(실질)	
장단기금리차	수입액(실질)	

*자료: 통계청

경기종합지수에는 선행(先行)종합지수, 동행(同行)종합지수, 후행(後行)종합지수 세 종류가 있다. 사람들의 관심은 '앞으로 경제가 어떻게 될지'에 쏠리기 때문에 선행종합지수가 가장 주목받는다.

선행종합지수는 재고순환지표, 경제심리지수, 기계류내수출하지수, 건설수주액, 수출입물가비율, 코스피, 장단기금리차 등 7개 지표를 종합한 숫자다. 이들 지표는 경기에 앞서 움직이는 경향이 있어 3~6개월 후 경기 예측에 활용할 수 있다. 예를 들어 재고순환지표가 떨어졌다면 물건이 덜 팔려 창고에 재고가 쌓이고 있다는 뜻인데, 향후 기업 생산 활동의 위축으로 이어질 수밖에 없다. 또 기업 실적을 선반영하는 속성이 있는 코스피지수가 하락했다면 경기가 나빠지고 있다는 징후로 해석할 수 있다.

동행종합지수는 광공업생산지수, 서비스업생산지수, 건설기성액, 소매판매액지수, 내수출하지수, 수입액, 비농림어업취업자수 등 7개 지표를 종합한 것이다. 경기와 비슷하게 움직이는 지표들로 구성돼 있어 현재 흐름을 파악하는 데 유용하다.

그런데 뉴스에는 '선행종합지수 순환변동치'와 '동행종합지수 순환변동치'라는 용어가 나온다. 순환변동치는 경제 성장에 따른 자연 증가분, 계절적 요인 등을 제거한 수치라는 뜻이다. 단순하게 지수의 증감만 보는 것보다 경기 상황을 더 정확하게 판단할 수 있도록 도와주는 역할을 한다.

후행종합지수에는 생산자제품재고지수, 소비자물가지수변화율, 소비재수입액, 취업자수, CP유통수익률 등 5개 지표가 포함된다. 경기를 뒤늦게 반영하니 아무래도 관심은 덜 받는다. 시대가 바뀌면 사람들의 경제활동도 달라지기 때문에 경기종합지수에 활용되는 세부 지표들은 주기적으로 개편된다.

BSI/CSI (Business Survey Index/Consumer Survey Index)

경제심리지수의 일종. 기업경기실사지수(BSI)는 기업,
소비자동향지수(CSI)는 소비자의 체감 경기를 보여준다.

경기 불확실성에 기업 체감경기 2년4개월만에 최악

경기 불확실성이 커지면서 이달 국내 기업 체감 경기가 2년 4개월 만에 최저치를 기록했다. 고물가에 경기 불확실성 지속에 따른 수요둔화가 본격화되면서 올해 상반기 이 같은 추세가 이어질 전망이다.

한국은행이 27일 발표한 1월 기업경기실사지수(BSI) 조사 결과에 따르면 이달 모든 산업의 업황 실적 BSI는 전월보다 5포인트 하락한 69를 기록했다. 지난 8월(81)부터 5개월 연속 체감 경기가 악화해 2020년 9월 (64) 이후 가장 낮은 수준으로 떨어졌다. 이 지수는 현재 경영상황에 대한 기업가의 판단과 전망을 나타낸 것으로, 100을 밑돌면 업황이 나쁘다는 의미다.

업종별로는 제조업 업황 BSI가 전월 대비 5포인트 하락한 66을 나타냈다. 세부 업종별로는 전자·영상·통신장비(-5포인트), 1차금속(-9포인트), 금속가공(-6포인트) 등을 중심으로 하락했다. 한은 김대진 기업통계팀장은 "반도체 수요 감소로 인한 매출 감소와 재고 증가 영향으로 전자·영상·통신장비의 업황이 부진했다"며 "원자재 가격 상승, 건설·자동차·선박 등 전방산업 업황 둔화로 1차 금속과 금속가공의 하락폭도 컸다"고 설명했다.

제조업과 비제조업 기업 모두 불확실한 경제 상황을 가장 큰 어려움으로 꼽았다. 제조업은 그다음으로 원자재 가격상승과 내수부진을, 비제조업은 인력난·인건비 상승과 내수부진을 경영 애로사항으로 들었다. BSI에 소비자동향지수(CSI)까지 반영한 1월 경제심리지수(ESI)는 전월에 비해 1.4포인트 하락한 90.1을 기록했다.

서소정 기자, 〈아시아경제〉, 2023.1.27

① **BSI는 기업의 체감 경기를 보여줍니다. 우선 수치와 최근 흐름을 확인해보세요.**

→ 69, 한 달 전보다 5포인트 낮아졌고 2년 4개월 만에 최저

② **경기 상황을 어떻게 진단할 수 있는지 정리해보세요.**

→ BSI는 100을 밑돌면 기업 심리가 부정적, 100을 웃돌면 긍정적이라는 뜻

③ **BSI가 이와 같이 변화한 원인을 살펴보세요.**

→ 매출 감소, 재고 증가, 업황 불확실성 등이 종합적으로 반영돼 수치가 하락

◇◇◇◇◇◇◇◇◇◇◇◇◇◇◇

'경제는 심리'라는 말이 있다. 경제학 책에 나오는 이론이나 숫자로 된 지표만으로 설명할 수 없는 일이 많이 일어나기 때문이다. 경기에 대한 경제주체들의 주관적 평가를 보여주는 양대 경제심리지표로 기업인을 대상으로 조사한 기업경기실사지수(BSI)와 가계를 대상으로 조사한 소비 자동향지수(CSI)가 있다. 국내에선 한국은행 통계가 많이 쓰이지만 해외에 도 여러 정부·민간 기관이 BSI와 CSI를 작성하고 있다.

BSI는 한국은행이 매달 3,000여 개 기업을 대상으로 설문조사를 통해 산출한다. 전반적인 업황, 재고, 생산설비, 설비투자, 인력 등의 수준 판 단과 신규 수주, 생산, 매출, 가동률, 가격, 자금 사정 등의 변화 방향, 경 영 애로사항 등을 묻는다. 기업들의 단체인 전국경제인연합회, 대한상공 회의소 등도 회원사를 상대로 BSI를 자체 조사해 발표하고 있다.

CSI는 한국은행이 매달 2,000여 개 가구를 대상으로 설문조사를 통해 산출한다. 생활형편의 상태와 전망, 가계 수입과 소비지출에 대한 전망, 현재 경기 판단과 향후 전망 등이 주요 항목이다. CSI 항목 가운데 경제에 대한 소비자들의 인식을 보다 뚜렷하게 보여주는 6개 주요 지수를 뽑아 소비자심리지수(CCSI·Composite Consumer Sentiment Index)를 산출하기도 한다.

한국은행은 BSI와 CSI를 합성해 민간의 경제 심리를 종합적으로 나타

낸 경제심리지수(ESI·Economic Sentiment Index)도 작성하고 있다. BSI와 CSI에서 경기와 연관이 깊은 7개 항목을 선정해 가공한다.

BSI, CSI, ESI는 꽤 복잡한 개념 같지만 숫자를 해석하는 방법은 아주 간단하다. 세 지수는 공통적으로 0에서 200의 값을 갖는다. 기준치인 100은 긍정적 응답과 부정적 응답이 같다는 의미다. 100보다 크면 상황을 긍정적으로 보는 응답이 더 많고, 100보다 작으면 부정적인 응답이 더 많다는 뜻이다.

이들 지수는 단순한 조사방식 때문에 설명력에 한계가 있다는 지적을 받기도 한다. 다만 심리지표와 실물지표는 일정한 상관관계를 보인다는 점에서 여전히 주목받는 지표이기도 하다. 경제성장률이나 경기종합지수는 통계 작성에 한두 달 안팎이 걸리는 반면 경제심리지표는 빠른 집계가 가능하다는 것도 장점이다. BSI나 CSI가 오랫동안 100을 밑돌거나 크게 나빠지면 경제신문에서도 중요하게 다루곤 한다.

BDI/SCFI

(Baltic Dry Index/Shanghai Containerized Freight Index)

해상운임지수의 일종. 발틱운임지수(BDI)는 벌크선,
상하이컨테이너운임지수(SCFI)는 컨테이너선 운임의 등락을 나타낸다.

컨 운임 9개월새 44% 추락…HMM·팬오션 '실적 잔치'는 끝났다

해운업계는 2020년 하반기부터 서서히 터널을 빠져나왔다. 한진해운 등이 파산하면서 항로를 오갈 선박이 상대적으로 부족해진 데다 코로나19 직후 해상 운송량이 폭증한 결과다. 글로벌 해상운임 지표로 중국 상하이항에서 출항하는 컨테이너선 15개 항로의 단기(spot) 운임을 종합한 상하이컨테이너운임지수(SCFI)는 올 1월 7일 사상 최고인 5109.6을 찍기도 했다. 2019년 700~800선을 오가던 SCFI가 7배가량 뜀박질한 것이다.

하지만 최근 들어 해운업계의 전성기가 끝난 게 아니냐는 우려의 목소리가 나온다. 해운업계 실적을 판가름하는 SCFI는 지난 2일 전주보다 306.64포인트 내린 2847.62를 기록했다. 이 같은 낙폭은 SCFI 통계를 작성한 2009년 후 가장 컸다. 역대 최대치인 올 1월 7일(5109.6)과 비교하면 44.26% 떨어진 수치다. 벌크선 운임 지표인 발틱운임지수(BDI)도 지난달 31일 52포인트 내린 965를 기록하며 2020년 6월 12일(923) 후 가장 낮았다.

해상 운송료 지표가 추락하는 것은 해운사들이 발 빠르게 선박을 늘린 영향이다. 조선·해운 분석기관인 클락슨에 따르면 2017~2022년 해운사들이 조선사로부터 넘겨받는 신규 컨테이너선이 100만TEU(1TEU는 6m 길이 컨테이너 1개) 안팎에 머물렀다. 하지만 내년에는 250만TEU를 넘어설 전망이다.

물동량 증가 폭이 지지부진해질 것이라는 관측도 있다. 양종서 수출입은행 수석연구원은 "올 하반기에 인플레이션과 금리인상 흐름이 이어지면서 주요 선진국의 소비가 위축될 것"이라며 "컨테이너선 수요도 덩달아 감소할 것"이라고 내다봤다.

김익환 기자, 〈한국경제〉, 2022. 9. 5

① BDI와 SCFI는 해운 업황을 보여줍니다. 우선 수치와 최근 흐름을 확인해보세요.

　→ SCFI는 2847.62로 1월 이후 44.26% 하락, BDI 965는 2020년 이후 최저

② 두 지수가 이와 같이 변화한 원인을 찾아보세요.

→ 해운사들이 선박 수를 늘리고 있고, 경기 위축으로 물동량은 감소할 전망

③ BDI와 SCFI는 어느 상황에서 오르는지 정리해보세요.

→ 운항 선박이 줄거나 무역 수요가 활발해져 운임이 비싸지면 상승

∞∞∞∞∞∞∞∞∞

삼면이 바다면서 개방경제 체제인 한국에서 해운(海運) 산업은 '경제의 혈맥'으로 불린다. 우리나라 수출입 화물의 99.7%가 해상을 거쳐 운송되고 있다. 원유, 석탄, 철광석 같은 산업 원자재는 사실상 100%가 배로 들어온다.

해운업체들이 물건을 실어나른 대가로 받는 돈, 즉 운임(運賃)의 추이를 보면 해운사가 장사를 잘하고 있는지는 물론 경기 상황까지 엿볼 수 있다. 발틱운임지수(BDI)와 상하이컨테이너운임지수(SCFI)는 경제신문에서 자주 볼 수 있는 대표적인 해상운임지수다.

해운사들이 운영하는 배는 크게 컨테이너선과 벌크선으로 나눈다. 컨테이너선은 화물을 담은 컨테이너를 차곡차곡 쌓아 운반하는 배로, 수출입을 목적으로 하는 완제품 수송을 주로 맡는다. 벌크선은 화물을 포장하지 않고 덩어리(bulk)째 실어나르는 배로 철광석·곡물·석탄 등 원자재 운송에 많이 활용된다. 우리나라 해운사마다 주력 사업에도 차이가 있어 HMM은 컨테이너선, 팬오션은 벌크선에 집중하고 있다.

BDI는 벌크선 업계의 상황을 보여주는 운임지수다. 영국 런던에 있는

발틱해운거래소가 세계 26개 주요 항로의 벌크선 운임과 용선료(선박을 빌리는 비용) 등을 종합해 산출한다. 1985년 1월 4일의 가격을 1,000으로 잡고 특정 시점의 벌크선 운임 수준을 숫자로 보여준다.

SCFI는 컨테이너선 시장을 대표하는 운임지수다. 중국 상하이해운거래소가 상하이에서 출발하는 15개 주요 노선의 컨테이너선 운임을 토대로 산출한다. 2009년 10월 16일의 가격을 기준점인 1,000으로 삼고 있다.

해운업은 경제가 활발하게 돌아가면 함께 호황을 누리지만 반대의 경우 동반 타격을 입는 구조다. 해운사가 보유한 선박 수는 단기간에 쉽게 늘릴 수 없기 때문에 배를 찾는 사람이 많아지면 운임이 치솟을 수밖에 없다. 반대로 수요가 줄더라도 해운사들로선 배를 놀리기보다 어떻게든 돌리는 게 낫기 때문에 운임을 인하하게 된다. 해운 물동량이 감소하면 생산에 필요한 원자재와 판매를 앞둔 완제품이 국가 간에 덜 오간다는 의미인 만큼 세계 경제에 좋지 않은 신호다. 그래서 BDI와 SCFI는 경기 선행지표 역할도 한다.

항공업계에도 세계 주요 노선의 화물 운임을 종합한 지수가 있다. 발틱해운거래소가 발표하는 발틱항공화물운임지수(BAI)인데 홍콩의 TAC인덱스라는 업체와 제휴하고 있어 이른바 TAC지수로도 불린다. 국내 경제 뉴스에서는 홍콩에서 북미로 가는 노선의 운임에 주목한다.

필라델피아 반도체지수
(Philadelphia Semiconductor Index)

필라델피아증권거래소가 산출하는 반도체 업종 지수.
미국에 상장된 30대 반도체 기업의 주가를 토대로 산출한다.

"PC 판매 확 줄어든다"…미국 반도체株 와르르

지난달 패닉장 속에 미국 반도체주가 큰 타격을 입었다. 전체 시장과 비교해 주가 하락세가 더 가팔랐다. 반도체 업황에 대한 우려가 낙폭을 키웠다는 분석이다. 전문가들은 향후 글로벌 반도체 기업들의 공급 조절 전략과 거시경제 환경 변화에 의해 반등 시점이 결정될 것으로 보고 있다.

지난달 한 달 동안 미국 필라델피아 반도체지수는 12% 넘게 떨어졌다. 엔비디아(-12.9%), AMD(-23.0%), 인텔(-18.9%), 마이크론(-12.6%) 등 미국 반도체 기업의 주가는 일제히 하락했다. 미국 중앙은행(Fed)의 매파적 기조로 증시가 전반적으로 하락한 것을 감안해도 낙폭이 크다. 미국

S&P500지수와 나스닥지수는 같은 기간 각각 9.6%, 10.3% 떨어졌다.

반도체 업황에 대한 우려가 가파른 하락세를 초래했다는 분석이다. 지난달 29일 미국 사모투자사 서스쿼하나는 PC 판매 둔화가 기업으로 확대되고 있다고 발표했다. 크리스토퍼 롤런드 서스쿼하나 애널리스트는 "노트북과 PC 출하량이 현재 전년 대비 각각 20%, 17% 감소했다"며 "엔비디아, AMD 등 반도체 기업의 실적 전망을 하향 조정한다"고 했다. 발표 당일 필라델피아반도체지수는 3.3% 떨어져 지난달 두 번째로 큰 하락 폭을 보였다.

최세영 기자, 〈한국경제〉, 2022.10.4

① **필라델피아 반도체지수의 최근 흐름을 확인해보세요.**

→ 한 달 동안 12% 하락, S&P500지수와 나스닥지수보다 더 떨어짐

② **지수가 이와 같이 변동한 원인은 무엇일까요.**

→ 반도체 업황과 기업 실적에 대한 부정적 전망이 반영

③ **국내 증시에는 어떤 영향을 미칠지 생각해보세요.**

→ 삼성전자·SK하이닉스 등 국내 반도체주 주가에도 부정적

반도체는 웬만한 가전제품에 들어가지 않는 곳이 없고 인공지능(AI), 전기차, 5G 같은 미래 산업에서 쓰임새가 갈수록 커지는 물건이다. 한국 전체 수출의 20%를 차지한다는 점에서 우리 경제의 대들보이기도 하다.

반도체 산업의 분위기를 파악하는 방법은 여러 가지다. 우선 시장에서 거래되는 제품값, 즉 현물 가격은 현재 수급 상황을 보여준다. PC용으로 쓰는 D램과 저장장치에 들어가는 낸드플래시의 가격은 시장조사업체를 통해 주기적으로 공개된다. 주식시장에서 반도체 기업이 어떤 평가를 받고 있는지에 주목할 수도 있다. 반도체 업체 주가를 얘기할 때 빠지지 않고 등장하는 지표가 필라델피아 반도체지수다.

필라델피아 반도체지수는 미국 동부 필라델피아증권거래소가 1993년부터 산출하고 있는 업종 지수다. 미국에 상장된 반도체 설계·유통·제조·판매 관련 기업 중 시가총액이 가장 큰 30개 종목을 뽑아 지수화한 것이다. 쉽게 말해 30대 반도체 기업의 가치를 보여주는 지수다. 분기마다 편입 종목을 조정하고, 한 회사 비중이 8%를 넘지 않게 골고루 반영하는 점이 특징이다. 엔비디아·AMD·인텔·퀄컴·마이크론·브로드컴 등 주요 업체가 모두 포함돼 있다. 필라델피아 반도체지수에 따라 수익률이 결정되는 ETF에 투자한다면 이들 기업 주식에 손쉽게 분산 투자하는 효과가 있다.

반도체는 크게 정보를 단순 저장하는 메모리반도체와 데이터 해석·계산을 처리하는 비메모리반도체로 나눈다. 메모리반도체는 한국 업체가 주도하고 있지만 비메모리반도체는 미국 업체들이 이끌고 있다. 그중에서도 특히 필라델피아 반도체지수에 편입된 업체들의 장악력이 높다.

삼성전자와 SK하이닉스는 한국에 상장했기 때문에 필라델피아 반도체지수에선 빠져 있다. 다만 세계 반도체 업황을 보여주는 지수인 만큼 국내 업체 주가에도 나침반 역할을 한다.

필라델피아 반도체지수가 경기의 선행지표가 될 수 있다는 연구 결과도 있다. 옥스퍼드이코노믹스에 따르면 이 지수는 미국 제조업 경기를 보여주는 공급자관리협회(ISM) 제조업 지수를 3개월 정도 앞서 움직이는 것으로 조사됐다.

공포지수

시카고옵션거래소(CBOE)가 발표하는 변동성지수(VIX).
주가가 급변할 때 상승한다.

"공포를 산다"…VIX 상품에 베팅하는 '불개미'

미국 중앙은행(Fed)의 금리 인상으로 글로벌 증시의 변동성이 날로 커지고 있다. 공격적인 투자자들은 이런 장세에도 수익을 내기 위해 틈새 투자처를 찾고 있다. 시장의 '공포'를 반영하는 시카고옵션거래소(CBOE)의 변동성지수(VIX)에 연동된 상장지수펀드(ETF)·상장지수증권(ETN)에 투자해 '공포를 사는 투자'에 나서고 있다.

VIX는 우크라이나전쟁 시작 직후인 3월 7일 36.45까지 뛰면서 연중 고점을 찍었다. 이후 안정세를 보이다가 미국의 금리 인상과 맞물려 상승과 하락을 반복하고 있다. Fed가 '자이언트스텝'(기준금리 0.75%포인트 인상)을 밟은 지난 6월 다시 오름세를 보였다. 금리 인상을 앞두고 지난달

13일 34.02까지 치솟았다.

VIX가 상승하면서 이에 기반한 ETF·ETN 상품은 최근 증시 혼조세에도 수익을 내고 있다. VIX를 1.5배 추종하는 ETF인 '프로셰어즈 울트라 VIX 단기선물 ETF(UVXY)'는 최근 1개월(6월 6일-7월 1일)간 6.15% 수익률을 기록했다. ETN 상품인 '바클레이스 아이패스 시리즈B S&P500 VIX 단기선물 ETN(VXX)'도 2.32% 수익을 거뒀다.

전문가들은 VIX 상품에 투자할 때는 반드시 '단기 투자'라고 조언한다. VIX 관련 상품들은 모두 선물 관련 상품에 투자하기 때문에 롤오버(선물 재매수)가 필요하다. 오랫동안 들고 있다면 롤오버 비용이 누적돼 이익은커녕 손실이 발생할 수 있다. 미래에셋증권에 따르면 2017년 VIX가 14.1% 하락하는 동안 VIX ETN 상품은 평균 70.6% 떨어졌다.

배태웅 기자, 〈한국경제〉, 2022.7.6

① 공포지수로 불리는 VIX의 수치와 최근 흐름을 확인해보세요.

→ 시장의 불확실성이 높아질 때 오름세를 타면서 34.02까지 상승

② VIX를 활용해 투자하는 방법은 무엇인지 정리해보세요.

→ VIX의 움직임에 따라 수익률이 결정되는 ETF나 ETN에 투자

③ VIX 관련 상품에 투자할 때 주의할 점은 무엇일까요.

→ 공격적 투자자에 맞는 고위험 상품, 장세에 대응한 단기 투자에 적합

평소에는 잘 안 보이다가 미국 증시가 출렁이는 날에는 꼭 경제신문을 장식하는 지수가 있다. '공포지수'라는 별명으로 훨씬 유명한 시카고옵션거래소 변동성지수(VIX·Volatility Index)다. VIX는 시카고옵션거래소(CBOE)에 상장된 S&P500 지수옵션의 향후 30일간 변동성에 대한 시장의 기대를 나타낸 지수다.

옵션은 위험을 회피할 목적으로 사고파는, 일종의 보험과 비슷한 파생상품이다. 증시 변동성이 커지면 옵션을 찾는 투자자가 늘면서 옵션이 비싸지고 VIX가 상승하는 원리다. 통상 주가 변동 폭은 급등장보다 급락장에서 크기 때문에 VIX는 주가 하락을 더 민감하게 반영한다.

일반적으로 VIX가 20을 넘어가면 투자자들의 불안감이 조금씩 커지는 단계로 본다. 30을 넘어서면 이런 심리가 심해진 상태로 간주한다. VIX의 역대 최고 기록은 2020년 3월 16일 82.69였다. 이날은 코로나가 급속히

공포지수, 어떻게 해석해야 하나

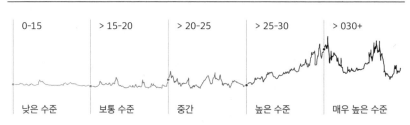

0-15	> 15-20	> 20-25	> 25-30	> 030+
낮은 수준	보통 수준	중간	높은 수준	매우 높은 수준

*자료: S&P

확산하면서 세계 주식시장이 대폭락을 맞은 시기다. 코로나가 어느 정도로 치명적인 병인지, 백신을 만들 수는 있는 건지, 경제 충격이 어디까지 갈지 누구도 선뜻 예측하지 못하던 때다.

다만 시장의 공포는 영원히 지속되지 않는 법이다. 시간이 흘러 변동성이 다시 낮아지면 VIX도 제자리로 돌아가게 마련이다. 다른 나라 증시에도 비슷한 공포지수들이 있다. 유럽의 VSTOXX, 영국의 VFTSE, 독일의 VDA, 한국의 VKOSPI, 일본의 VNKY 등인데 아무래도 VIX만큼 존재감이 크진 않다.

MSCI 선진국지수가 뭐길래
외국인에게 매력 부족?…… 번번이 '입구컷' 당하는 한국

대한민국은 선진국일까, 개발도상국일까. 국내총생산(GDP)은 세계 10위, 무역액은 세계 6위이고 1인당 국민총소득(GNI)은 3만 달러를 넘어섰다. 경제적 위상은 여러모로 선진국 반열에 오른 지 오래다. 하지만 국제 자본시장에서는 선진국 대접을 온전히 받지 못하고 있다. 한국 증시의 숙원인 'MSCI 선진국지수' 편입이 번번이 불발되는 것이 단적인 사례다.

MSCI 지수란 미국 모건스탠리의 자회사 모건스탠리캐피털인터내셔널(MSCI)이 1969년 만든 세계 주가지수다. 국가마다 S&P500, FTSE100, 닛케이225 등 유명한 주가지수가 있지만 만드는 방법이 제각각이다. 여러 국가에 분산 투자하는 해외 기관투자가들의 의사결정을 돕기 위해 MSCI가 글로벌 차원의 또 다른 지수를 설계한 것이다.

MSCI는 주식시장의 발전 단계에 따라 국가별로 그룹을 분류해 선진국지수, 신흥국지수, 프런티어지수를 산출한다. 이 중 선진국지수에는 미국, 일본, 호주, 싱가포르 등 23개국이 포함됐다. 한국은 중국, 인도, 대만, 브라질 등 27개국과 함께 신흥국지수에 들어가 있다.

선진국지수 편입은 한국 증시의 오랜 희망사항이었다. MSCI는 1992년 한국을 신흥국지수에 처음 포함시켰다. 2008년 선진국지수 승격 후보(관찰대상국)로 지정했다가 6년 뒤인 2014년 제외했다. 2022년에는 한국 정부가 선진국지수 편입을 MSCI에 공식 요청하고 적극적으로 뛰었음에도 관찰대상국 재지정에 실패했다. 다시 후보에 오르고 선진국지수에 편입되려면 아무리 일러도 2025년에야 가능하다.

일개 미국 회사가 만든 지수가 뭐 그리 대수냐는 질문이 나올 수 있다. 하지만 MSCI 지수를 참조해 투자 결정을 내리는 패시브 펀드 자금이 2020년 말 기준 14조 5,100억 달러에 달한다. 선진국지수(12조 1,050억 달러)를 벤치마크로 삼는 자금이 신흥국지수(2조 4,050억 달러)보다 압도적으로 많다. 우리나라가 신흥국지수에서 선진국지수로 이동하면 지금보다 훨씬 많은 외국인 투자금이 한국 증시로 흘러들어와 주가를 상승시키는 효과를 기대할 수 있다.

한국이 MSCI의 여러 평가기준 중 '시장 접근성' 항목에서 낮은 점수를 받는 것이 원인으로 지목된다. 외국인 투자자를 위한 영문 공시를 제공하지 않는 등 정보 제공이 부족하고, 달러를 환전할 수 있는 외환시장이 24시간 열리지 않는 점도 문제로 지적됐다. 코스피200과 코스피150 종목에 한해서만 공매도를 허용하는 것도 세계 표준에 맞지 않는다는 게 해외의 시각이다. 다만 정부로서는 MSCI 요구를 한꺼번에 다 받아들이면 시장의 안정성을 위협할 수 있기 때문에 상황을 지켜보며 단계적인 제도 개선을 추진할 것으로 예상된다.

MSCI 지수와 함께 세계 양대 투자지표로 꼽히는 FTSE 지수에서는 한국을 선진국으로 분류하고 있다. FTSE 지수는 영국 경제지 〈파이낸셜타임스〉와 런던증권거래소가 공동 설립한 FTSE인터내셔널이 발표하는 지수다. 미국계 펀드는 MSCI 지수를, 유럽계 펀드는 FTSE 지수를 많이 참고한다.

intro

동학개미운동을 계기로 국내 주식 투자자 수는 두 배가 됐다. 한국예탁결제원 통계를 보면 상장사 주식을 한 주 이상 보유한 사람은 2019년 말 618만 7,021명에서 2021년 말 1,384만 2,667명 늘었다. 그런데 주식 하는 사람은 많아졌어도 주식으로 돈 벌었다는 사람을 보기가 쉽지 않다. 개미들이 뭔가 잘못하고 있는 걸까. 증시에 투자하는 다양한 방법과 기본 원칙을 살펴보고, 저평가된 종목을 찾는 데 활용하는 분석 지표도 함께 알아보자.

12장

___

주식

포트폴리오 (portfolio)

투자 위험을 줄이기 위해 특성이 다른 여러 자산에 분산투자하는 것.
또는 분산투자한 상품의 묶음을 가리키는 말.

하락장서 입증된 분할매수의 힘…"올해도 적립식 활용을"

2008년 금융위기 이후 최악의 성적표로 한 해를 마감한 지난해 증시에서도 '분산의 힘'은 유효했다. 다달이 분할 매수한 투자자는 연초에 목돈을 넣은 이들에 비해 손실 폭이 절반 이하에 그친 것으로 나타났다.

9일 SK증권에 따르면 지난해 미국 3대 주가지수를 추종하는 상장지수펀드(ETF)를 적립식으로 매수했을 때 수익률이 지수 상승률을 크게 웃돌았다. 다우지수를 따라 움직이는 'SPDR 다우존스산업평균 ETF'(종목코드 DIA) 수익률은 -8.6%를 기록했다. 같은 기간 S&P500지수를 좇는 'SPDR S&P500 ETF'(SPY)는 -19.4%, 나스닥100지수를 반영하는 '인베

스코 QQQ ETF'(QQQ)는 -32.8%였다.

이들 ETF를 매달 첫 영업일(통상 1일) 분할 매수했을 때 수익률은 DIA 0.3%, SPY -7.5%, QQQ -16.0%로 나타났다. 손실 폭이 크게 줄어든 것은 물론 경우에 따라 플러스 수익률도 가능했다는 얘기다.

SK증권은 지난해 세계 주요 주가지수가 고점과 저점을 낮춰가며 지속적으로 하락해 '저가 매수(buy the dip)' 전략이 통하지 않았다고 분석했다. 적립식 매수 기법을 선택한 투자자들은 손실 규모를 제한할 수 있었다고 설명했다. 분할 매수는 하락장에서 '방어'에 강한 전략이다. 상승장에서는 적립식의 성과가 시장 평균을 밑돌게 된다.

임현우 기자, 〈한국경제〉, 2023. 1. 10

① **분산투자했을 때와 그렇지 않았을 때 수익률을 비교해보세요.**

→ 다우지수의 연간 수익률은 -8.6%, 매달 분할 매수했다면 +0.3%

② **분산투자의 장점과 단점은 무엇인지 정리해보세요.**

→ 하락장에서 손실 방어에 유리, 상승장에서는 수익률이 낮아짐

③ **투자처를 분산하는 더 다양한 방법을 생각해보세요.**

→ 매수 시점뿐만 아니라 투자하는 기업이나 업종도 다양화할 수 있음

"계란을 한 바구니에 담지 말라." 투자에 관심이 없는 사람들도 한 번쯤 들어봤을 유명한 투자 격언이다. 계란을 한곳에 몰아서 보관하면 실수로 떨어뜨렸을 때 전부 깨질 수 있듯, 투자할 때도 '몰빵'하지 말라는 얘기다. 이 말을 남긴 사람은 포트폴리오(portfolio) 이론을 정립한 공로로 1981년 노벨경제학상을 받은 제임스 토빈 예일대 교수다. 포트폴리오란 투자 위험을 줄이기 위해 특성이 다른 여러 자산에 분산투자하는 것을 말한다.

전문가들이 왜 포트폴리오를 강조하는지 조금 딱딱한 이론으로 설명해보겠다. 주식 투자자가 노출되는 위험은 체계적 위험(systematic risk)과 비체계적 위험(unsystematic risk)으로 나눌 수 있다. 체계적 위험은 환율 변동, 물가 상승, 정치적 사건 등 거시경제 차원의 문제다. 비체계적 위험은 사업 실패, 유동성 위기, 경영진 교체 등 특정 기업 차원의 문제다. 여러 종목에 분산투자하면 비체계적 위험만큼은 확실히 낮출 수 있다. 업종과 국가를 다양화하는 것은 기본이고, 한번 짠 포트폴리오를 방치하지 말고 틈틈이 바꿔주는 것도 중요하다. 포트폴리오에 넣은 자산 비중을 조정하는 작업을 리밸런싱(rebalancing)이라 한다.

"빚내서 주식하면 안 된다"라고 그렇게들 말려도 많은 개미들이 대박의 꿈을 좇아 '빚투'에 나선다. 빚투는 상승장에서는 레버리지 효과(leverage effect)에 힘입어 쏠쏠한 수익률을 올릴 수 있다. 내 돈(자기자본) 투입을 최소화하고 남의 돈(부채)을 적극 활용함으로써 실질적인 수익률을 극대화하는 것을 말한다. 문제는 주식이 항상 오르진 않는다는 것이다.

빚투의 최대 리스크는 주가가 하락할 때 생기는 반대매매(liquidation)다.

증권사들은 투자자에게 주식 매수자금을 빌려주는 신용거래융자를 운영한다. 빚으로 산 주식은 증권사에 담보로 맡겨두는데, 주식 가치가 대출액에 비해 일정 수준 이상으로 유지돼야 한다. 이 조건을 담보유지비율이라 하며 국내에선 통상 140%다. 주가가 떨어져 담보유지비율을 맞추지 못하면 증권사는 돈을 더 채워 넣으라고 요구한다. 여기에 응하지 못하면 증권사는 담보로 잡아둔 주식을 투자자 의사와 관계없이 강제로 팔아버린다.

100% 내 돈으로 투자했다면 주가가 하락해도 오랫동안 버티며 반등을 기다릴 수 있다. 하지만 외상으로 샀다가 반대매매를 당하면 이런 기회조차 날아간다. 반대매매가 늘어나면 애꿎은 다른 투자자들도 피해를 보게 된다. 주식 물량이 늘어나 주가를 더 떨어뜨리기 때문이다.

펀드/ETF (fund/Exchanged Traded Fund)

펀드는 여러 사람에게서 돈을 모아 다양한 자산에 투자하고 수익을 나눠주는 상품.
상장지수펀드(ETF)는 펀드를 거래소에 상장시켜 주식처럼 거래할 수 있도록 한 상품.

"명품매장 매일 줄선다"…웃음꽃 핀 럭셔리 펀드

명품업체에 투자하는 '럭셔리 펀드'가 시장 평균을 웃도는 수익률을 내고 있다.

6일 에프앤가이드에 따르면 'HANARO 글로벌럭셔리S&P' 상장지수펀드(ETF)는 올 들어 16.81% 올랐다. 'IBK럭셔리라이프스타일'의 같은 기간 수익률은 15.56%였다. 이들 펀드를 사면 까르띠에, 루이비통, 에르메스, 벤츠, 구찌 등에 분산 투자하는 효과가 있다. 두 상품은 편입 비중이 가장 높은 5대 종목이 리치몬트, 루이비통모에헤네시(LVMH), 에르메스, 메르세데스벤츠, 케어링 순으로 동일하다.

다른 럭셔리 펀드들도 좋은 성과를 내고 있다. '에셋플러스글로벌 리치투게더'와 '삼성픽테프리미엄브랜드'의 연초 대비 수익률은 각각 14.20%, 11.61%를 기록했다. 같은 기간 미국 S&P500지수(8.17%)와 유럽 유로스톡스50지수(10.42%)의 상승률을 웃돌았다.

명품업체들은 부유층을 충성 고객으로 거느리고 있어 일반 소비재에 비해 경기를 덜 타는 편이다. 지난해 상반기에는 세계적 물가 상승과 공급망 문제, 러시아의 우크라이나 침공 등 악재가 잇따르면서 이들 기업 주가도 평균 30% 이상 빠졌다. 하지만 하반기 들어 강하게 반등하며 '방어력'을 입증했다.

자산운용업계 관계자는 "세계적 명품 기업은 대부분 유럽 증시에 상장돼 있어 개인 투자자에게는 미국 주식에 비해 접근하기 어려울 수 있다"며 "펀드나 ETF를 활용한 간접 투자는 좋은 대안"이라고 설명했다.

임현우 기자, 〈한국경제〉, 2023.2.7

① **펀드를 통한 간접투자는 직접투자에 비해 어떤 장점이 있을까요.**

→ 개인이 접근하기 힘든 해외 주식을 포함해 여러 종목에 손쉽게 분산투자 가능

② **이 펀드가 높은 수익률을 올린 이유를 파악해보세요.**

→ 펀드 안에 담고 있는 명품 업체들 주가가 상승했기 때문

③ **펀드에 투자할 때 주의해야 할 다른 포인트도 생각해보세요.**

→ 어떤 종목들을 담느냐에 따라 수익률이 천차만별이 될 수 있음

자산에 투자하는 방법은 크게 직접투자와 간접투자로 나눌 수 있다. 해외 반도체기업 주식에 투자하기로 결심했다고 하자. 내가 마음에 드는 반도체 종목을 골라 직접 주식을 매매할 수도 있고, 반도체 종목을 포함하고 있는 펀드(fund)에 가입할 수도 있다. 전자가 직접투자, 후자가 간접투자다. 두 방식은 각각 장단점이 있다.

직접투자는 주식 거래 수수료 외에 비용이 많이 들지 않고, 뜰 종목만 잘 고르면 '대박' 수익률을 기대할 수 있다. 문제는 시장의 큰손인 외국인과 기관에 비해 개인은 자본력과 정보력에서 밀리기 십상이란 점이다. 종잣돈이 적으니 여러 종목에 분산투자하기도 힘들다.

간접투자는 하루 종일 주식만 바라보는 전문가들이 투자를 대신해주는 게 장점이다. 물론 펀드매니저 능력도 천차만별이라 수익을 보장하진 않는다. 그래도 많은 투자자에게서 돈을 모아 다양한 종목에 분산하는 만큼 '묻지마 투자'로 쪽박 찰 위험은 줄어든다. 대신 전문가를 활용하는 대가로 수수료를 꼬박꼬박 떼어간다.

| 참고 |

공모펀드? 사모펀드?

펀드는 여러 사람에게서 돈을 모아 다양한 자산에 투자하고 수익을 나눠주는 상품을 말한다. 펀드는 크게 공모(公募)펀드와 사모(私募)펀드로 나눌 수 있다. 기준은 아주 간단하다. 투자금을 몇 명에게서 모았느냐. 50명 이상이면 불특정다수에게 판매했다고 판단해 공모펀드로, 49명까지는 소수의 제한된 투자자에게 판매했다고 판단해 사모펀드로 분류한다.

사모펀드는 투자 대상에 제한이 거의 없고 익명성이 보장된다. 최소 가입금액도 억대여서 고액 자산가나 전문 투자자들이 주로 찾는다. 공모펀드는 은행과 증권사를 통해 일반인에게 많이 팔기 때문에 투자자 보호 장치가 좀 더 엄격한 편이다.

펀드는 추구하는 투자 전략에 따라 액티브 펀드(active fund)와 패시브 펀드(passive fund)로 나눈다. 액티브 펀드는 시장 평균보다 높은 수익률을 목표로 삼는다. 펀드매니저가 적극 개입해 펀드에 담는 종목 구성을 수시로 조절하기 때문에 운용하는 사람의 능력이 성과를 가른다. 패시브 펀드는 특정 시장이나 지수와 동일한 수익률이 목표다.

패시브 펀드의 대표적 사례는 인덱스펀드(index fund)다. 코스피200, S&P500 등의 지수를 구성하는 종목을 펀드에 똑같은 비중으로 편입함으로써 시장을 완전히 '복제'하는 점이 특징이다. 펀드매니저가 하는 일이 많지 않기 때문에 수수료가 싸다. 워런 버핏 버크셔해서웨이 회장은 '인덱스펀드 전도사'로 유명하다. 분산투자 효과가 크고 수수료가 저렴한 인덱스펀드가 개인 투자자에겐 유리하다는 이유에서다.

ETF는 이런 펀드를 증시에 상장해 일반 주식 종목처럼 손쉽게 사고팔 수 있도록 한 것이다. 간접투자의 장점은 그대로면서 돈을 넣고 뺄 때 며칠씩 걸리는 펀드의 단점을 보완했다. 장단점을 비교해 어떤 투자 방식이 자신에게 맞는지를 찾는 것이 투자자에게 중요한 일일 것이다.

PER (Price Earnings Ratio)

현재 주가를 주당순이익(EPS)으로 나눈 값.
낮을수록 주가가 저평가됐다는 의미다.

외국인 올라탄 '농슬라'…대동·TYM 급등

'농슬라(농기계와 테슬라의 합성어)'로 불리는 농기계 관련주가 다시 급등세다. 19일 TYM은 7.71% 오른 2795원에 거래를 마쳤다. 대동도 6.06% 뛴 1만2250원에 마감했다. 이날 외국인은 TYM과 대동을 각각 24억원, 10억원어치 순매수했다.

TYM의 올해 영업이익 컨센서스(증권사 전망치 평균)는 전년 대비 252% 늘어난 1244억원이다. 대동의 영업이익도 64% 증가할 것으로 전망된다. 북미에서 한국산 중소형 트랙터 판매가 급증하는 것이 호실적의 배경이다. 유진투자증권에 따르면 TYM의 미국 매출 비중은 2019년 38.2%에서 지난 3분기 59.1%로 상승했다. 두 업체 모두 해외 시장을 공략하기 위해 생산능력(캐파)을 확대하고 있다.

밸류에이션(실적 대비 주가 수준)은 저평가돼 있다는 분석이다. 올해 예상 실적 기준 주가수익비율(PER)은 TYM 3.26배, 대동 5.81배다. 키움증권에 따르면 존디어, 구보타 등 글로벌 농기계 업체는 평균 11배에 거래되고 있다. 유진투자증권은 "PER이 3배인 TYM은 현저한 저평가 구간"이라고 설명했다.

TYM은 자율주행과 텔레매틱스 시스템이 장착된 트랙터를 개발하고 있다. 상용화에 성공하면 기업가치가 재평가될 것이란 분석이 나오고 있다. 대동은 농기계와 별도로 E-바이크(전기 이륜차) 사업을 확대하고 있다. LG에너지솔루션, 카카오모빌리티와 함께 배터리 교환형 E-바이크를 개발하고 있다.

박의명 기자, 〈한국경제〉, 2022. 12. 20

① PER은 무엇이고, 왜 계산하는 것인지 알아보세요.

→ 한 주당 순이익을 주가로 나눈 값, 주가의 적정성을 판단해보기 위해서

② 이 회사들의 PER 수치를 확인해보세요.

→ TYM 3.26배, 대동 5.81배

③ PER을 다른 기업과 비교해보고 의미를 정리해보세요.

→ 비슷한 사업을 하는 해외 업체들은 11배, 저평가 상태로 볼 수도 있음

1992년 1월 3일은 한국 주식시장에 외국인의 직접투자가 처음 허용된 날이다. 외국인들은 증시 개방 첫해 1조 5,803억 원 순매수를 시작으로 적극적으로 시장에 참여하기 시작했는데, 당시 국내 투자자들은 이들이 사용하는 생소한 투자기법에 놀랐다. 외국인이 주가수익비율(PER)이 낮은 종목을 콕콕 집어 쓸어 담으면 주가가 몇 배씩 뛰곤 했다. 이른바 '저(低)PER주 열풍'으로 불린 이 현상은 소문이나 감에 의존하지 않고 기업 분석을 토대로 투자하는 문화를 정착시켰다는 평가를 받는다.

기업가치와 적정 주가를 가늠하는 여러 지표 중 가장 유명한 것 하나만 고르자면 PER일 것이다. '피이알'이라 읽기도 하고 '퍼'로 읽기도 한다. PER는 주가를 주당순이익(EPS)으로 나눈 것이다. 쉽게 말해 주식 한 주가 이익에 비해 몇 배나 높게 팔리고 있는지를 나타낸다. 예를 들어 주가가 1,000원인데 EPS는 1만 원이면 PER는 10배가 된다.

| 참고 |

EPS(Earnings Per Share)

주당순이익(EPS)은 기업이 벌어들인 당기순이익을 그 기업이 발행한 주식 수로 나눈 값이다. 한 주당 이익이 얼마 났느냐는 뜻이다. 주식이 100주 유통되고 있는 회사가 1년 동안 100만 원의 순이익을 냈다면 EPS는 1만 원이 된다. EPS가 높을

> 수록 경영실적이 양호하고 주주에게 배당할 수 있는 여력도 많다는 의미다. 전문
> 가들은 EPS가 여러 해에 걸쳐 꾸준히 오르는 종목을 긍정적으로 본다.

PER는 가치투자의 창시자 벤저민 그레이엄(1894~1976)이 적극적으로 사용한 것으로 알려져 있다. PER가 낮을수록 저평가, 높을수록 고평가됐다는 뜻으로 통한다. 다만 이것은 절대평가가 아니고 상대평가다. 기업의 PER가 과거보다 높아졌는지 낮아졌는지, 혹은 같은 업종 평균치나 경쟁기업에 견줘 높은지 낮은지 등을 비교하는 것이다. 한국 주식시장 전체의 PER를 다른 나라 증시와 비교해 우리나라의 투자 매력도를 따질 수도 있다.

PER는 업종에 관계없이 폭넓게 적용할 수 있고, 선진국에서도 널리 쓰는 '검증된 지표'라는 게 장점이다. 대체로 역사가 길고 안정적인 이익을 내는 기업은 PER이 낮은 편이다. 고속 성장하는 벤처기업은 PER가 수십 배로 치솟기도 한다.

단점도 있기 때문에 과신해선 안 된다. 우선 분모를 이루는 EPS에 과거 실적을 넣느냐, 미래 추정치를 넣느냐에 따라 값이 완전히 달라질 수 있다. 또 순손실이 났을 땐 계산 자체가 불가능하다. 근래 이익을 많이 냈지만 향후 영업 전망이 불투명해 주가가 내렸어도 PER는 시장 평균보다 낮게 나올 수 있다. 우량기업을 골라내려면 PER와 함께 기업의 성장성, 업종 전망 등을 다각도로 분석할 필요가 있다.

PBR (Price on Book value Ratio)

현재 주가를 주당순자산(BPS)으로 나눈 값.
낮을수록 주가가 저평가됐다는 의미다.

모두가 "도대체 왜?" 했는데…버핏. 日 종합상사 투자도 '대박'

'투자의 귀재' 워런 버핏이 일본 종합상사에 투자한 지 2년도 안 돼 원금의 두 배를 벌어들였다. 글로벌 투자가들의 외면을 받던 일본 종합상사들도 덩달아 재평가받고 있다.

세계 주식시장이 코로나19 충격으로 휘청이던 2020년 8월 31일 버핏은 "지난 12개월 동안 일본 5대 종합상사의 주식을 5% 이상씩 사들였다"고 발표해 전 세계 투자가들을 놀라게 했다. 버핏이 이끄는 벅셔해서웨이는 미쓰비시상사와 이토추상사, 미쓰이물산, 스미토모상사, 마루베니 지분을 5.02~5.06% 보유했다고 공시했다.

2020년은 ESG(환경·사회·지배구조) 경영과 투자가 대세로 자리잡던 때였다. 종합상사와 같은 자원주는 철저히 외면받았다. 특히 코로나19 여파로 세계 경제가 침체에 빠지면서 원자재 가격이 하락하던 시기다. 자원이 주된 수익원인 종합상사의 수익과 주가는 모두 부진했다. 시장의 첫 반응도 '도대체 버핏이 왜?'였다.

하지만 버핏의 투자로부터 불과 1년8개월 만에 국제 원자재 가격은 급등세로 전환했다. 종합상사의 수익과 주가 역시 사상 최고 수준을 기록하고 있다. 버핏의 투자가 대박이 난 것은 물론이다. 하시즈메 고지 도쿄해상애셋매니지먼트 주식운용부장은 "상사주는 배당률이 높고 주가순자산배율(PBR)이 낮다"고 설명했다. 이토추상사를 제외한 4대 종합상사의 PBR은 0.7~0.8배에 그친다. 시가총액이 회사의 청산 가치보다 낮을 정도로 저평가돼 있다는 의미다.

정영효 기자, 〈한국경제〉, 2022.4.29

① PBR은 무엇이고, 어떤 의미인지 정리해보세요.

→ 한 주당 자산을 주가로 나눈 값, 주가를 자산 가치와 비교한 것

② PBR을 활용해 이 회사들의 투자 가치를 판단해보세요.

→ 0.7~0.8배, 시가총액이 회사를 청산할 때 가치보다 낮은 저평가 상태

③ 투자 결정을 내릴 때 고려해야 할 다른 포인트도 찾아보세요.

→ 원자재값에 따라 변동성이 클 수 있고 사업의 성장성은 높지 않음

기업 중에 수익은 많이 나지 않는데도 '알짜' 소리를 듣는 곳이 있다. 예를 들어 강남이 허허벌판일 때 사옥을 지었는데 그 땅값이 요즘 천정부지로 치솟았다거나, 오래전 다른 회사 지분을 사뒀는데 주가가 대박을 터뜨렸을 때다. 갖고 있는 자산만 팔아도 큰돈을 벌 수 있다는 얘기다. 이런 기업들의 특징은 주가순자산비율(PBR)이 낮다는 것이다.

PBR은 PER와 더불어 주가 분석에 널리 활용되는 지표다. PER가 순이익에 비해 주가가 저평가된 기업을 찾는 데 쓰인다면, PBR은 기업이 모아둔 자산의 가치에 비해 주가가 저평가된 기업을 찾는 데 쓰인다.

PBR은 현재 주가를 주당순자산(BPS)으로 나눠 구할 수 있다. 주식 한 주가 자산 가치에 비해 몇 배나 높게 팔리고 있는지를 뜻한다.

|참고|

BPS(Bookvalue Per Share)

주당순자산(BPS)은 기업의 순자산(총자산-부채)을 발행주식 수로 나눈 값이다. 순자산이 1억 원이고 주식이 1만 주 있다면 BPS는 1만 원이 된다. 기업의 '청산가치'로 이해하면 쉽다. 회사가 문을 닫으면 일단 빚부터 갚은 다음, 그래도 남은 자산은 회사의 주인인 주주들에게 돌려준다. 따라서 BPS는 기업을 청산할 때 주식 한 주당 가져갈 수 있는 자산의 가치라고 생각하면 된다.

알짜 자산을 많이 보유한 자산주에 투자하려면 PBR이 1배 미만인 주식을 고르면 된다. 현재 주가가 자산 가치조차 전부 반영하지 못한 저평가 상태라는 뜻이 될 수 있어서다. 예컨대 주가가 5,000원, BPS는 1만 원인 회사가 있다면 PBR은 0.5배다. 이것은 회사가 망했을 때 1만 원을 받을 수 있는 주식이 5,000원에 거래되고 있다는 의미다.

경제의 불확실성이 높아질 때는 실적을 장담하기 힘든 대형주 대신 '저(低) PBR주'를 사들이는 투자자가 늘어나기도 한다. PBR이 낮으면서 재무 상태와 실적까지 양호하다면 금상첨화다. 일반적으로 대규모 공장과 설비를 가동하는 '굴뚝 기업'일수록 PBR이 낮게 나오는 경향이 있다. 콘텐츠나 바이오처럼 유형자산이 많이 필요하지 않은 업종은 PBR이 높게 나타날 수 있다.

하지만 PBR이 1배 미만이라고 모두 우량한 자산주는 아니다. 개발되지 않은 땅은 많지만 용도 변경이 불가능하거나 담보로 잡혀 있다면 쓸모가 없다. 매출채권, 미수금 등 떼일 위험이 높은 자산이 많아도 마찬가지다. 또 자산 가치는 금리, 물가 등의 요인에 영향을 받는 만큼 PBR만 믿어선 곤란하다. PBR 말고도 여러 지표를 활용해 종합적인 판단이 필요하다는 이야기다.

EV/EBITDA

'EV/EBITDA'는 기업가치(EV)를 상각전영업이익(EBITDA)으로 나눈 값.
낮을수록 주가가 저평가됐다는 의미다.

러 전쟁에 다이아몬드값 급등…채광기업들 주가 '반짝반짝'

러시아의 우크라이나 침공으로 국제 다이아몬드 가격이 10년 만에 최고 수준으로 치솟고 있다. 러시아는 세계 다이아몬드 원석의 약 30%를 생산한다. 미국과 유럽 국가들이 러시아의 다이아몬드 채광기업을 경제 제재 대상에 포함하면서 공급 차질로 가격이 상승했다. 반면 러시아 외 다른 국가의 다이아몬드 채광기업들은 반사이익을 볼 것으로 전망되며 주가 상승에 대한 기대가 커지고 있다.

국제 다이아몬드 가격은 3월 말 기준 캐럿당 평균 230.3달러 수준에 거래되고 있다. 지난해 12월(214.2달러)과 비교하면 3개월 만에 7.56% 뛰었다. 2010년대 이후 최고점인 2012년 2월(234.8달러) 가격까지 근접했다. 미국 등 서방 국가가 러시아 최대 다이아몬드 생산 업체인 알로사에 제재를 가하면서 공급 우려가 커졌다.

다이아몬드 가격 급등을 이용한 투자 전략에도 관심이 쏠린다. 메리츠증권은 다이아몬드 산업 밸류체인 중 채광업체가 가장 큰 혜택을 받을 것으로 내다봤다. 제재 리스트에 오른 알로사 외 다른 채광업체로 수혜가 옮겨질 수 있다는 얘기다.

메리츠증권은 '톱픽'으로 영국 페트라다이아몬드(PDL)를 꼽았다. 다이아몬드 순수기업이라는 점에서 긍정적으로 평가했다. 런던증시에서 PDL은 연초 이후 67.5% 상승했다. 최근 주가가 많이 올랐지만 밸류에이션 매력도는 아직 크다는 설명이다. 정 연구원은 "다이아몬드 가격이 최고점을 기록한 2011~2012년 PDL의 멀티플(12개월 선행 EV/EBITDA)은 평균 14.2배에 책정됐다"며 "현재는 2.5배로 10년 전보다 80% 이상 낮은 수준에서 거래되고 있기 때문에 밸류에이션 재평가가 이뤄질 것"이라고 분석했다.

설지연 기자, 〈한국경제〉, 2022. 4. 1

① EV/EBITDA는 무슨 의미인지 정리해보세요.

→ 기업가치가 영업활동을 통해 창출한 이익의 몇 배인지를 보여줌

② EV/EBITDA를 활용해 이 회사의 투자 가치를 판단해보세요.

→ 10년 전 14.2배→현재 2.5배, 80% 낮아져 저평가 상태로 볼 수 있음

③ 투자 결정을 내릴 때 고려해야 할 다른 포인트도 찾아보세요.

→ 다이아몬드값 상승의 수혜가 기대되지만 주가가 이미 많이 오른 점은 부담

∞∞∞∞∞∞∞∞∞∞

당신은 어느 날 애플과 아마존 중 하나를 인수하기로 마음먹었다. 어마어마한 부자여서 가격은 신경쓰지 않아도 된다. 그런데 애플을 사면 투자금을 5년 안에 회수할 수 있고, 아마존은 10년이 걸린다고 하자. 어떤 기업을 인수하겠는가? 당연히 애플일 것이다. 저평가 종목을 고르는 또 다른 기준인 EV/EBITDA는 이처럼 인수합병(M&A)의 원리를 응용해 기업의 적정 주가를 판단할 수 있도록 도와준다. 한글로 대체할 마땅한 표현이 없어 그냥 소리 나는 대로 '이브이 에비타'라고 읽으면 된다.

분자에 있는 EV(Enterprise Value)는 기업가치를 뜻한다. 기업의 시가총액에서 순부채(차입금-현금성자산)을 더하면 구할 수 있다. EV는 이 회사를 인수하려면 얼마가 필요한지를 뜻한다. 부채를 더하는 이유는 기업을 인수할 때 빚도 함께 떠안기 때문이다.

분모에 있는 EBITDA(Earnings Before Interest, Taxes, Depreciation and Amortization)는 기업이 영업활동으로 벌어들인 현금 창출 능력을 나타낸 숫자다. 원칙적으로 이자비용과 법인세를 공제하기 전 이익에서 감가상각비와 무형자산상각비를 더해 구한다. 편의상 영업이익과 감가상각비의 합으로 계

산한다. 감가상각비는 실제 지출 없이 회계장부에만 잡히는 비용이므로, 실질적인 영업력을 보다 잘 파악하기 위해 다시 더하는 것이다.

EV를 EBITDA로 나누면, 기업가치가 순수 영업활동을 통해 창출한 이익의 몇 배인지가 나온다. 이는 곧 기업을 인수했을 때 투자원금을 몇 년 만에 회수할 수 있느냐는 뜻이 된다. 따라서 EV/EBITDA가 낮은 기업일수록 저평가됐다고 볼 수 있다. 주가는 낮은데(EV↓) 영업은 잘 한다(EBITDA↑)는 뜻이어서다.

당기순손실이 발생하면 계산 자체가 불가능한 PER과 달리 EV/EBITDA는 적자가 났을 때도 계산할 수 있다. 감가상각 방식, 법인세, 금융비용 등의 영향을 배제하기 때문에 다른 나라 기업과 비교하기 쉽다는 것도 장점으로 꼽힌다. 하지만 EV를 산정할 때 자회사, 자사주, 비영업자산 등 까다로운 부분이 많은 건 약점이다. 재무건전성의 중요 요소인 이자비용 등을 무시하고 있다는 점도 한계라 할 수 있다.

ROE (Return On Equity)

_____
_____

당기순이익을 자기자본으로 나눈 값. 높을수록 좋다.

트러스톤, 태광산업에 경고장…"과거로 회귀 안돼"

주주행동주의를 표방하고 나선 트러스톤자산운용이 태광산업에 주주가치 제고를 요구하는 주주서한을 보냈다. 트러스톤은 이호진 전 태광그룹 회장이 만기 출소한 이후 회사의 ESG(환경·사회·지배구조) 경영이 후퇴할 조짐을 보이자 행동에 나섰다. 태광산업은 1조3000억원의 현금성 자산을 보유한 '알짜 기업'이지만 주주가치 훼손과 오너 리스크가 장기화하면서 자산가치보다 낮은 평가를 받고 있다.

태광산업은 주가가 주당 100만원이 넘는 '황제주'로 불린다. 하지만 배당에는 소극적이다. 지난해 당기순이익이 3183억원으로 전년 대비 두 배 늘었으나 배당금은 주당 1750원을 지급하는 데 그쳤다. 배당성향(순이익 중 배당금 비율)이 0.46%에 불과하다.

금융상품을 포함한 현금성 자산은 1조3640억원에 달한다. 시가총액(1조1769억원)을 훌쩍 넘어선다. 그런데 쌓아둔 현금을 재투자하지 않으면서 자기자본이익률(ROE)은 8.77%에 머물고 있다. 트러스톤이 신규 사업에 대한 검토 결과를 공유할 것을 요청한 이유다.

'오너 리스크'까지 겹치면서 태광산업의 주가수익비율(PER)은 3.62배에 머물고 있다. 3년6개월 만에 시가총액 전체를 벌어들일 수 있을 정도로 저평가돼 있다는 의미다. 장부상 순자산가치를 나타내는 주가순자산비율(PBR)도 0.22배에 그친다.

박의명 기자, 〈한국경제〉, 2022. 3. 24

① **ROE는 무슨 의미인지 정리해보세요.**

→ 기업이 자기자본을 활용해 얼마나 많은 이익을 창출했는지를 뜻함

② **ROE를 활용해 이 회사의 투자 가치를 판단해보세요.**

→ 8.77%, 자산을 많이 쌓아놓고 있지만 효율적으로 투자하지 못하고 있음

③ **투자 매력도를 가늠할 수 있는 다른 지표도 확인해보세요.**

→ PER 3.62배, PBR 0.22배, 배당성향 0.46%

'투자의 귀재' 워런 버핏은 자기자본이익률(ROE)이 15% 이상인 기업에 투자하는 것을 원칙으로 삼았다. '전설의 펀드매니저' 존 템플턴은 ROE가 3년 이상 10%를 넘는 기업은 무조건 사라고 했다. 투자 천재들은 왜 ROE를 강조했을까.

ROE는 당기순이익을 자기자본으로 나눈 비율이다. 예컨대 자기자본 1,000원인 회사가 1년 동안 순이익 100원을 벌었다면 ROE는 10%다. 여기서 자기자본은 기업의 총자본에서 부채를 뺀 것으로, 갚을 의무가 없는 회사 고유의 재산을 말한다. 따라서 ROE는 기업이 빚을 제외한 자기 돈으로 얼마나 많은 이익을 창출했는가를 의미한다. 주식회사의 자기자본은 주주들 몫이기 때문에 ROE가 높은 기업은 주주에게 많은 이익을 안겨준다.

ROE가 높을수록 경영을 잘 한다는 뜻이고, 주가도 비싼 경향이 있다. 국내 코스피 상장사의 평균 ROE는 10%를 넘지 못하고 있다. 적자를 보는 곳도 있고, 자본금은 많지만 이익은 적은 곳이 많아서다. 버핏이나 템플턴의 눈높이에 맞을 만한 회사는 생각처럼 많지 않다는 얘기다. 만약 ROE는 그대로거나 떨어졌는데 주가는 계속 오른다면, 경영 성과에 비해 주가가 과대평가됐다고 해석할 수도 있다.

ROE를 끌어올리려면 분자를 늘리고(순이익↑) 분모를 줄이면(자기자본↓) 된다. 통상적으로 기업의 이익이 늘면 ROE도 올라간다. 하지만 자기자본의 증가속도가 더 빠르다면 ROE는 낮아지는 현상이 벌어질 수도 있다. ROE를 떨어뜨리는 요인 중 하나는 기업이 벌어들인 이익을 효율적으로 사용하지 못할 때다. 자기자본에는 이익잉여금도 포함되는데, 기업이 이익잉여금을 투자나 배당에 쓰지 않고 쌓아두기만 하면 자기자본이 비대해져 ROE가 하락하게 된다.

배당 (dividend)

기업이 올린 이익의 일부를 주주들에게 나눠주는 것.

위기의 인텔…16년 만에 배당금 최소

미국 반도체 기업 인텔이 분기 배당금을 16년 만에 최소 수준으로 줄이기로 했다.

실적 부진을 만회하기 위해서다. 인텔은 오는 6월 1일 지급할 분기 배당금을 주당 12.5센트(약 162원)로 줄인다고 22일(현지시간) 발표했다. 최근 분기 배당금(주당 36.5센트)에서 65% 삭감된 액수다. 2007년 이후 16년 만에 가장 적은 분기 배당금이다.

팻 겔싱어 인텔 최고경영자(CEO)는 "1992년부터 분기 배당금 지급을 시작한 이후 우리는 주주들에게 800억달러가량 환원해 왔다"며 "이번에 이사회는 2000년대 들어 처음으로 배당금을 줄이는 것을 두고 많이 고민했으며, 시간이 지나면 배당금을 다시 늘릴 계획"이라고 설명했다. 이번 결정으로 인텔의 배당수익률은 5.6%에서 1.9%로 낮아졌다. 그럼에도 S&P500 기업의 평균인 1.65%보다는 높다.

인텔의 배당금 삭감은 예상된 수순이라는 게 미국 월스트리트의 평가다. 인텔이 재무적 압박에 시달리면서 전사적인 비용 절감을 이어오고 있어서다. 인텔의 지난해 4분기 매출은 140억달러, 영업손실은 7억달러로 50년 만에 최악의 분기 실적을 냈다. 작년 연간 매출은 전년보다 20%, 순이익은 60% 감소했다. 인텔 주가는 2021년 겔싱어가 CEO에 오른 뒤 고점 대비 60% 이상 빠졌다.

김리안 기자, 〈한국경제〉, 2023. 2. 24

① 배당이란 무엇이고, 이 회사는 얼마를 지급하는지 정리해보세요.

→ 기업 이익의 일부를 주주에게 나눠주는 것, 인텔은 주당 12.5센트로 결정

② 배당 규모가 어떻게 달라졌고 원인은 무엇인지 파악해보세요.

→ 이전 배당보다 65% 감소, 경영 악화로 이익이 줄었기 때문

③ 이 회사 배당이 매력적인지 아닌지는 어떻게 판단할 수 있을까요.

→ 배당수익률을 확인, 인텔은 5.6%→1.9%로 줄지만 S&P500 평균보단 높음

◇◇◇◇◇◇◇◇◇◇◇◇◇◇◇

주식에 투자하면 여러 가지 쏠쏠한 재미가 있다. 미래에 주가가 오르면 시세차익을 볼 수 있고, 주식을 보유한 기간에는 주주로서 회사 경영에 참여할 수도 있다. 또 하나 빼놓을 수 없는 게 배당이다. 증시에서 배당이란 회사가 일정 기간 영업활동으로 벌어들인 이익의 일부를 주주들에게 나눠주는 것을 말한다. 결산 시점에 주주명부에 이름을 올린 주주만 받을 수 있다.

증권가엔 찬바람이 불면 배당주에 투자하라는 말이 있다. 국내 기업들은 대부분 12월 말을 기준으로 배당하기 때문에 배당을 많이 주는 회사 주식을 연말에 사두라는 얘기다. 물론 배당을 1년에 한 번만 하라는 법은 없다. 일부 기업은 연말이 아닌 때에 중간배당을 하기도 하고, 미국 증시에는 매달 배당을 지급하는 종목도 있다.

과거 한국 증시는 '짠물 배당'으로 악명이 높았다. 이익을 주주와 나누는 데 인색하다는 평가 탓에 해외에서 한국 주식이 저평가받는 현상인 코리아 디스카운트(Korea discount)에 일조했다는 지적도 받았다. 최근 기업들이 주주친화 경영에 신경 쓰기 시작하면서 국내 상장사들의 배당 규모는 늘어나는 추세다. 배당은 통상 연말에 이뤄지지만 중간배당을 통해 다른 시기에 할 수도 있다. 현금으로 줄 수도 있고 주식으로 줄 수도 있다.

어느 기업이 배당에 후한지 인색한지는 어떻게 알 수 있을까. 기본적으로 배당 투자는 배당수익률이 높은 종목을 고르는 게 좋다. 은행 예금 금리와 비교해 배당수익률이 매력적인지도 비교해보는 게 좋다.

배당수익률은 한 주당 배당금을 현재 주가로 나눈 값이다. 액면가가 똑같이 5,000원인 A주식과 B주식이 있다고 하자. A는 현재 주가 5만 원에 한 주당 배당금 1만 원, B는 주가 1만 원에 한 주당 배당금 2,500원이다. A와 B의 배당수익률은 각각 20%, 25%가 된다. 배당의 절대 금액만 보면 A주식을 선택하는 게 나아 보이지만, 투자금 대비 배당수익을 고려하면 B가 낫다는 결과가 나온다.

배당 수준을 가늠하는 아주 단순한 지표로 배당률이라는 것도 있다. 액면가에 대한 배당금의 비율이다. B기업은 액면가 5,000원에 배당금 2,500원이니 배당률은 50%가 된다.

배당성향은 회사의 당기순이익 중 현금으로 지급된 배당금 총액의 비율을 뜻한다. 기업이 1년 동안 벌어들인 돈에서 얼마만큼을 주주들에 나눠줬는지를 뜻한다. 예를 들어 C라는 회사가 올해 100억 원의 순이익을 내고 20억 원을 배당금으로 지급했다면 배당성향은 20%다.

공시 (disclosure)

기업 주가에 영향을 줄 만한 사안을 정기 또는 수시로
투자자에게 알리도록 의무화한 제도.

내부자 주식 거래, 30일 전 공시해야

정부가 상장회사 임원과 주요 주주의 주식 거래 시 최소 30일 전에
매매계획을 공시하도록 의무화하는 제도를 도입한다. 불법·불공정 내
부자 거래를 막고 소액 주주를 보호하기 위한 조치다. 기업들은 과도
한 규제로 시장 혼란만 부추길 것이란 우려를 내놓고 있다.

금융위원회는 12일 '내부자 거래 사전공시제도 도입 방안'을 발표했
다. 총주식의 1% 이상 또는 거래금액 50억원 이상을 거래하면 사전 공
시 대상에 포함된다. 사전 공시 의무를 지키지 않거나 미이행 시 위법
행위의 경중에 따라 형벌, 과징금, 행정조치 등 제재가 부과된다. 금융
위 관계자는 "그동안 상장사 임원 등 내부자의 대량 주식 매각으로 주

가가 급락한 사례가 빈번하게 발생하면서 투자자 불만과 사회적 우려가 지속 제기돼 왔다"며 "시장의 관심이 큰 만큼 연내 자본시장법 개정안을 국회에 제출해 신속하게 제도화할 방침"이라고 말했다.

그동안 국내 상장회사 임원과 주요 주주 등 내부자의 주식 거래에 대해선 사후 공시만 의무항이었다. 하지만 지난해 12월 카카오페이 경영진이 상장 한 달여 만에 스톡옵션(주식매수선택권) 행사를 통해 취득한 주식을 대량 매도해 일반 투자자가 큰 피해를 보자 규제를 강화해야 한다는 목소리가 높아지기 시작했다.

금융당국의 기대와 달리 업계에선 우려가 크다. 사전 공시 입법 자체가 과도하다는 지적이다. 기업 내부자의 정상적인 주식 대량 거래마저 사실상 '올스톱'될 수 있다는 우려도 나온다. 투자은행(IB)업계 관계자는 "거래 내용이 사전에 공개될 경우 가격 급등락으로 인해 블록딜(시간 외 대량 매매) 등 대규모 주식 거래 자체가 불발될 가능성이 높다"고 지적했다.

이동훈 기자, 〈한국경제〉, 2022. 9. 13

① **공시를 운영하는 목적은 무엇인지 정리해보세요.**

→ 투자자의 판단에 중요한 정보를 공정하고 투명하게 공개

② **기업 임원이나 대주주가 주식을 팔면 주가에 어떤 영향을 미칠까요.**

→ 회사에 안 좋은 일이 있거나 주가가 고점이라는 부정적 의미로 해석

③ 이 제도의 긍정적 효과와 부정적 효과를 생각해보세요.

→ 주가 급락 피해를 줄일 수 있지만 정상적 매매까지 위축시킬 우려도 있음

<hr />

"어느 종목이 뜬다던데"라는 얘기만 믿고 덥썩 주식을 샀다가 낭패를 보는 사람, 아직도 생각보다 정말 많다. 투자의 성공확률을 높이려면 '카더라 통신' 말고 기업의 공시 정보부터 활용해야 한다. 공시는 기업의 재무상황, 영업실적, 경영상 중요 사안 등을 이해관계자에게 알리는 제도다. 주식시장을 공정하게 운영하기 위해 투자자들의 의사결정에 영향을 줄 수 있는 정보를 공개하는 것이다.

증권을 발행한 기업에는 법에 따라 공시 의무가 부과된다. 공시는 주기적으로 올려야 하는 정기공시와 특별히 알려야 할 일이 있을 때 올리는 수시공시로 나뉜다. 주가에 영향을 줄 수 있는 소문이 돌거나 언론 보도가 나올 때, 한국거래소가 사실 여부를 질문하면 상장사는 의무적으로 답변해야 하는 조회공시라는 제도도 있다.

정기공시의 대표적 항목인 사업보고서(1년 단위), 반기보고서(6개월 단위), 분기보고서(3개월 단위) 등에는 각종 재무제표가 들어있다. 기업의 경영 상태를 주기적으로 확인할 수 있다. 수시공시에는 인수합병(M&A), 대규모 신규 투자, 생산 중단, 부도 등 기업 활동과 관련한 중요 정보가 담겨 있

는 만큼 꼭 챙겨봐야 한다.

공시는 누구나 투명하게 볼 수 있도록 하는 게 중요하기 때문에 인터넷(금융감독원 전자공시시스템, dart.fss.or.kr)으로 모두 공개한다. DART에는 '정보의 홍수'라 느껴질 만큼 온갖 회사의 온갖 정보가 쏟아진다. 경제신문 기자들은 공시만 잘 봐도 남들이 놓치는 분석 기사를 여러 개 쓸 수 있다고 할 정도다.

공시제도가 운영되는 것은 기관투자자에 비해 개인투자자는 대부분 정보력 면에서 열세이기 때문이다. 중요 정보를 소수가 독점해 이득을 취하는 일을 줄일 수 있다는 점에서 중요한 의미를 갖고 있다고 할 수 있다. 그래서 기업이 고의였든 실수였든 잘못된 내용을 공시하면 강력한 제재를 받게 된다. 부실·허위 공시가 드러나면 불성실공시법인으로 지정되거나 형사 고발 등까지 당할 수 있다.

상장/상장폐지 (listing/delisting)

상장은 주식을 거래소에서 사고팔 수 있도록 등록하는 것.
상장폐지는 자격을 상실해 상장이 취소되는 것.

신라젠 '기사회생'…주식거래 재개

경영진의 배임 및 횡령 혐의로 거래가 정지됐던 신라젠의 주식 거래가 2년5개월 만에 재개된다. 12일 한국거래소 코스닥시장위원회는 신라젠에 대해 상장유지를 결정했다고 밝혔다. 이에 따라 신라젠은 다음날인 13일부터 거래가 재개된다.

앞서 신라젠은 문은상 전 대표 등 전 경영진이 횡령 및 배임 혐의로 구속기소되면서 상장 적격성 실질심사 사유가 발생해 2020년 5월 주식 거래가 정지됐다. 이후 거래소 기업심사위원회는 2020년 11월 1년의 경영 개선기간을 부여했으나, 올해 1월 심사 끝에 상장폐지를 의결했다. 그러나 2심 격인 코스닥시장위가 기업 지배구조 개선, 신약 파이프라인 다변화 등의 조건을 내걸고 6개월의 개선기간을 다시 부여하면서 상장폐지를 면할 기회가 주어졌다.

시장위는 신라젠이 거래소의 요구를 충실히 이행하면서 상장유지로 결론이 났다고 설명했다. 신라젠은 2월 이후 대대적으로 연구개발(R&D) 인력을 충원했다. 지난달에는 스위스 제약기업 바실리아와 계약을 맺고 항암제 신규 후보물질을 도입해 단일 파이프라인 구조에서 벗어났다. 신라젠은 펙사벡이라는 면역항암제 후보물질에만 의존하는 성격이 짙어 신약 파이프라인 확대가 거래 재개의 선결 과제 중 하나로 꼽혔다.

신라젠 상장이 유지되는 것으로 결론 나면서 17만 명에 달하는 소액주주도 한숨을 돌리게 됐다. 신라젠의 소액주주는 6월 30일 기준 16만5483명이다. 이들의 지분율은 66.1%에 이른다. 신라젠의 거래 정지 전 기준 시가총액은 1조2446억원에 달한다. 소액주주들은 거래소를 상대로 상장유지를 요구해왔다.

배태웅 기자, 〈한국경제〉, 2022. 10. 13

① **이 회사가 상장폐지 대상에 올랐던 이유를 확인해보세요.**

→ 전 경영진의 횡령·배임 혐의로 거래소 심사를 다시 받게 됐음

② **소액주주들이 상장폐지에 반대한 이유는 무엇일까요.**

→ 거래소에서 주식을 거래할 수 없게 되고 가격이 폭락하기 때문

③ 상장 적격성 심사는 어떻게 이뤄지는지 알아보세요.

→ 3심제로 이뤄지며 결론이 나기까지 상당한 시간이 걸릴 수 있음

꩜꩜꩜꩜꩜꩜

증시에 상장한 첫날 모든 기업은 거래소 한가운데서 박수를 치고 기념 사진을 찍는 세리머니를 한다. 까다로운 상장 요건을 통과한 '검증된 기업'이란 의미이니 충분히 자축할 만하다. 상장(listing)은 기업이 발행한 주식을 증시에서 거래할 수 있도록 허용하는 것이다. 상장과 동의어처럼 쓰이는 말이 기업공개(IPO)다. IPO는 폐쇄적인 소유구조로 운영하던 기업이 불특정다수에게 기존 주식을 매도하거나 새 주식을 발행함으로써 주식을 분산시키는 것이다. 비상장이던 알짜기업이 상장에 나서면 이른바 '대어급 IPO'로 세간의 주목을 받는다.

국내 IPO 과정은 크게 사전 준비, 상장 예비심사, 일반 공모, 상장·매매 개시의 네 단계로 나눌 수 있다. 우선 IPO 작업을 도와줄 증권사를 대표 주관사로 선정하고, 증권을 어떤 형태로 모집할지 등을 정하는 사전 준비 단계를 거친다. 다음으로 한국거래소에 상장 예비심사 청구서를 제출하고, 이게 통과되면 일반 공모에 나선다. 일반 공모는 기업과 주관사가 기업설명회(IR)를 열어 투자수요를 예측하고 공모가를 결정하는 과정이다. 이후 공모주 청약에 참여한 투자자들에게 주식을 배정하고, 증시에 상장해 본격적으로 거래를 시작한다.

그런데 상장할 땐 우량기업이었어도 나중에 경영이 어려워지는 일도 많다. 거래소는 투자자 피해를 막기 위해 부실기업을 주기적으로 퇴출시키는데, 이를 상장폐지라 한다. 상장폐지는 상장된 유가증권이 일정 요건을 충족하지 못하면 상장자격을 취소하는 것이다. 줄여서 '상폐'라고 부르며 상장사와 투자자들에겐 공포의 대상이다.

코스피와 코스닥의 상폐 기준은 공시서류 미제출, 자본잠식, 매출액 미달, 주가·거래량·시가총액 미달, 공시의무 위반, 회생절차·파산신청 등 다양하다. 세부 요건은 시장에 따라 차이가 있지만 '부실화 징후'를 보여주는 현상이 폭넓게 포함됐다고 보면 된다. 회계법인이 기업의 회계처리를 신뢰할 수 없다며 '부적정' 또는 '의견거절'의 감사의견을 내도 상폐 사유가 된다.

상장폐지가 하루아침에 날벼락처럼 떨어지는 건 아니다. 거래소는 상폐 기준에 들어갈 우려가 있는 종목을 사전에 '관리종목'으로 지정한다. 이런 주식은 섣불리 투자하지 않는 게 좋다. 상폐가 확정되면 거래소는 투자자에 마지막 거래기회를 주는 '정리매매'를 진행한 뒤 상폐 절차를 마친다. 이후 장외시장에서 주식을 거래할 순 있지만 상폐라는 주홍글씨가 찍힌 이상 쉽지 않은 게 보통이다. 해마다 수십 개 기업이 이런 쓴맛을 본다.

상장사가 실적에 문제가 없는데도 자진해서 상폐를 선언하는 특이한 경우도 있다. 대주주가 외부인의 경영 간섭을 받기 싫을 때다. 자본을 조달하는 상장의 득(得)보다 각종 공시 의무와 규제를 받는 실(失)이 더 크다고 판단한 것이다. 국내에서 자진 상폐는 주주총회에서 주주들의 동의를 얻고 전체 지분의 95% 이상을 사들여야 가능하다.

공매도 (short selling)

주식, 채권 등을 보유하지 않은 상태에서 남에게 빌려 파는 것.
가격 하락을 예상하고 차익을 노리는 투자기법이다.

테슬라 공매도 결국 웃었다…"올해 150억弗 수익"

테슬라 주가 하락에 베팅했던 투자자들이 마침내 결실을 봤다. 지난해엔 예상치 못한 주가 상승으로 막대한 손실을 봤지만 올해는 주가가 65% 넘게 떨어져 수익을 거둘 수 있었다는 분석이다. 고평가돼 있는 테슬라의 주가가 '머스크 리스크' 여파로 인해 추가 하락할 수 있다는 전망도 나온다.

월스트리트저널(WSJ)은 금융정보업체 S3파트너스 자료를 인용, 테슬라 주식을 공매도한 투자자들이 올해 총 150억3000만달러(약 19조원)를 벌었다고 21일(현지시간) 보도했다.

테슬라 주가가 고속질주하던 2020년 많은 투자자가 공매도에 뛰어들었다. 당시 '테슬라 주가가 기업 가치에 비해 과도 평가됐다'는 지적이 나오자 주가 하락을 점치는 이들이 늘어났다. 하지만 액면분할 후 가격 기준으로 2020년 초 주당 30달러에 거래되던 테슬라 주식은 지난해 11월 400달러를 돌파했다. 이로 인해 테슬라 주식을 공매도한 투자자들은 2020~2021년 510억달러(약 65조원)에 달하는 장부상 손실을 입었다.

올 들어 테슬라 주가가 고꾸라지자 공매도 투자자의 비명은 멈췄다. 미국 중앙은행(Fed)의 가파른 기준금리 인상이 기술주를 짓누르고, 트위터를 전격 인수한 일론 머스크 테슬라 최고경영자(CEO)를 둘러싼 각종 논란까지 터지자 테슬라 주가는 곤두박질쳤다. 올 들어 테슬라 주가는 65.6% 급락해 2년 만에 가장 낮은 수준으로 떨어졌다. 머스크는 "테슬라 공매도 투자자들은 가치파괴자"라고 비판해왔다. 공매도를 불법화해야 한다고 주장하기도 했다.

허세민 기자, 〈한국경제〉, 2022. 12. 23

① 공매도는 어떤 상황에서 활용하는 투자법인지 정리해보세요.

→ 주가가 기업 가치에 비해 지나치게 고평가돼 주가 하락이 예상될 때

② 이 회사 공매도 투자자가 거둔 성과와 원인을 파악해보세요.

→ 1년 동안 150억 3,000만 달러 수익, 주가가 65.6% 하락했기 때문

③ 공매도의 긍정적 효과와 부정적 효과는 무엇일까요.

→ 다양한 투자 방식을 제공하는 장점이 있지만 주가 하락을 부추길 수도 있음

◇◇◇◇◇◇◇◇◇◇◇◇◇◇

공매도는 빌 공(空)이라는 글자에서 알 수 있듯, 갖고 있지 않는 주식을 파는 것이다. 봉이 김선달 같은 얘기로 들리지만 실제 주식시장에 존재하는 투자기법이다. 주식 매도 계약을 먼저 맺고, 실제 주식은 나중에 넘길 수 있기 때문이다.

예를 들어 흥부는 현재 5만 원인 A기업 주가가 하락할 것으로 예상했다고 하자. 흥부는 오늘 A주식을 5만 원에 팔고, 주식을 3일 후 넘겨준다는 계약을 놀부와 맺는다. 3일 후 주가가 정말 4만 원으로 떨어졌다. 그러면 흥부는 다른 곳에서 A주식을 4만 원에 사온 뒤 놀부한테 5만 원을 받고 넘긴다. 앉아서 1만 원을 번 것이다. 물론 예상이 빗나가 주가가 올랐다면 흥부는 그만큼 손해를 보게 된다.

일반적인 주식 투자와 달리 공매도는 주가가 하락할수록 이득이다. 그래서 주가를 떨어뜨리려는 작전세력이 활개치게 만들고, 증시를 교란한다는 비판이 고질적으로 따라붙는다. 공매도 거래를 외국인이 주도하고 있어 국내 개인투자자가 손실을 뒤집어쓴다는 지적도 많다. 주가가 요동치는 기업의 경영진은 본업보다 주가 방어에 매달려야 하는 부작용도 있다.

하지만 공매도가 주가를 끌어내린다는 증거가 불분명하고, 오히려 합리적인 주가 결정에 기여한다는 반론도 만만치 않다. 순기능이 크기 때문에 선진국들도 공매도를 인정하고 있다는 것이다. 어떤 종목이 실제 가치보다 터무니없이 올랐을 때 공매도가 늘면 '이 종목은 과열상태'라는 신호가 될 수 있다. 공매도 기법을 활용하면 하락장에서도 수익을 낼 수 있고, 주가연계증권(ELS)과 같은 다양한 투자상품 개발도 가능해진다.

공매도에는 두 종류가 있다. 주식을 빌려서 파는 '차입 공매도'와 주식이 아예 없는 상태에서 파는 '무차입 공매도'다. 국내에선 전자만 허용됐고 후자는 금지됐다.

없는 주식을 파는 공매도 거래를 국내에서 하려면, 주식을 다른 누군가에게 빌려와야 한다. 기관과 외국인은 한국증권금융·예탁결제원·증권사 등 중개기관에 일정 수수료를 지급하고 주식을 빌리는 대차거래 방식으로 주식을 빌린다. 큰손들 간의 거래인 만큼 종목과 수량에 사실상 제한이 없고 수수료가 낮다. 개인은 증권사에 예치금을 맡기고 일정 기간 공매도용 주식을 빌리는 대주거래를 할 수 있다. 하지만 빌릴 수 있는 종목, 수량, 기간이 제한적이고 수수료도 비싸다. 이런 배경 때문에 우리나라 공매도 시장은 '기울어진 운동장'에 가깝다. 개인의 비중이 1% 안팎에 그칠 정도로 미미하다. 주가가 떨어질 때 큰손들은 공매도로 수익을 얻는데, 개미들은 피해를 뒤집어쓰니 불만이 많을 수밖에 없다.

한국 주식시장에서 '한시적 공매도 금지' 조치가 내려진 사례는 세 번 있었다. 세계 금융위기가 터진 2008년 10월, 유럽 재정위기가 불거진

2011년 8월, 코로나 사태가 심각해진 2020년 3월이었다. 경제가 초대형 악재를 맞닥뜨린 시기라는 공통점이 있다. 증시가 폭락할 때 공매도가 주가 하락을 더 부추긴다는 지적을 정부가 받아들인 결과였다.

자사주 (treasury stock)

기업이 보유한 자기 회사의 주식.

'애플=안전자산'…배당 확대, 자사주 매입만 108조

국제신용평가사 무디스는 작년 12월 애플의 신용등급을 AA1에서 미국 국가신용등급과 같은 AAA로 올렸다. 한국(AA2)보다 두 단계 높은 수준이다. 애플이 도산할 가능성이 없다는 얘기다. 무디스는 애플의 안정적인 사업 기반과 높은 고객 충성도, 현금 보유력 등을 신용등급 상향의 이유로 들었다.

애플이 매년 자사주를 대규모로 매입해 소각하고 주주들에게 배당금을 나눠주는 주주 친화 정책을 펼치는 것도 애플을 '안전자산'으로 꼽는 이유다. 애플은 지난해 855억달러(약 108조원)를 들여 자사주를 매입했다. 한국 유가증권시장 2위인 LG에너지솔루션의 시가총액(97조원)

보다 더 많은 돈을 자사주를 사들이는 데 썼다. 총배당금은 145억달러(약 18조원)에 달했다.

스티브 잡스가 최고경영자(CEO)를 맡을 때만 해도 애플은 자사주 매입에 인색한 회사였다. 하지만 2011년 CEO에 오른 팀 쿡은 주주 친화적 정책을 펴기 시작했다. 이듬해인 2012년부터 자사주 매입에 적극나섰다.

애플은 올해도 적극적으로 자사주 매입에 나서기로 했다. 애플은 지난달 28일 실적 발표에서 주당 배당금을 0.23달러로 5% 올리고, 900억달러(약 114조원) 규모의 자사주 매입도 의결했다고 밝혔다. 그 덕분에 최근 아마존, 테슬라 등 빅테크기업 주가가 하루 10% 이상 급락하는 상황에서도 애플은 낙폭이 크지 않았다.

이승우 기자, 〈한국경제〉, 2022.5.3

① **주주친화 정책에서 자사주는 어떻게 활용될까요.**

→ 회사가 자사주를 매입해 소각하면 주주에게 이익이 됨

② **이 회사의 자사주 매입 규모는 어느 정도인지 확인해보세요.**

→ 2021년 855억 달러, 2022년 900억 달러, 한국 대기업 시총보다 큰 금액

③ **자사주 매입·소각은 주가에 어떤 영향을 줬는지 정리해보세요.**

→ 투자 매력도를 높여 주가를 부양하는 효과

'주주친화 경영'을 선언하는 기업들이 단골로 내세우는 조치가 자사주 매입 또는 소각이다. 규모도 어마어마해 수천억~수조 원을 쏟아붓는 일도 많다. 자사주(自社株)란 기업이 보유한 자기 회사의 주식을 뜻한다. 기업이 스스로 주식을 사들이거나 태워 없애는 게 주주에게 어떻게 도움을 준다는 걸까.

자사주 매입의 1차 노림수는 주가가 저평가됐다는 신호를 시장에 보내는 것이다. 상식적으로 가치가 오를 것이란 판단이 서지 않는 물건을 기업이 거액을 들여 살 이유가 없다. 나중에 이 회사에 뭔가 좋은 일이 있지 않겠느냐고 생각하는 투자자가 늘어날 것이다. 돈이 빠듯하면 자사주 매입 자체가 불가능하니 회사의 현금 사정이 양호하다는 사실을 자랑하는 효과도 있다.

매입한 자사주를 아예 소각해버리면 주가가 오를 가능성은 더 커진다. 시중에 유통되는 주식이 그만큼 귀해져 가격을 끌어올리는 요인이 되기 때문이다. 실질적으로 주주에게 현금을 배당하는 것과 똑같은 효과도 낸다.

자사주 매입은 경영권 방어를 염두에 두고 이뤄지기도 한다. 상법상 자사주에는 의결권이 없다. 평소엔 주주총회에서 표를 행사할 수 없는 무용지물이란 얘기다. 하지만 다른 사람에게 팔면 의결권이 되살아난다. 만에 하나 경영권 분쟁이 생겼을 때 우호세력(백기사)에 넘겨 요긴하게 쓸 수 있다. 회사가 임직원을 위해 우리사주를 발행하거나 스톡옵션을 부여하려 할 때, 신주 발행 없이 자사주 매입으로 필요한 주식을 확보하기도 한다.

하지만 자사주 매입이 주가 상승을 보장하는 건 아니다. 회사가 가격과 수량을 못박고 주식을 사주기 때문에 이를 확실한 매도 기회로 삼는 투자자가 늘어날 수 있다. 자사주 매입의 의미가 복합적인 만큼 시장의 평가도 매번 다르게 나온다. 남는 현금을 미래를 위한 투자에 쓰지 않고 주주 달래기에 소진하는 게 반드시 바람직하냐는 지적도 있다. 주가를 끌어올리는 '정공법'은 좋은 경영성과를 보여주는 것이다.

스톡옵션의 빛과 그림자
고점에 주식 팔아치운 CEO……카카오페이의 '흑역사'

"카카오페이를 통해 생애 첫 공모주 청약에 참여한 소액주주가 많을 것이라고 한다. 금융 혁신과 주주 가치 제고라는 목표를 모두 이뤄내기 위해 최선을 다하겠다."

카카오페이가 유가증권시장에 데뷔한 2021년 11월 3일, 류영준 당시 대표가 상장 기념식에서 남긴 소감이다. 'IPO 대어'로 주목받았던 카카오페이 일반청약에는 182만 명이 몰렸다. 류 대표 말대로 '주린이'(초보 주식 투자자) 소액주주가 적지 않았다.

38일 뒤인 12월 10일, 무더기로 뜬 공시에 이 회사 소액주주들은 경악했다. 류 대표를 포함한 고위 경영진 8명이 상장 전 받은 스톡옵션(stock option·주식매수선택권)을 행사해 받은 주식을 대거 처분했기 때문이다. 1인당 많게는 450억 원, 적게는 10억 원 안팎의 차익을 손에 쥐었다. 통상 경영진이 주식을 내다 팔면 시장은 '지금이 고점'이라는 신호로 해석한다.

카카오페이는 상장 직후 국내 최대 금융그룹인 KB금융 시가총액을 뛰어넘었지만 '고평가 논란'에 시달리는 상황이었다. 경영진이 논란에 기름을 부은 셈이다. 주주를 전혀 고려하지 않은 이기적 행태라는 비난이 빗발쳤다. 한때 23만 8,500원을 찍었던 카카오페이 주가는 이후 속절없이 추락해 이듬해 7분의 1로까지 떨어졌다. 카카오에 대한 여론을 악화시키는 데 일조했던 이른바 '카카오페이 먹튀 사건'의 전말이다.

스톡옵션은 임직원에게 회사 주식을 시세보다 낮은 가격에 살 수 있는 권리를 주고, 향후 주가가 오르면 마음대로 처분해 차익을 볼 수 있도록 하는 것이다. '더 열심히 일하자'는 유인을 주기 위한 보상 제도다. 뒤집어 말하면 월급만 받고 게을리 일하는 걸 막는 효과도 있다. 스톡옵션은 1997년 국내에 도입된 이후 벤처기업들이 유능한 인재를 확보하는 수단으로 많이 활용됐다. 물론 스톡옵션을 받았다고 반드시 대박으로 연결되진 않는다. 상장에 실패하거나 주가가 부진하면 휴지 조각이 된다.

경제학에서는 주주와 경영자의 이해관계가 달라 생기는 문제를 '주인·대리인 문제'라 부른다. 주주는 회사에 자본금을 댄 주인, 경영자는 주주를 대신해 경영을 위임받은 대리인이다. 경영자는 주주들이 원하는 회사의 장기적 발전보다 자신의 이익이나 단기 성과를 우선시하는 도덕적 해이 우려가 늘 도사린다. 스톡옵션 부여는 양쪽의 이익을 일치시켜 주인·대리인 문제를 완화하는 역할을 한다.

스톡옵션은 여러모로 장점이 있지만 부작용에 대한 비판도 많다. 주가를 반짝 띄우면 거액의 보상을 챙길 수 있으니 또 다른 도덕적 해이를 불러온다는 것이다. 핵심 인재가 스톡옵션 행사 후 줄줄이 퇴사하거나, 스톡옵션을 받지 못한 직원들이 위화감을 느낄 수 있다는 지적도 있다. 카카오페이 사건은 초고속 성장을 이뤄낸 정보기술(IT) 업계 스타들이 주주를 귀하게 여겨야 하는 '상장사의 품격'을 망각한 점이 발단이었다고 할 수 있다.

스톡옵션의 본고장 미국에서도 공적자금을 수혈받을 정도로 경영난에 빠진 회사가 CEO에 스톡옵션을 부여해 구설수에 오른 적이 있다. 이런 한계를 보완하기 위해 스톡옵션이 아닌 새로운 성과 보상 제도를 설계하는 기업도 늘고 있다.

intro

목돈이 필요한데 당장 통장 잔고가 부족하다면 보통 사람들은 은행에 가서 대출을 받는다. 정부와 기업은 대출 말고도 채권을 발행해 상당한 자금을 조달하고 있다. 요즘 자본시장에서는 '주식 개미'에 이어 '채권 개미'의 부상이 주목받고 있다. 기관 투자가와 고액 자산가의 전유물처럼 여겨졌던 채권 투자에 뛰어드는 개인들이 늘고 있어서다. 주식보단 덜 위험하고 예금보단 짭짤한 수익률을 주는 매력적인 투자처로 떠오른 채권의 세계로 들어가보자.

13장

채권

채권 (bond)

정부·공공기관·기업 등이 불특정다수로부터 자금을 조달하기 위해
원금과 이자의 지급 조건을 약속하고 발행하는 증권.

은행채 금리 최고…대출이자 부담 더 커진다

주택담보대출과 신용대출 등 주요 대출 금리의 산정 기준이 되는 은행채 금리가 10년 만의 최고 수준으로 치솟았다. 현재 연 7% 돌파를 눈앞에 두고 있는 은행권의 주담대 최고 금리가 올해 안에 연 8%까지 오를 것이란 관측이 나온다. 신용대출 금리가 주담대보다 더 빠르게 뛰면서 '빚투(빚내서 투자)'족과 생활자금 마련을 위해 돈을 빌린 취약계층의 부담이 더욱 커지게 됐다.

14일 금융투자협회에 따르면 주담대 고정금리 산정 때 준거가 되는 은행채 5년물(AAA) 금리는 전날 기준 연 3.959%를 기록했다. 2012년 4월 10일(연 3.96%) 후 10년2개월 만에 최고치를 찍었다. 신용대출의 지

표금리 격인 은행채 1년물 금리는 지난 13일 기준 연 2.969%였다. 2012년 9월 19일(연 2.97%) 후 가장 높은 수치다.

코픽스(COFIX·자금조달비용지수)에 연동되는 변동형 주담대 금리 상황도 비슷하다. 은행연합회는 15일 5월분 코픽스를 발표할 예정인데 이번에도 올라 4개월 연속 상승세를 나타낼 가능성이 크다. 잇따른 기준금리 인상으로 예·적금 이자율이 높아져 은행들의 자금조달 비용이 늘었기 때문이다. 미국 인플레이션 상황이 예상보다 심각하다는 진단에 따라 글로벌 긴축 압력이 거세지면서 국내 대출금리의 고공행진 현상이 더욱 두드러질 전망이다.

이인혁 기자, 〈한국경제〉, 2022.6.15

① **채권 금리는 시장에서 수시로 변합니다. 우선 수치를 확인해보세요.**

→ 은행채 5년물 연 3.959%, 1년물 연 2.969%, 2012년 이후 최고치

② **이 채권 금리가 달라지면 무엇이 영향을 받는지 정리해보세요.**

→ 은행채 금리에 따라 결정되는 고정금리 주담대와 신용대출 금리도 상승

③ **채권 금리 변화가 경제에 미칠 파급효과를 생각해보세요.**

→ 빚을 낸 사람들의 이자 상환 부담이 무거워짐

◇◇◇◇◇◇◇◇◇◇◇◇

채권은 '얼마를 빌렸고, 언제까지 갚겠으며, 연 몇% 이자를 주겠다'는 약속이 적혀 있는 증서다. 개인끼리 돈을 빌릴 때 쓰는 차용증과 비슷하지만, 채권은 다른 사람에게 넘겨 자유롭게 거래하는 거대한 시장이 형성돼 있다는 점이 다르다. 또 발행할 수 있는 주체가 법으로 정해져 있다. 채권은 누가 찍었느냐에 따라 국채(국가), 지방채(지방자치단체), 특수채(공공기관), 금융채(금융회사), 회사채(일반 기업) 등 여러 유형으로 나뉜다.

채권값은 시장에서 수시로 변하는데, 금리와 반대로 움직인다는 점을 반드시 기억해 두자. 채권금리 상승은 채권가격 하락, 채권금리 하락은 채권가격 상승과 똑같은 말이다.

사실 채권은 평범한 개인 투자자가 접근하기 어려웠던 시장이다. 발행하는 쪽도 투자하는 쪽도 기관이 중심이기 때문이다. 개인도 살 수는 있지만 투자금액이 수천만 원, 수억 원 단위여서 프라이빗뱅커(PB) 도움을 받는 고액 자산가나 가능했다. 하지만 진입장벽이 눈에 띄게 낮아졌다. 주요 증권사 앱을 이용하면 단돈 몇천 원, 몇만 원으로도 채권을 살 수 있게 됐다.

그렇다면 채권은 무엇을 얻기 위해 투자하는 걸까. 예금은 이자가, 주식은 배당과 매매 차익이 있다면 채권에서는 '이자'와 '매매 차익' 두 가지를 기대할 수 있다. 우선 채권을 보유하고 있는 동안에는 발행자가 주기적으로 지급하는 이자를 받게 된다. 일반적으로 국채는 6개월, 회사채는 3개월에 한 번 지급한다. 그러다가 만기가 차면 원금도 돌려받는다.

만약 만기 이전에 금리가 하락해 채권값이 비싸졌다면? 만기까지 기다릴 필요 없이 도중에 채권을 팔면 매매 차익을 얻을 수 있다. 채권 가격이 제자리이거나 떨어졌어도 크게 걱정할 필요가 없다. 그냥 만기까지 쭉 들고 있으면 원금을 회수할 수 있기 때문이다. 채권의 이자 수익은 15.4% 세금을 떼지만 매매 차익은 비과세다.

당장 투자할 생각이 없더라도 채권 뉴스에 어느 정도 관심을 기울일 필요가 있다. 우리 생활에 직·간접적으로 많은 영향을 미치기 때문이다. 채권 금리가 오르면 금융회사가 자금을 조달하는 비용이 늘어나 대출 금리도 상승하게 된다. 내가 주식을 보유한 기업의 회사채 금리가 마구 뛰어오르거나 발행 자체에 어려움을 겪고 있다면 그 회사 자금 사정에 뭔가 문제가 있다는 의심도 해볼 법하다.

채권은 주식처럼 장내시장과 장외시장에서 모두 거래된다. 장내채권은 한국거래소에 상장해 거래되는 채권이고, 장외채권은 증권사가 직접 물량을 확보한 뒤 잘게 나눠 소비자에게 판매하는 채권이다. 장외시장에서 훨씬 다양한 상품을 고를 수 있기 때문에 개인들은 대부분 이곳을 이용한다.

금융투자협회에 따르면 2022년 장외채권시장에서 개인의 순매수 금액은 21조 4,000억 원으로 1년 전의 4.7배로 급증했다. 증시가 급락한 가운데 채권 금리가 가파르게 뛰자 안정적인 수익률을 추구하는 개미들이 이 시장에 관심을 보이기 시작했다.

증권사들은 수시로 변하는 채권 가격과 만기까지 남은 기간을 반영해 상품마다 '은행 예금 환산 세전 수익률'을 표시하고 있다. 예를 들어 이게

4%인 채권은 연 4% 금리를 주는 은행 정기예금과 수익률이 같다는 뜻이다. 투자자들이 채권 투자로 얻을 수 있는 총수익을 쉽게 알 수 있도록 적어둔 것이니 상품을 고를 때 참고하면 좋다. 채권을 직접 사는 게 부담스럽다면 채권형 펀드나 ETF로 간접 투자하는 방법도 있다.

다만 채권은 은행 예금과 달리 원금이 보장되지 않는 상품이라는 점을 기억해야 한다. 발행자의 재무상태가 부실해지면 약속한 이자와 원금을 제대로 지급하지 못할 수도 있다. 따라서 신용등급과 채무불이행 가능성을 꼼꼼하게 확인해야 한다.

국채/특수채

국채는 국가가 자금을 조달하거나 기존 국채를 상환하기 위해 발행하는 채권.
특수채는 공공기관이 발행하는 채권.

이 와중에…AAA급 한전채가 시중 자금 '싹쓸이'

신용등급 AAA급인 한국전력공사가 발행하는 채권인 한전채가 시중 자금을 쓸어 담고 있다. 대규모 적자로 자금난에 처한 한전이 올 들어서만 23조원 규모가 넘는 한전채를 발행하면서 일반 기업이 발행하는 회사채가 외면받는 '구축효과'가 심화하고 있다. 금리 인상 등으로 가뜩이나 어려워진 기업들의 자금 조달 환경을 더욱 악화시키는 요인으로 작용하고 있다는 지적이다.

20일 금융투자협회에 따르면 한전은 지난 17일 1000억원 규모의 3년 만기 회사채를 연 5.9% 금리로 발행했다. 같은 날 발행한 1800억원 규모 2년 만기 회사채 금리도 연 5.75%에 달했다. 1997년 외환위기 후 가장 높은 수준이다. 올 하반기 들어 한전채 발행 금리는 급등하고 있다. 6월 연 4%대, 9월 연 5%대를 넘은 데 이어 조만간 연 6%대에 진입할 것이란 전망이 나온다.

한국예탁결제원에 따르면 한전은 올 들어 17일까지 23조1800억원어치 한전채를 발행했다. 2020년 3조4200억원, 2021년 10조3200억원 대비 급증한 수치다.

한전이 금리가 치솟고 있는데도 채권 발행을 쏟아내는 것은 대규모 적자로 인한 운영 자금 부족을 메우기 위해서란 설명이다. 전기요금 인상에도 불구하고 한전 영업적자는 올해 30조원을 훌쩍 넘어설 수 있다는 전망이 나온다.

장현주·박진우 기자, 〈한국경제〉, 2022. 10. 21

① 이 회사의 채권 금리와 최근 추이를 정리해보세요.

　　→ 한전 3년물 연 5.9%, 2년물 연 5.75%, 하반기 들어 급등 추세

② 채권 발행 규모는 어떻게 달라졌고, 원인은 무엇인지 파악해보세요.

　　→ 1년 전의 두 배 이상, 적자가 심해 자금난에 빠지자 채권 발행 늘림

③ 이 회사 채권의 신용등급도 확인해보세요.

　　→ AAA, 정부가 주주인 공기업이기 때문에 높게 매겨짐

④ 다른 회사가 자금 조달에 어려움을 겪는 이유는 무엇일까요.

→ 투자자들이 신용등급 최상인 한전채부터 찾기 때문

∞∞∞∞∞∞∞∞∞

국채는 정부가 돈이 필요할 때 빚을 내기 위해 발행하는 채권이다. 한국 최초의 국채는 정부 수립(1948년) 이듬해인 1949년 12월 발행된 '건국 국채'. 나라를 세우는 데 필요한 자금을 모은다는 뜻에서 붙은 이름이다. 이후 발행 규모가 꾸준히 늘어 2022년 1,000조 원을 돌파했다.

현재 우리나라 국채는 네 종류다. ①재정정책에 필요한 자금을 조달하는 국고채 ②환율 안정에 쓸 재원을 마련하는 외화표시 외국환평형기금 채권(외평채) ③일시적인 재정자금 부족을 메우기 위한 재정증권 ④국민주택사업 자금을 조달하는 국민주택채권이 있다. 국민주택채권은 부동산을 사면 의무적으로 매입해야 하는 국채여서 개인들에게도 친숙한 이름일 것이다.

경제뉴스에서 가장 주목하는 것은 국고채다. 국채 중 발행물량이 가장 많고 거래가 활발해 자금시장 분위기를 민감하게 반영하기 때문이다. 국고채는 만기에 따라 2년물, 3년물, 5년물, 10년물, 20년물, 30년물, 50년물까지 일곱 종류가 발행된다. 이 가운데 3년 만기 국고채 유통수익률은 국내 채권시장의 지표금리 역할을 한다.

이와 별도로 물가와 연동해 원금·이자 지급액이 불어나는 물가연동국고채(물가채)라는 것도 있다. 일반적인 2~50년물 국고채는 발행할 때 정한 지급액이 변하지 않지만 물가채는 소비자물가 상승률을 반영해주니 투자자에게 유리하다.

국채는 정부가 지급을 보장한다는 점에서 돈 떼일 우려가 사실상 없는 '안전한 채권'으로 통한다. 국채로 마련한 자금은 정부가 다양한 경제정책을 펴는 재원으로 활용되는 긍정적 측면이 있지만, 고스란히 나랏빚으로 잡히기 때문에 재정건전성을 위협하는 요인이 될 수도 있다. 국채는 국가채무에서 가장 큰 비중을 차지하고 있다. 2022년 한국의 국가채무 1,068조 원 중 중앙정부가 발행한 국채가 1,035조 원이었다. 2012년 420조 원이던 것이 10년 동안 2.5배로 불어났다.

정부가 국채를 너무 많이 찍어내면 금융시장 전체에 충격을 줄 수도 있다. 공급량이 늘면 가격이 떨어져 국채 금리가 올라갈 수밖에 없다(채권 금리 상승=채권가격 하락). 이렇게 되면 금융채, 회사채 등 다른 채권 금리도 전반적으로 상승하게 된다. 시장금리 상승은 정부에 부메랑처럼 돌아온다. 국채를 산 사람들에게 이자를 꼬박꼬박 줘야 하는데 금리가 오른 만큼 이자 상환 비용이 많아진다.

공공기관이 발행한 채권인 특수채도 국채에 준하는 안전한 채권으로 분류된다. 대표적 특수채인 한국전력공사의 한전채는 국채와 신용등급이 똑같다.

회사채 (corporate bond)

기업이 장기자금 조달을 목적으로 발행하는 채권.

회사채 양극화…초우량 기업에만 몰린다

'연초 효과'로 달아오른 회사채 시장에서 '옥석 가리기'가 본격화하고 있다. 신용도가 높거나 그룹의 후광 효과가 있는 기업에만 자금이 몰리고 있다.

18일 투자은행(IB)업계에 따르면 하나에프앤아이(A급)는 이날 열린 800억원어치 회사채 수요예측에서 총 6220억원의 매수 주문을 받았다. 신세계푸드(A+급)도 500억원어치 모집에 총 1950억원을 확보했다. 신용도가 낮은 비우량채지만 하나금융그룹과 신세계그룹의 후광 효과를 봤다는 분석이다.

비슷한 업종 내에서도 희비가 엇갈렸다. 지난 17일 회사채 발행을 위한 수요예측을 진행한 LG화학(AA+급)은 4000억원어치 모집에 3조 8750억원의 주문이 몰렸다. 반면 신용등급 전망이 '부정적'으로 떨어진 효성화학(A급)은 단 한 건의 주문도 받지 못했다. 신세계(AA급)는 16일 1000억원어치 회사채 모집에 1조6950억원의 매수 주문이 들어오며 흥행했지만, 호텔롯데(AA-급)는 1500억원어치 모집에 5390억원이 들어오는 데 그쳤다.

경기 침체 우려가 큰 상황에서 기관투자가의 잣대가 깐깐해지고 있다는 게 전문가들의 설명이다. 자금 조달이 시급한 비우량 등급 기업들은 사모채 시장으로 우회하고 있다. 실적 악화로 매각설에 휘말린 SK매직(A+급)은 13일 1년물 사모채(200억원어치)를 연 6.5% 금리로 발행했다.

장현주 기자, 〈한국경제〉, 2023. 1. 19

① 이들 회사 중 신용등급이 가장 높은 곳은 어디일까요.

→ LG화학, A보다는 AA가 높고 AA-나 AA보다는 AA+가 높은 등급

② 수요예측 결과를 토대로 채권시장 분위기를 파악해보세요.

→ 신용도가 높거나 대기업 계열사인 곳에 투자자가 몰리고 있음

③ 투자자들이 이런 결정을 내린 이유를 생각해보세요.

→ 경기 침체 우려가 높아지고 있어 우량 기업만을 선호

회사채와 주식은 기업이 자금을 조달하는 수단이라는 점에서는 같지만 차이가 더 많다. 우선 주식을 찍으면 자본이 늘지만 회사채를 찍으면 부채가 늘어난다. 회사채는 돈을 갚아야 할 시점이 정해져 있고, 이익이 나든 안 나든 확정된 이자를 지급해야 하는 점이 부담이다. 그렇다고 회사채가 단점만 있는 건 아니다. 채권을 산 투자자는 주주와 달리 회사 경영에 간섭할 권리가 없고 배당을 요구할 수도 없다. 기업 입장에서는 주식 발행보다 회사채 발행을 선호할 유인도 충분한 셈이다.

다만 기업 신용을 믿고 장기간 돈을 빌려주는 상품인 만큼 회사채 발행은 깐깐한 절차를 거친다. 이사회 결의가 필요하고, 증권사로부터 기업 실사를 받아야 하며, 금융당국에 증권신고서도 제출해야 한다. 또 증권사는 회사채 발행을 앞두고 기관투자가를 대상으로 수요예측을 벌이는데, 이 과정에서 발행 물량과 금리가 정해진다. 시장의 반응이 시큰둥하면 회사채 발행이 무산되기도 한다.

투자자들은 신용평가회사가 매긴 기업의 신용등급을 중요하게 본다. AAA부터 D까지 10단계로 나누는데 최소한 BBB 이상은 돼야 상환능력이 인정된다고 해서 '투자 적격' 등급으로 분류한다. 다만 회사채 수요가 심각하게 얼어붙으면 A가 붙은 우량 회사채조차 투자자를 찾지 못하는 일이 벌어진다.

국고채와 회사채의 금리 격차를 보면 자금이 기업에 원활하게 공급되

회사채 신용등급, 이렇게 해석해요

AAA	원리금 상환가능성이 최고 수준이다.
AA	원리금 상환가능성이 매우 높지만, 상위등급에 비해 다소 열위한 면이 있다.
A	원리금 상환가능성이 높지만, 상위등급에 비해 경제 여건 및 환경변화에 따라 영향을 받기 쉬운 면이 있다.
BBB	원리금 상환가능성이 일정수준 인정되지만, 상위등급에 비해 경제 여건 및 환경변화에 따라 저하될 가능성이 있다.
BB	원리금 상환가능성에 불확실성이 내포되어 있어 투기적 요소를 갖고 있다.
B	원리금 상환가능성에 대한 불확실성이 상당하여 상위등급에 비해 투기적 요소가 크다.
CCC	채무불이행의 위험 수준이 높고 원리금 상환가능성이 의문시된다.
CC	채무불이행의 위험 수준이 매우 높고 원리금 상환가능성이 희박하다.
C	채무불이행의 위험 수준이 극히 높고 원리금 상환가능성이 없다.
D	상환불능상태이다.

*AA부터 B등급까지는 +, - 부호를 붙여 같은 등급 안에서도 우열을 나타냄.

자료: 한국신용평가

고 있는지를 가늠해볼 수 있다. 신용등급 AA-인 3년 만기 회사채 금리와 3년 만기 국고채 금리의 격차를 '신용 스프레드'라 한다. 신용 스프레드가 확대됐다면 기업 환경이 나빠졌거나 회사채 수요가 줄었다는 뜻으로 해석할 수 있다.

기업들은 회사채 대신 기업어음(CP·commercial paper)을 발행하기도 한다. 회사채와 CP는 투자자에게서 돈을 빌린다는 점은 같지만 만기와 발행 방식에서 차이가 있다. 통상 회사채는 만기 3년 이상인 장기자금, CP는 1년 미만인 단기자금을 조달하는 데 쓴다. CP는 의사회 의결 없이 대표이사가 도장만 찍어도 발행할 수 있고, 만기 1년 미만이면 증권신고서를 낼 필요도 없다. 기업 입장에서는 회사채보다 발행 절차가 간단하고, 투자자 입장에선 짧은 기간에 은행보다 높은 수익률을 얻을 수 있다는 게 CP의 장점이다. 물론 담보가 없는 만큼 아무 회사나 CP를 찍어낼 수 있는 건 아니고 기업 신용등급이 A는 돼야 잘 유통된다.

중소기업이 거래처에서 받은 상업어음을 은행에 가져가 현금화(어음 할인)하듯, 기업이 발행한 CP는 증권사가 할인한 가격에 사들인 뒤 여러 기관과 개인에게 쪼개 판다. 하지만 회사채에 비해 투자자 보호가 취약하기 때문에 수익률에만 혹해 덜컥 투자해선 안 된다. STX·LIG·웅진·동양 등이 줄줄이 부실화됐던 2010년대 초 이들 기업의 CP를 산 개인투자자들이 큰 피해를 본 사례가 있다.

CB/BW (Convertible Bond/Bond with subscription Warrant)

주식관련사채의 일종.

전환사채(CB)는 발행기업의 기존 주식으로 전환할 수 있는 권리,

신주인수권부사채(BW)는 발행기업의 새 주식을 매입할 수 있는 권리가 붙은 회사채.

돈줄 급한 리오프닝 기업…잇단 증자에 주가 '주르륵'

주가가 오를 것으로 기대됐던 리오프닝(경제활동 재개) 관련주가 급락하고 있다. 현금이 바닥난 기업들이 주식 발행을 통해 추가 자금 조달에 나서면서다. '증자 쇼크'로 기존 주주들의 지분 가치가 떨어질 것이란 우려가 악재로 작용했다는 분석이다.

2일 에어부산 주가는 13.9% 급락한 1890원에 마감했다. 이날 2001억원 규모 유상증자를 결정한 소식이 전해지면서다. CJ CGV 주가도 2.35% 떨어졌다. CJ CGV는 지난달 31일 4000억원 규모 전환사채(CB) 발행을 결정한 뒤 하락세를 보이고 있다.

통상 증자를 하게 되면 기존 주주의 지분 가치는 희석된다. 예컨대

시가총액 1조1000억원의 CJ CGV가 4000억원 규모 전환사채를 발행하면 지분 가치는 36% 줄어든다. 에어부산의 증자 규모도 시가총액(약 4000억원)의 50%에 달한다.

증권업계는 실적 회복이 본격화되는 만큼 이들 기업의 추가 자금 조달 가능성은 낮다고 보고 있다. 다만 투자심리 위축은 불가피하다는 분석이다. 항공주의 경우 국제 유가 급등, 원·달러 환율 상승이 추가적인 악재로 꼽힌다.

김회재 대신증권 연구원은 "전환청구권 행사에 따른 오버행(잠재적 매도 물량) 부담으로 CJ CGV 주가 상승세가 제한될 것"이라고 말했다. 증권업계는 박스권 하단을 CB 전환가격 근처인 2만7000원, 상단을 콜옵션 부근인 3만5000원으로 예상하고 있다.

박의명 기자, 〈한국경제〉, 2022. 6. 3

① **기업이 CB를 발행하는 목적은 무엇일까요.**

→ 사업에 필요한 자금을 조달하기 위해

② **CB 발행을 결정한 기업의 주가 흐름을 확인해보세요.**

→ CJ CGV 2.35% 하락, CB 발행 공시 이후 내림세

③ **주가가 이와 같이 변동한 원인은 무엇일지 파악해보세요.**

→ CB가 주식으로 전환되면 물량이 늘어난 만큼 기존 주주 지분 가치 희석

회사채는 "돈을 빌려 쓰고, 나중에 갚겠다"고 약속하는 증서다. 그런데 만기가 다가올 때 투자자에게서 빌린 돈을 꼭 현금으로만 갚아야 할까? 주식으로 갚아도 되지 않을까? 이런 생각에서 만들어진 회사채가 전환사채(CB)와 신주인수권부사채(BW)다.

BW와 CB처럼 채권과 주식의 중간 성격을 띤 회사채를 메자닌(Mezzanine)이라 부른다. 건물 1층과 2층 사이에 있는 라운지를 뜻하는 이탈리아 건축용어에서 따온 말이다.

CB는 '전환'이란 말에서 알 수 있듯, 미리 정해둔 조건에 따라 주식으로 바꿀 수 있는 선택권이 부여된 회사채를 말한다. 예를 들어 만기 1년, 만기보장수익률 10%, 전환가격 1만 원 조건으로 발행된 CB가 있다. 투자자에겐 두 가지 선택지가 있다. 우선 1년 동안 주가가 1만 원을 밑돌면 주식으로 바꾸지 않고 만기까지 그냥 채권으로 보유해 10% 이자를 받고 거래를 끝낸다. 만약 주가가 상승해 5만 원이 됐다면 CB를 주식으로 전환해 시장에 내다팔면 4만 원의 차익을 볼 수 있다. 선택하기에 따라 주식이 될 수도, 채권이 될 수도 있는 카멜레온인 셈이다.

CB가 기업의 기존 주식(보통주)으로 바꿀 수 있는 선택권을 주는 것과 달리 BW는 기업이 새로 발행하는 신주(新株)를 살 수 있는 선택권을 주는 회사채다. 예를 들어 주식을 주당 1,000원에 인수할 권리가 부여된 BW가 있다. BW를 구입한 투자자는 이 회사 주가가 2,000원으로 올랐다면 자신의 권리를 행사, 시장 가격의 반값에 주식을 살 수 있다. 주가가 1,000원보다 낮다면 신주인수권을 행사하지 않고 만기까지 그냥 채권으로 보유, 약속된 원금과 이자를 받을 수 있다. B(bond)와 W(warrent)를 쪼갤 수 있는 BW도 있다. 채권과 신주인수권을 떼어내 따로 거래할 수 있는 BW를 '분리형 BW'라 한다. 분리형 BW에 투자하면 신주인수권만 팔아 투자비용을 아끼거나, 채권을 팔아 주가 시세차익만 노리는 게 가능해진다.

기업 입장에서 CB와 BW의 장점은 일반 회사채보다 적은 비용으로 자금을 조달할 수 있다는 것이다. 주식 전환권을 붙인 조건으로 일반적인 회사채보다 낮은 금리를 제시해도 사겠다는 사람이 나온다. CB의 경우 채권이 주식으로 전환되면 부채가 자본으로 바뀌므로 부채비율(=부채÷자본)이 낮아져 재무구조가 개선되는 효과도 얻을 수 있다. 다만 BW는 신주인수권 행사 이후에도 부채(회사채)가 그대로 남게 된다.

경영권이 흔들릴 위험은 감수해야 한다. CB·BW 투자자가 주식을 왕창 확보하면 기존 주주들의 지분율은 그만큼 떨어진다. 극단적인 경우 최대주주가 바뀔 수도 있다. 또 전환권 행사로 주식물량이 늘어나면 주가 하락 요인으로 작용한다.

투자자에게 CB와 BW의 가장 큰 매력은 선택지가 넓어진다는 점이다. CB는 채권 자체가 주식으로 바뀌기 때문에 주식 사는 돈이 더 들어가지도 않는다. 물론 BW는 주식을 살 권리만 받기 때문에 실제 주식을 취득하려면 자금이 더 필요하다. 메자닌 투자의 관건은 발행자의 건전성을 꼼꼼히 따져보는 것이다. 신용등급이 낮은 기업도 CB와 BW를 대규모로 발행할 수 있는 데다 무자본 인수합병(M&A)에 활용되기도 하는 점에 각별히 유의해야 한다.

코코본드 (contingent convertible bond)

조건부자본증권. 유사시 투자원금이 주식으로 강제 전환되거나
상각된다는 조건이 붙은 회사채로 주로 금융회사가 발행한다.

금융지주 '선제적 자본확충'···신종자본증권 발행 잇따라

금융지주사들이 잇달아 신종자본증권 발행에 나서고 있다. 기준금리가 더 오르기 전에 선제적으로 자본을 확충해 혹시 모를 위기에 대응하기 위해서다.

7일 투자은행(IB)업계에 따르면 신한금융지주는 이달 신종자본증권 발행을 추진한다. 발행 규모는 최대 4000억원이다. 오는 17일 수요예측을 진행한 뒤 26일 발행하는 게 목표다. KB금융지주도 이달 최대 5000억원 규모의 신종자본증권 발행에 나선다. 두 금융지주사의 신종자본증권 신용등급은 'AA-' 수준이다.

신종자본증권은 주식과 채권 성격을 동시에 지닌 하이브리드채권

이다. 국제결제은행(BIS) 기준 자기자본비율 산정 시 자본으로 인정받을 수 있어 금융사들이 주로 발행한다.

주요 금융지주의 BIS 비율은 지난해 말부터 하락세다. 회사채 시장이 경색되자 은행들이 기업 대출을 늘린 여파다. 우리금융의 BIS 비율은 지난해 4분기 15.05%에서 올해 상반기 14.2%로 떨어졌다. 같은 기간 신한금융(16.2%→15.87%), KB금융(15.77%→15.64%), 하나금융(16.29%→15.86%)의 BIS 비율도 일제히 하락했다.

주요 금융지주가 발행하는 신종자본증권은 기관뿐 아니라 개인투자자 사이에서도 인기가 높아 조달 환경은 우호적이다. 원리금을 못 받을 위험이 거의 없는데 정기예금의 2배 넘는 수익을 기대할 수 있어 대표적인 '저위험·고수익' 상품으로 여겨진다.

장현주 기자, 〈한국경제〉, 2022. 8. 8

① 이 채권이 다른 채권과 차별화되는 특징은 무엇인지 요약해보세요.

→ 주식과 채권의 성격을 모두 갖고 있음, 금융회사가 주로 발행

② 은행이 채권 발행을 늘리는 이유는 무엇일까요.

→ 자본을 더 늘려 은행의 건전성 지표인 BIS 비율을 높이기 위해

③ 개인투자자 입장에서 이 채권의 장점과 단점을 정리해보세요.

→ 원금이 보장되지 않지만 정기예금보다 높은 수익률을 기대할 수 있음

금융업은 남의 돈을 맡아서 하는 사업이다. 그래서 아무나 할 수 없는 '라이선스 산업'이자 정부의 감시가 깐깐한 '규제 산업'이라는 속성이 있다. 하지만 그 덕분에 금융회사에는 '안전하다, 믿을 수 있다'는 이미지가 있다. 이런 금융회사가 발행한 코코본드에 안정적 수익을 원하는 투자자들이 몰린다는 뉴스를 종종 볼 수 있다.

코코본드의 정식 명칭은 조건부자본증권이다. 평상시에는 그냥 채권이지만 '유사시'에는 주식으로 강제 전환하거나 돈을 갚지 않을 수 있다는 조건이 붙은 채권을 뜻한다. 코코본드로 조달한 자금은 회계장부에 부채가 아닌 자본으로 잡히기 때문에 재무건전성을 개선하는 효과를 낸다. 기업 입장에선 은행 차입처럼 부채비율이 늘지도 않고, 유상증자처럼 지배구조에 변동을 주지도 않으니 일석이조다.

코코본드의 거의 대부분은 일반 기업이 아닌 금융사가 자본 확충 목적에서 발행하고 있다. 어떤 게 '유사시'인지는 채권을 팔 때 미리 약속하는데, 자기자본비율이 일정 수준 이하로 떨어지거나 부실 금융기관으로 지정되는 등의 상황이 대표적이다. 쉽게 말해 발행자의 재무건전성이 망가지면 채권이 주식이나 휴지 조각으로 변할 수 있다는 얘기다.

경우에 따라 주식으로 바뀔 수 있다는 점에서 전환사채와 비슷한 면이 있다. 다만 전환사채는 투자자가 원할 때 전환하는 것이고, 코코본드는 투자자 의사에 관계없이 강제로 바뀐다는 점이 다르다.

코코본드는 신종자본증권이나 후순위채 형태로 발행된다. 신종자본증권은 만기가 30년 이상으로 길고 추가 연장도 가능해 사실상 영구(永久)인 채권을 말한다. 일명 영구채(perpetual bond)라고도 부른다. 물론 영원히 이자만 받고 만족할 투자자는 없을 것이기 때문에 현실에서는 보통 발행자가 조기 상환할 수 있다는 콜옵션을 붙인다. 실제로 5년 정도 지나면 콜옵션을 행사해 원금을 돌려주는 것이 관행이다. 후순위채는 발행기업이 파산할 경우 다른 채권자의 부채를 모두 갚은 다음 마지막으로 상환받을 수 있는 채권을 가리킨다. 채무 변제 순위가 밀리는 만큼 후순위채 이자율은 당연히 선순위채보다 높다.

발행자에 일방적으로 유리한 상품으로 보이지만 그래도 잘 팔린다. 요즘 은행들의 재무건전성이 대체로 좋고, 은행이 망할 가능성은 거의 없다고 보는 투자자가 많아서다.

코코본드는 2013년 새로운 국제은행감독기준인 '바젤Ⅲ'가 시행된 이후 발행 규모가 꾸준히 늘고 있다. 바젤Ⅲ는 금융사가 영구채나 후순위채로 조달한 자금을 자본으로 인정받으려면 반드시 조건부자본증권 형태로 발행하도록 했다. 세계 금융위기 당시 부실 은행에 막대한 혈세를 투입했던 경험이 반영됐다. 경영이 어려워져도 투자자들이 먼저 손실을 감수하게 해 세금 지원은 최소화하겠다는 것이다.

정크본드 (junk bond)

신용도가 낮은 기업이나 국가가 발행하는 투자부적격 등급 채권.

'정크' 추락한 포드·델타·메이시스…美, 회사채發 쇼크 몰아치나

포드·델타항공·메이시스 등 굵직한 미국 기업들의 신용등급이 줄줄이 투기등급으로 강등되고 있다. 코로나19 확산 여파로 자금 사정이 악화된 탓이다. 투자등급 회사채 시장에서 가장 큰 비중을 차지하는 BBB 채권이 대거 정크본드로 추락하면서 회사채발(發) 금융위기 우려가 커지고 있다.

신용평가사 스탠더드앤드푸어스(S&P)는 25일(현지시간) 포드의 신용등급을 기존 'BBB-'에서 'BB+'로 낮췄다. 투자등급의 맨 아래 단계에서 투기등급으로 내린 것이다. S&P는 "공장 폐쇄가 예상보다 길어질 수 있다"며 "잠재적 침체 우려가 현금 유동성을 악화시키고 부채 비율을 높일 것"이라고 이유를 밝혔다. 이에 따라 포드가 발행한 360억달러 규모의 채권이 모두 정크본드가 됐다.

통상 투자등급의 맨 아래인 BBB 회사채가 투기등급이 되면 투매가 발생한다. 기관투자가들은 위험관리규정에 따라 정크본드를 보유할 수 없기 때문이다. 결국 채권 금리가 급등하고 발행 및 거래가 중단되면서 파산에 몰릴 수 있다. 실제 포드가 발행한 2026년 만기 15억달러짜리 채권은 이달 초 달러당 100센트 이상에서 거래됐지만 이날 달러당 77센트로 급락했다.

신용등급이 투기등급으로 떨어진 기업을 '타락 천사(fallen angel)'라고 부른다. 타락 천사가 많아지면 채권 시장 전체가 흔들릴 가능성이 있다. 문제는 이런 BBB 회사채가 엄청나게 많다는 것이다. UBS에 따르면 BBB 채권은 모두 3조7000억달러 규모로 전체 투자등급 회사채 시장의 53%를 차지한다.

김현석 기자, 〈한국경제〉, 2020. 3. 27

① **신용등급 체계에서 투자등급·투기등급의 기준선은 어디일까요.**

→ BBB 위로는 투자등급, BB 아래로는 투기등급

② **기업이 투자등급에서 투기등급으로 강등된 것은 무슨 의미일까요.**

→ 재무 상태 악화로 빚을 못 갚을 위험이 높아졌다는 뜻

③ 신용등급 하락은 채권 가격에 어떤 영향을 미치는지 정리해보세요.

→ 포드 100센트에서 77센트로 급락, 투매 유발해 가격 하락 요인으로 작용

<hr/>

인스턴트 음식을 흔히 정크푸드(junk food)라 부른다. 정크는 쓰레기라는 뜻. 몸에 해롭다는 건 알지만 맛있어서 먹는다. 금융시장에선 신용도가 떨어지는 기업이나 국가가 발행한 채권을 정크본드라 한다. 신용등급이 그보다 낮은 BB 이하인 '투자 부적격' 또는 '투기' 등급의 채권을 말한다. 위험한 건 알지만 기대 수익률도 높아 그 맛에 사는 것이다.

앞서 신용등급은 AAA부터 D까지 10단계로 나뉘며 BBB 이상이 '투자 적격' 채권으로 분류된다는 점을 설명했다. 그렇다고 해서 채권시장에서 반드시 적격 등급만 거래될 수 있는 것은 아니다. 신용이 좋지 않으면 더 많은 이자를 약속할 수밖에 없고, 이런 고위험 고수익에 매력을 느끼는 투자자도 존재하기 때문이다.

정크본드는 높은 수익률(high yield)을 제시한다는 뜻에서 '하이일드 채권'으로도 부른다. 최근에는 신용은 낮지만 기술력과 성장성이 뛰어난 중소·벤처기업이 발행한 채권 등으로 의미가 넓어졌다. 펀드 중에서 투자자가 맡긴 자금을 정크본드에 집중적으로 투자하는 상품은 '하이일드 펀드'라 한다.

정크본드를 세계적으로 주목받게 만든 것은 미국 증권맨 출신 마이클

밀켄이다. 1980년대 아무도 거들떠보지 않던 정크본드에 투자해 '정크본드의 황제'라는 수식어를 얻었다. 밀켄은 재무제표 분석을 통해 신용등급이 낮은 기업에서 우량채권들을 골라내 큰 성공을 거뒀다.

정크본드는 금융시장의 '거품' 여부를 판단할 수 있는 잣대가 되기도 한다. 투자자들이 위험을 적극적으로 감수하는 활황기에는 매력적인 투자처로 떠오르기 때문이다. 미국 금융정보회사 딜로직에 따르면 2022년 세계에서 발행된 하이일드 채권은 2,270억 달러로 1년 전(9,090억 달러)의 반의 반 토막에 그쳤다. 이전 10년간 연평균 발행액(5,570억 달러)과 비교해도 최저 수준으로 급감했다. 경기가 가라앉고 기업 실적이 나빠질 것이란 우려가 높아지면서 투자자들이 위험한 채권은 꺼리게 된 것이다.

| 참고 |

불황을 먹고 사는 NPL 시장

은행들은 3개월 이상 연체된 대출은 부실채권(NPL·Non Performing Loan)으로 처리한다. 석 달을 기다려도 안 갚았다면 답이 없다고 봐서다. 부실채권이 늘면 재무건전성이 나빠지기 때문에 은행들은 회계상 손실로 처리하거나 헐값에 땡처리로 팔아버린다. 이런 채권을 거래하는 곳이 NPL 시장이다. 예를 들어 100억 원이 연체된 대출채권을 90% 할인해 10억 원에 사고, 열심히 독촉해 이 중 20억 원만 회수해도 10억 원을 벌 수 있기 때문이다. 다만 NPL 시장은 대형 금융사들의 리그이고 개인이 참여하긴 어렵다.

장단기 금리 역전은 불황 신호?
'탄광 속 카나리아'의 경고, 이번에도 적중할까

미국 국채 10년물·2년물 금리 격차

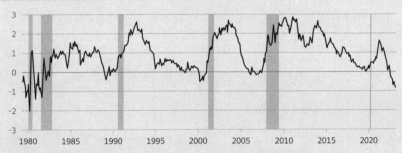

*회색 배경은 경기 침체가 나타난 구간.

자료: 미국 세인트루이스연방은행

    19세기 유럽 광부들은 탄광으로 들어갈 때 카나리아를 새장에 넣어 데려갔다. 사람이 알아채지 못하는 위험을 먼저 알려주는 역할을 했기 때문이다. 카나리아는 호흡기가 약한 새여서 일산화탄소가 퍼지면 곧장 이상 행동을 보였다. 카나리아가 울음소리를 멈추고 움직임이 둔해지면 광부들은 서둘러 갱도를 탈출했다. 금융시장에서는 장기 금리와 단기 금리가 역전되는 현상을 '탄광 속 카나리아'로 부른다.

금융의 기본 상식 중 하나는 돈을 빌리는 기간이 길수록 금리가 비싸진다는 것이다. 이유는 빌려주는 사람 입장에서 생각해 보면 쉽다. 중간에 돈을 떼일 위험이 높아지고, 예상하지 못했던 돌발 변수가 터질 가능성도 높아진다. 이런 불확실성이 '비용'으로 금리에 반영되는 셈이다.

그런데 2022년 하반기 들어 국내외 국채 시장에서 상식을 거스르는 일이 벌어졌다. 장기 국채 금리가 단기 국채보다 더 낮은 날이 잦아진 것이다. 문제는 흔한 일이 아닌 데다, 장단기 금리 역전이 나타난 이후에는 불황이 찾아오곤 했다는 점이다. 한국에서는 14년 만에 처음으로 장단기 금리 역전이 나타났고, 미국의 역전 폭은 40여 년 만의 최대로 벌어졌다. 다른 주요국도 비슷한 추세를 보였다.

장단기 금리 역전은 경기 침체 예측력이 가장 정확한 지표 중 하나로 알려져 있다. 보통 미국에서는 10년 만기와 2년 만기 국채의 수익률을 비교한다. 미국경제학회(NBER) 분석에 따르면 1980년부터 2020년까지 미국 경제는 여섯 번 경기 침체를 겪었는데, 그에 앞서 예외 없이 10년물과 2년물 금리가 뒤집혔었다. 물론 모든 전문가가 이 기준에 동의하는 것은 아니다. 10년물과 3개월물을 보는 게 더 정확하다고 주장하는 쪽도 있다. 한국에서는 10년물 국채와 3년물 국채를 비교하는 게 일반적이다.

전문가들은 가파른 금리 상승 속에 경기 후퇴 우려가 커진 점을 원인으로 분석했다. 단기 채권 금리는 중앙은행 기준금리에 민감하게 반응하는 경향이 있다. 경제를 급랭시킬 것이란 걱정이 나올 정도로 금리가 가파르게 오른 영향이 단기 국채에 고스란히 반영됐다. 반면 장기 채권 금리는 당장의 기준금리보다는 미래 경기 전망에 많은 영향을 받는 편이다. 만기가 긴 안전자산을 찾는 수요가 늘면서 장기 국채 가격은 비싸졌다는 것이다.

일각에서는 "이번에는 다르다"며 정반대 해석을 내놓고 있다. 장기 금리가 떨어졌다기보다 단기 금리가 너무 급하게 올라 벌어진 일시적 현상이라는 주장이다. 정답은 시간이 좀 더 흘러야 확인할 수 있다. 탄광 속 카나리아의 경고는 이번에도 적중하게 될까.

intro

최근 경제신문 사이에서 가장 불꽃 튀는 취재 경쟁이 벌어지는 분야는 인수합병(M&A)이다. 기업들이 신성장동력 확보에 사활을 걸고, 투자은행(IB) 업계에 자본과 인재가 몰리면서 인수합병 시장의 판 자체가 커졌다. 내가 다니는 직장이나 내가 투자한 종목과 무관한 뉴스라고 해서 무심하게 지나치지만은 말자. 인수합병 트렌드를 읽으면 뜨는 산업과 지는 산업, 돈이 몰리는 미래 기술이 보인다. 암투와 반전을 거듭하는 '머니 게임'은 때로 드라마보다 흥미진진하다.

인수합병
(M&A)

M&A (Merger & Acquisition)

기업 인수·합병. 다른 회사를 사들여 경영권을 확보하거나 회사끼리 합치는 것.

MS의 82조 '메가딜'…종착점은 '메타버스'

마이크로소프트(MS)가 미국 게임회사 액티비전블리자드를 687억달러(약 81조9000억원)에 인수한다. 메타버스·게임 사업을 한꺼번에 확장하는 전략적 '메가딜'이다. 두 회사 시가총액은 2800조원에 이른다. 이번 인수를 신호탄으로 메타버스 관련 글로벌 M&A 시장이 한층 달아오를 전망이다.

MS는 18일(현지시간) 블리자드 주식을 주당 95달러에 전액 현금 매입하기로 했다. 인수 발표 직전 블리자드 주가보다 45% 정도 높은 가격이다. 인수가액 기준 정보기술(IT) 분야 사상 최대 규모다. 이전 최고액은 2016년 델의 데이터전문업체 EMC 인수액인 670억달러다. MS의 이

전 최대액 인수 기업은 2016년 링크트인(260억달러)이었다.

MS는 이번 인수를 기반으로 글로벌 메타버스 플랫폼 선점 경쟁을 본격화할 계획이다. 온라인 가상공간이 바탕인 메타버스 플랫폼에서 게임은 확장성이 가장 큰 부문으로 꼽힌다.

블리자드를 품은 MS는 매출 기준 글로벌 게임사 상위 3위까지 뛰어오르게 됐다. 1위는 중국의 텐센트, 2위는 일본의 소니다. MS의 콘솔 게임기 및 플랫폼인 엑스박스의 경쟁력도 향상됐다. 블리자드의 인기 게임 지식재산권(IP)을 대거 확보해 경쟁사인 소니의 플레이스테이션보다 우위를 점하게 됐다는 평가다. 인수계획이 공개되자 블리자드 주가가 26%가량 폭등한 반면, 소니그룹은 13% 가까이 폭락하는 등 관련 종목의 희비가 엇갈렸다.

김주완·박상용 기자, 〈한국경제〉, 2022. 1. 20

① **거래 주체와 금액을 바탕으로 M&A 개요를 정리해보세요.**

→ MS가 블리자드를 687억 달러에 인수, IT 업계 사상 최대 규모 M&A

② **이 회사가 M&A를 추진한 목적은 무엇일까요.**

→ 게임 시장 점유율을 확대하고, 메타버스 신산업을 선점하기 위해

③ **M&A 뉴스가 상장사 주가에 어떤 영향을 미쳤는지 확인하세요.**

→ 피인수 기업인 블리자드는 26% 상승, 경쟁사인 소니는 13% 하락

인수합병(M&A)은 다른 회사를 사들여 경영권을 확보하거나 회사끼리 합치는 것을 말한다. 컨설팅 업체인 베인&컴퍼니에 따르면 2021년 전 세계 M&A 거래액은 5조 9,000억 달러로 사상 최대 기록을 갈아치웠다. 1년 전보다 62% 늘어난 것으로, 우리 돈으로 7,000조 원을 넘는 규모다.

알짜 사업이어도 성장성이 떨어진다 싶으면 선제적으로 정리하거나, 다른 기업의 뛰어난 기술과 인재를 확보하기 위해 M&A에 나서는 기업이 많아졌다. 외부 자원을 활용해 기업의 경쟁력을 손쉽게 높일 수 있다는 게 장점이다. 구글의 유튜브, 페이스북의 인스타그램, 삼성전자의 삼성페이 등은 서비스를 직접 개발하지 않고 유망 스타트업을 인수해 '내 것'으로 만든 사례다.

금융 전문가 집단이라 할 수 있는 사모펀드(PEF·Private Equity Fund)가 주도하는 인수합병이 많아진 점도 눈에 띄는 변화다. 이들은 기업을 인수할 때부터 오래 갖고 있을 생각이 없다. 저평가된 기업의 가치를 끌어올려 몇 년 안에 다른 곳에 되팔 목적으로 인수합병에 뛰어든다. 예를 들어 국내 최대 PEF인 MBK파트너스는 코웨이, 홈플러스, 네파, 롯데카드 등 대중에 친숙한 회사들도 여럿 인수한 사례가 있다.

만약 M&A가 경영권을 갖고 있는 기존 대주주와 상호 합의에 따라 이뤄지면 우호적 M&A(friendly takeover), 상호 합의 없이 이뤄진다면 적대적 M&A(hostile takeover)라고 부른다. 수익을 위해서라면 물불을 가리지 않는 사모펀드는 적대적 M&A에도 거침이 없다. 이 때문에 기업들 사이에서 정당한 경영권 방어장치를 보장해 달라는 요구가 높아지고 있다.

| 참고 |

백기사 vs 흑기사

경영권 방어 수단이 취약한 국내에서 적대적 M&A가 벌어지면 기업들은 '우군'을 확보해 대응하곤 한다. 기존 경영진의 경영권 방어를 돕는 세력을 백기사(white knight)라 부른다. 공격 대상이 된 기업은 제3자 배정 유상증자, 전환사채(CB) 발행, 자사주 매각 등을 활용해 백기사의 지분율을 늘려준다. 반대로 공격을 시도하는 세력을 돕는 쪽을 흑기사(black knight)라 한다. 흑기사는 이 회사 주식을 사들여 적대적 M&A에 힘을 실어준다. 통상 경영권 분쟁이 벌어지면 주가가 뛰기 때문에 흑기사들은 향후 지분 매각을 통해 쏠쏠한 차익을 기대할 수 있다.

한국에서 M&A가 본격 등장한 것은 외환위기 이후부터다. 사실 이전까지 국내에선 인수합병, 즉 M&A라는 말 자체가 낯설었다. 지배주주 외에는 10% 이상 지분을 마음대로 취득할 수 없도록 한 증권거래법 조항이 있었기 때문이다. 지금은 상상하기 힘든 '특혜'인데, 대기업의 성장을 적극 지원해 온 한국의 경제 발전사와 관련이 있다. 총수들이 열심히 사업 키우는 데 전념할 수 있도록 경영권을 법으로 보호해준 것이다. 이 조항이 1997년 폐지되면서 능력만 되면 다른 회사 인수를 노려볼 수 있는 길이 열렸다. 당시만 해도 M&A는 부실기업 구조조정을 위해 이뤄진다는 인식이 강했지만 요즘은 그렇지 않다.

나의 소중한 재산을 누군가에게 넘기는 것은 쉽게 내릴 수 있는 결정이 아니다. 개인이 작은 집 한 채를 팔더라도 매수자를 찾아 가격을 조율해 계약서를 쓰고 이사를 마치기까지 적어도 수개월이 걸린다. 혹시 모를 분쟁을 막기 위해 부동산 중개업소의 도움도 받는다. 하물며 기업의 경영권을 넘기는 과정은 얼마나 까다롭겠는가.

M&A는 경우에 따라 수년이 걸리기도 하는 장기 프로젝트다. 거래 당사자끼리 뚝딱 계약하는 일도 거의 없다. 외부 전문가인 투자은행(IB·Investment Bank), 회계법인, 법무법인 등이 자문사로 참여해 전반적인 실무 작업을 돕는다.

전략적투자자/재무적투자자
(strategic investor/financial investor)

전략적투자자는 기업 경영에 실제 참여하기 위해,
재무적투자자는 매매 차익만을 목적으로 M&A 자금을 대는 쪽을 말한다.

롯데의 '공격 DNA' 이번엔 중고나라 인수

롯데가 국내 1위 온라인 중고거래 업체인 중고나라를 인수한다. 20
조원 규모로 성장한 중고거래 플랫폼을 선점하기 위한 포석이다. 바이
오산업 진출에 이어 신동빈 회장의 '공격 DNA'가 살아나고 있다는 평가
가 나온다.

23일 투자은행(IB)업계에 따르면 롯데그룹은 유진자산운용, NH투자
증권-오퍼스PE(기관투자형 사모펀드)와 공동으로 중고나라 지분 95%를 인
수하기로 최근 주식매매계약을 체결했다. 전체 거래금액은 1150억원이
다. 롯데 내 투자 주체는 롯데쇼핑으로, 투자금은 300억원이다. 공동
투자자 중 롯데쇼핑만 전략적 투자자(SI)다.

롯데쇼핑은 나머지 재무적 투자자(FI)들의 지분을 인수할 권리(콜옵션)를 보유한 것으로 알려졌다. 롯데쇼핑의 전략적 선택에 따라 언제든 중고나라의 최대주주로 올라설 수 있다는 얘기다.

2018년 84조원 규모였던 롯데그룹 매출은 지난해 70조원에도 못 미칠 정도로 쪼그라들었다. 이를 만회하기 위해 신 회장의 '특명' 아래 롯데그룹은 새로운 먹거리에 과감한 투자를 하고 있다.

김채연·이지훈·박동휘 기자, 〈한국경제〉, 2021.3.24

① **주식매매계약(SPA)의 내용과 의미를 정리해보세요.**

→ 중고나라 지분 95%를 1,150억 원에 인수, 이제 돈을 내면 M&A 완료

② **이 거래에서 전략적투자자(SI)와 재무적투자자(FI)를 구분해보세요.**

→ 롯데쇼핑은 SI, 유진자산운용과 NH투자증권-오퍼스PE는 FI

③ **SI와 FI는 각각 무엇에 관심이 있는지 파악해보세요.**

→ FI는 향후 지분을 팔아 수익을 내는데, SI는 경영권을 확보하는 데 관심

◇◇◇◇◇◇◇◇◇◇◇◇◇◇◇

경제신문의 인수합병(M&A) 기사는 어떤 기업이 매물로 나왔고, 누가 관심을 보였고, 이 가운데 새 주인으로는 누가 선정됐으며 금액은 얼마로

결정됐는지 등을 중점적으로 추적한다. 딱딱한 업계 용어가 많이 등장하지만 몇 가지만 이해해도 거래 흐름을 한결 쉽게 따라갈 수 있다.

M&A는 거래 방식에 따라 공개 경쟁입찰, 제한적 경쟁입찰, 수의계약으로 나눌 수 있다. 매수 의향이 있는 기업을 최대한 많이 접촉해 몸값을 높여보고 싶다면 공개 경쟁입찰을 택할 것이고, 비밀 유지가 더 중요한 상황이라면 제한적 경쟁입찰이나 수의계약을 활용할 가능성이 높다.

어느 기업이 매각 주관사를 선정했거나 티저 레터(teaser letter·투자 안내문)를 배포했다면 매각을 본격적으로 타진하기 시작했다는 의미다. 소비자 호기심을 자극하는 영화 예고편이나 광고를 티저라고 부르듯, 티저 레터는 매각할 회사의 기본 정보와 장점을 소개해 잠재적 매수자의 흥미를 유발하는 문서다.

잠재적 매수자들은 비밀유지협약(NDA·Non Disclosure Agreement)에 서명하고 매물에 대해 보다 구체적 정보를 담은 투자설명서(IM·Information Memorandum)을 받아가게 된다. 인수전에 뛰어들겠다는 결심이 섰다면 인수의향서(LOI·Letter Of Intent)를 제출하고 실사(due diligence)에 들어간다.

실사는 실상을 조사한다는 뜻으로, 이 매물이 정말 살 만한 가치가 있는가를 꼼꼼히 점검하는 중요한 과정이다. 그런데 인수에 관심을 보인 기업 중엔 진짜로 매수 의지가 강한 쪽도 있겠지만, 대충 간만 보거나 정보만 빼가려는 쪽도 있을 수 있다. 매도자 측은 잠재적 매수자 가운데 진지하게 접촉할 후보군을 추려 실사 기회를 준다. 예비입찰을 거쳐 쇼트 리스트(short list·예비 후보)가 압축됐다거나, 본입찰을 거쳐 우선협상대상자가 선정됐다면 새 주인의 윤곽이 비교적 뚜렷해지고 있다고 보면 된다.

거래 당사자들에게 가장 민감한 일은 가치 평가와 가격 협상이다. 자영업자끼리 식당을 매매할 때 장사가 잘되고 단골이 많으면 권리금이 붙는 것처럼, 기업끼리의 M&A에도 웃돈이 매겨지는 경우가 많다. 최대주주 자리를 넘기는 대가로 실제 시장가치보다 더 많이 지급하는 가격을 '경영권 프리미엄'이라 한다.

실사가 끝나고 가격까지 정해졌으면 주식매매계약(SPA·Share Purchase Agreement)이 체결된다. 이쯤 되면 M&A의 9부 능선은 넘은 셈이다. 다만 집을 팔 때 계약금, 중도금, 잔금까지 모두 입금돼야 등기를 이전하는 것과 마찬가지로 M&A에서도 돈이 지급돼야 거래 완료(deal closing)다. 자금 조달에 실패해 엎어지는 계약도 적지 않다.

비싼 매물일수록 한 기업이 단독으로 인수하지 않고 컨소시엄(consortium)을 꾸려 공동으로 인수전에 뛰어드는 사례가 많다. 경영권 확보를 목적으로 참여한 쪽은 전략적투자자(SI), 사업에는 관심이 없고 수익을 낼 목적으로 자금을 지원한 쪽은 재무적투자자(FI)라 부른다.

승자의 저주 (winner's curse)

치열한 경쟁에서 이겼지만 승리를 위해 과도한 비용을 치른 탓에
오히려 위험에 빠지거나 큰 후유증을 겪는 상황.

아시아나항공 M&A 결국 무산

HDC현대산업개발의 아시아나항공 인수가 결국 무산됐다. 3일 채권
단에 따르면 아시아나항공 대주주인 금호산업은 다음주 초 HDC현산
에 거래 종결을 공식 통보할 예정이다. 지난해 12월 HDC현산과 주식
매매계약(SPA)을 체결한 지 9개월 만이다.

이동걸 산업은행 회장은 지난달 26일 정몽규 HDC그룹 회장과 만나
인수가를 최대 1조원가량 깎아주겠다고 제안했다. 그러면서 이달 초까
지 인수 여부에 대한 확답을 요구했지만 HDC현산은 재실사를 먼저 해
야 한다는 기존 입장을 고수했다.

채권단 고위 관계자는 "HDC현산의 인수 의지가 없다고 결론내렸

다"며 "거래 종결 절차와 함께 매각 무산에 따른 플랜B(대안)를 개시할 것"이라고 밝혔다. 채권단은 아시아나항공을 산은 주도 관리체제에 편입시킨 뒤 시장 상황을 봐서 재매각에 나설 방침이다.

HDC현대산업개발의 아시아나항공 인수 무산은 "예견된 수순이었다"는 것이 시장의 반응이다. 신종 코로나바이러스 감염증(코로나19) 사태로 항공업이 직격탄을 맞은 상황에서 불가피한 선택이었다는 분석이다. 인수 강행 시 그룹의 생존이 위태로울 수 있다는 위기감에 대외신인도 저하를 감수한 고육지책을 썼다는 평가가 나온다. 항공업계 관계자는 "코로나19가 장기화되는 현 상황에서 HDC현산은 아시아나항공 인수가 '밑 빠진 독에 물 붓기'가 될 수 있다고 본 것"이라고 평가했다.

강경민·이상은 기자, 〈한국경제〉, 2020. 9. 4

① M&A가 거래 종료 직전에 무산된 이유를 정리해보세요.

→ SPA를 맺었지만 인수 예정자가 재실사를 요구하며 계약을 이행하지 않음

② 인수 예정자가 입장을 바꾼 이유를 찾아보세요.

→ 항공사 경영이 급격히 악화돼 예상보다 많은 투자금이 들어갈 가능성

③ 매물로 나온 회사는 향후 어떤 절차를 밟는지 확인해보세요.

→ 채권단 관리체제로 경영을 정상화한 뒤 재매각 추진

인수대금을 약속대로 납입하고 최대주주 지분을 넘겨받으면 인수합병(M&A) 거래는 표면적으로 끝난다. 이때부터 회사를 마음대로 경영할 수 있게 된다. 하지만 '진짜 성공한 M&A'가 되기 위해서는 더 중요한 과정이 남아있다. 바로 인수 후 통합(PMI·Post Merger Integration)이다.

PMI란 인수기업과 피인수기업의 조직, 인사, 회계, 전산 등은 물론 기업문화까지 실질적으로 통합하는 과정을 말한다. 해외 컨설팅업체들은 M&A의 60~80%는 당초 목표로 한 시너지 효과를 내지 못하고, 실패의 절반은 PMI에서 문제가 생기기 때문이라 분석한다. 업계 전문가들은 M&A가 결혼과 비슷하다고 말한다. 다른 방식, 다른 생각으로 살아온 두 주체가 하나가 되는 과정이 말처럼 쉽지만은 않다는 점에서다.

M&A에서 피해야 할 또 다른 함정은 승자의 저주다. 승자의 저주란 매물의 가치를 잘못 판단한 탓에 M&A, 경매, 입찰 등에서 이기고도 오히려 위험에 빠지거나 큰 후유증을 겪는 것을 말한다.

미국 시카고대 경영대학원의 리처드 탈러 교수가 쓴 책《승자의 저주》에는 1950년대 멕시코만 석유 시추권 공개 입찰 얘기가 나온다. 당시 입찰에 참여한 미국 석유 기업들의 경쟁이 과열되면서 최고가인 2,000만 달러를 써낸 기업이 사업권을 따냈다. 문제는 기업들이 석유 매장량을 추정할 역량이 없는 상태에서 경쟁만 과열됐다는 것이다. 실제 석유 매장량의 가치는 1,000만 달러에 불과했고, 낙찰자는 1,000만 달러의 손실을 봤다.

국내에도 공격적인 M&A로 사세를 키우는 데 성공했지만 인수대금 대부분을 빚으로 조달한 탓에 몇 년 만에 그룹 전체가 유동성 위기에 빠진 사례가 적지 않다. 경쟁 입찰에서는 매물의 가치를 제대로 평가하고, 자금 조달 계획을 꼼꼼히 세우는 것이 무엇보다 중요하다. 하지만 '일단 세게 지르고 보자'는 생각이 앞서 이런 절차를 건너뛰어버리면 승자의 저주를 피하기 어렵다. 개인이든 기업이든 때론 과감한 모험이 필요한 순간이 있지만, 자기 능력 이상의 과욕은 위험천만한 법이다.

기업결합심사

일정 규모 이상의 기업이 M&A를 할 때
공정거래위원회의 심사를 받도록 한 제도.
시장 경쟁을 저해하는 기업결합이라 판단되면 조건부 허용하거나 불허할 수 있다.

알짜노선 10년 내놓는 조건으로…'대한항공 빅딜' 승인

대한항공과 아시아나의 기업결합 승인 요청에 대해 공정거래위원회가 '조건부 승인' 결정을 내렸다. 정부 주도의 '항공 빅딜'로 초대형 국적항공사의 탄생이 한 발짝 더 가까워졌다. 반면 공정위가 경쟁 제한을 막는다는 이유로 까다로운 조건을 내걸어 국내 항공산업의 경쟁력이 약화될 것이라는 우려도 동시에 나온다.

공정위는 22일 뉴욕, 파리 등 '알짜' 노선의 슬롯(시간당 이착륙 허용 횟수)과 운수권을 재분배하는 조건으로 두 회사의 결합을 승인한다고 발표했다. 경쟁 제한이 발생할 우려가 있는 국제선 26개와 국내선 14개 노선의 시장점유율을 줄이는 조치를 하라는 것이다. 동시에 이 같은 조치가 마무리되기 전까지는 운임을 올리지 못하도록 했다.

　공정위는 노선 재분배 외에 노선 운임을 코로나19 발생 이전인 2019년 대비 물가상승률 이상으로 높이는 것을 제한하는 조치도 함께 내렸다. 공급 좌석 수를 줄이는 것도 금지했고, 좌석 간격과 무료수하물 등 서비스 품질을 유지하도록 했다. 항공 마일리지도 2019년보다 소비자에게 불리하게 변경하지 못하도록 했다.

　초대형 국적항공사가 출범하기 위해선 미국, 유럽연합(EU), 일본, 중국, 영국, 호주 등 6개국 경쟁당국의 승인이 필요하다. 해외 경쟁당국 중 한 곳이라도 불승인 결정을 내리면 통합 항공사는 물 건너가게 된다.

남정민·이지훈 기자, 〈한국경제〉, 2022.2.23

① **민간 기업의 인수합병에 경쟁당국이 개입하는 이유는 무엇일까요.**

　→ 독점을 방지하기 위해 심사를 거쳐 승인 또는 불승인 결정을 내림

② **이 사례에서는 어떤 결정이 내려졌는지 정리해보세요.**

　→ 시장점유율 축소, 요금 인상 제한 등을 전제로 조건부 승인

③ **이 거래가 완료되려면 어떤 절차가 남았는지 확인해보세요.**

　→ 해외 6개국에서도 기업결합 승인 결정을 받아야 함

인수합병(M&A)은 순기능과 역기능을 함께 갖고 있다. 기업 경영의 효율성을 높이고, 경쟁력 낮은 기업을 정리한다는 것은 장점이다. 하지만 경쟁사 간의 M&A는 독과점을 유발해 소비자에 불리한 결과를 가져올 수도 있다. 이런 점 때문에 한국을 비롯한 70여 개 나라는 일정 규모 이상의 M&A는 경쟁당국의 승인을 받도록 하는 기업결합심사 제도를 운영하고 있다.

한국의 경우 인수기업의 자산 또는 매출이 3,000억 원 이상, 피인수기업의 자산 또는 매출이 300억 원 이상이거나 그 반대인 경우 공정거래위원회에 신고하고 심사를 받아야 한다. 원칙적으론 모든 M&A 건을 심사해야겠지만 현실적으로 어렵기 때문이다.

공정위는 이들 기업의 시장점유율과 시장집중도를 검토해 경쟁을 제한할 소지가 없으면 기업결합을 승인한다. 하지만 경쟁제한성이 있다고 판단되면 M&A를 아예 금지할 수 있다. 일부 자산 매각, 가격 인상 제한 등을 전제로 조건부 허용하기도 한다. 2019년 요기요를 운영하는 독일 딜리버리히어로가 배달의민족을 인수한 사례를 보자. 음식 배달 앱이 독점 체제로 바뀐다는 문제가 부각되면서 기업결합심사 결과가 초미의 관심사로 떠올랐다. 공정위는 1년에 걸친 심사 끝에 "배달의민족을 인수하려면 요기요를 매각하라"는 결론을 내렸다. 요기요가 요기요를 팔고 배달의민족을 사는 상황이 된 것이다. 실제로 요기요는 GS리테일을 새 주인으로 맞이하고 배달의민족과 다시 경쟁하고 있다.

2005년 맥주 업계 1위 하이트맥주가 소주 업계 1위 진로를 인수할 때 공정위는 "향후 5년 동안 가격을 소비자물가상승률 이상 올리지 말고, 맥주와 소주의 영업망을 합치지 말라"는 등의 조건을 달아 승인하기도 했다.

글로벌 기업의 M&A는 여러 진출국의 기업결합심사를 모두 통과해야 하는 복잡한 과정을 거친다. 특정국이 기업결합을 불허하거나 무리한 조건을 달면 M&A를 포기하는 일도 심심찮게 벌어진다. 2019년 우리나라 정부가 '조선산업 구조조정' 차원에서 추진한 현대중공업과 대우조선해양의 M&A는 다른 나라 기업결합심사 때문에 좌초됐다. 중국은 승인했는데 EU가 2022년 불승인 결정을 내리면서 두 조선사의 합병은 물거품이 되고 말았다.

국가별로 심사 기준이 제각각이어서 일관된 원칙이 필요하다는 지적이 꾸준히 나오고 있지만, 통합은 현실적으로 쉽지 않다. 대형 M&A일수록 기업결합심사가 거래 성사 여부를 결정짓는 중요한 관문인 만큼 시도 단계에서부터 치밀한 검토가 필요하다.

SPAC (Special Purpose Acquisition Company)

비상장기업 인수합병을 목적으로 하는 페이퍼 컴퍼니.

공모가 3배까지 뛰었다…삼성스팩 주의보

삼성증권이 비상장 기업을 인수할 목적으로 설립한 '삼성스팩(SPAC·기업인수목적회사)'이 공모가의 2~3배 수준까지 치솟았다. 다른 증권사가 설립한 스팩 대부분이 공모가를 약간 넘는 수준에서 거래되는 것과 대별된 모습이다. 일부 중소형주에서 시작된 '이유 없는 주가 폭등세'가 삼성스팩에도 옮겨붙은 것 아니냐는 관측이 나온다. 합병 대상을 찾지 않은 상태에서 주가가 급등한 것이어서 추격 매수엔 신중해야 한다고 전문가들은 지적했다.

9일 삼성스팩6호는 가격제한폭(30%)까지 치솟은 3705원에 마감했다. 삼성머스트스팩5호(12.77%), 삼성스팩4호(12.61%)도 일제히 강세를 보였다. 개인들은 이날 세 종목을 일제히 사들이며 주가를 끌어올렸다. 외국인과 기관은 순매도로 일관했다. 삼성전자가 코로나19로 지연됐던 인수합병(M&A)을 다시 추진할 것이란 전망이 확산된 것이 이날 주가 상승의 이유로 작용했다는 분석이다. 하지만 이들 '삼성스팩 3인방'은 이미 공모가를 훌쩍 넘어섰다.

하지만 이들 '삼성스팩 3인방'은 이미 공모가를 훌쩍 넘어섰다. 삼성스팩4호는 공모가의 세 배에 달하는 5500원대에 거래되고 있다. 삼성머스트스팩5호와 삼성스팩6호도 공모가 대비 80% 넘게 올랐다. 다른 증권사가 발행한 스팩은 대부분 공모가인 2000원 초반대에 거래되고 있다.

전문가들은 일부 중소형주에 몰렸던 투기성 자금이 스팩에까지 몰리면서 삼성스팩이 동반 급등하는 것 아니냐는 분석을 내놓고 있다. 스팩은 시가총액이 100억원 내외로 작고 거래량이 적어 시세를 움직이기 쉽다. 스팩 열풍이 개미들 간 폭탄 넘기기로 끝날 것이라는 우려도 나온다.

박의명 기자, 〈한국경제〉, 2023. 1. 10

① 스팩이란 무엇이고, 주가가 왜 급등했는지 정리해보세요.

→ 비상장 기업 인수가 목적인 회사, 삼성의 인수합병 추진에 대한 기대 확산

14장

② 주가를 과열 상태로 볼 수 있는 근거를 찾아보세요.

→ 대다수 스팩은 공모가 수준이나 삼성스팩은 2~3배로 급등

③ 스팩 투자자가 주의해야 할 점을 생각해보세요.

→ 합병 대상이 정해지지 않은 상태에서 고점에 사면 물릴 수 있음

◇◇◇◇◇◇◇◇◇◇◇◇◇◇◇

일반적인 기업은 상품이나 서비스를 판매해 이익을 내서 기업가치를 끌어올리는 것을 목표로 한다. 하지만 스팩(SPAC)은 오직 다른 기업 인수합병(M&A)만을 목표로 세워진 특이한 회사다. 제품을 만들어 판매하는 등의 활동은 하지 않고, 서류상으로 존재하는 페이퍼 컴퍼니(paper company)의 일종이다.

스팩의 특징은 M&A를 추진할 '실탄'을 불특정다수에게서 공개적으로 투자받는다는 점이다. 스팩은 맨 처음엔 소수의 발기인(주식회사를 설립할 때 참여한 사람)들이 비상장회사로 설립한다. 하지만 곧 주식시장에서 기업공개(IPO), 즉 상장을 통해 일반 투자자로부터 자금을 모집하게 된다. 자금을 확보한 스팩은 M&A 대상을 물색한다. 성장 가능성이 높은 비상장기업을 발굴한 뒤 주주총회를 열어 인수 여부를 결정한다.

국내에 스팩 제도가 시행된 것은 2009년 12월. 우량 비상장기업이 주식시장에 상장할 수 있는 기회를 넓히고, 개인 투자자가 쉽게 접근할 수 없었던 M&A 시장에 참여하는 길을 연다는 뜻이 있었다. 중소기업 중에

는 증시에서 자금을 조달하고 싶어도 상장 절차가 까다롭고 시간이 오래 걸리기 때문에 스팩과 합병해 빨리 상장하는 것을 선호하는 곳이 있다.

스팩은 우량 기업과 합병한다는 소문이 나지 않는 이상 특별한 호재가 없는 종목이어서 상장 이후에도 주가가 공모가 수준인 2,000원 안팎에서 크게 움직이지 않는다. 또 상장 3년 후에도 인수 대상을 찾지 못하면 원금과 약간의 이자를 주주들에게 돌려주고 청산해야 한다. 회사의 유일한 목적이 M&A인데, 3년이란 시간을 줬는데도 못 했으면 그만 문을 닫으라는 얘기다. 손실 가능성이 상대적으로 낮다는 평가를 받는 이유다. M&A가 성공적으로 이뤄져 주가가 오르면 투자자들은 주식을 매각해 수익을 올릴 수 있다.

하지만 성장성이 애매한 회사를 인수하면 손해를 볼 수도 있는 만큼 투자자들이 정보를 꼼꼼히 파악해야 한다. 간혹 스팩이 '묻지마 투자'의 대상이 돼 주가가 과열되기도 하는데 다른 투자상품과 마찬가지로 옥석을 가려야 한다. 스팩의 성과는 공모를 통해 모은 자금으로 우량 기업을 인수해 그 가치를 끌어올릴 때 비로소 실현된다. 스팩의 경영진이 좋은 회사를 골라내는 혜안과 관리 능력이 있는지 잘 따져보고 투자하는 게 좋다.

적대적 M&A에 맞서는 경영권 방어 수단
일론 머스크의 공격에 '독약' 꺼내든 트위터

2022년 4월 트위터가 발칵 뒤집혔다. 테슬라 최고경영자(CEO) 일론 머스크가 트위터 지분 9.2%를 확보해 최대주주에 오른 사실을 공개한 데 이어 나머지 지분도 전부 사들여 '개인 회사'로 만들겠다는 제안을 트위터에 보내면서다. 트위터는 머스크의 시도를 차단하기 위해 포이즌 필(poison pill) 전략을 꺼내들었다. "누구든지 우리 회사 지분을 15% 이상 매입하면 포이즌 필을 발동하겠다"고 맞받았다.

포이즌 필은 적대적 M&A 대상이 된 기업이 활용하는 경영권 방어 수단의 하나다. 새 주식(신주)을 대거 발행하거나 기존 주주에게 신주를 시가보다 훨씬 싼값에 살 수 있는 권리(콜옵션)를 부여하는 제도다. 이렇게 하면 기존 주주들은 적은 돈을 들여 지분을 늘릴 수 있지만 M&A에 나선 쪽은 지분 확보에 어려움을 겪게 된다.

포이즌 필은 영어로 '독약'이라는 뜻으로 1982년 미국에서 먼저 도입됐다. 과거 스파이들이 체포될 경우에 대비해 독약을 지니고 다닌 데서 유래했다. 흔해진 물건은 비싸게 팔기 어렵듯 주식도 너무 많이 발행하면 가격이 하락(가치 희석)하게 된다. 손해를 감수하더라도 적의 공격으로부터 경영권을 지켜내기 위한 고육지책인 셈이다.

M&A 세계에서는 포이즌 필 말고도 황금낙하산, 차등의결권, 황금주 등 다양한 경영권 방어 장치가 동원되고 있다.

황금낙하산(golden parachute)은 사퇴하는 임원에게 거액의 보상을 주도록 한 제도다. M&A가 성사돼 최대주주가 바뀌면 통상 경영진부터 교체되게 마련이다. 그런데 이 회사 정관에 '임원을 자르려면 어마어마한 퇴직금을 줘야 한다'는 조항이 있다면? 새 주인 입장에선 적지 않은 부담이다. 인수에 더 많은 돈이 들어가도록 만들어 적대적 M&A의 유인을 줄이는 효과가 있다.

차등의결권(dual class stock)은 특정인에게 실제 지분보다 많은 의결권을 행사할 수 있도록 한 제도다. 민주주의 선거가 '1인 1표'를 핵심으로 하듯 기업의 의결권은 '1주 1표'가 기본 원칙이다. 하지만 최대주주가 외부 공격에 흔들리지 않고 회사를 안정적으로 운영할 수 있도록 일부 주식에 특별히 많은 수의 의결권을 부여하는 것이 차등의결권이다. 워런 버핏이 보유한 벅셔해서웨이 주식에는 일반 주주보다 200배 많은 의결권이 주어져 있다. 구글, 페이스북, 알리바바, 샤오미 등도 차등의결권을 통해 창업자의 경영권을 보장한 사례다.

황금낙하산과 차등의결권은 1980~1990년대 미국에서 처음 등장했다. 투기성 자본의 적대적 M&A가 급증하면서 기업들의 볼멘소리가 커지자 대응책으로 고안됐다. 하지만 인수 희망자에게 너무 불리한 제도인 데다 일부 경영진의 사익 추구에 악용될 수 있다는 지적도 있다.

차등의결권의 가장 극단적인 형태는 황금주(golden share)다. 딱 한 주만 갖고 있어도 주주총회에서 거부권을 행사할 수 있는 특별주식이다. 황금 주는 1984년 영국이 정부 소유의 브리티시텔레콤(BT)을 민영화하면서 공 익성을 유지하기 위해 마련한 안전장치였다. 이후 유럽 전역으로 퍼져나 갔지만 주주 간의 평등권을 해친다는 비판을 받았다. 황금주는 유럽연합 재판소가 2002년 폐지를 권고한 이후 '본토'인 유럽에서 사라지는 추세다.

이런 경영권 방어수단 가운데 한국에도 도입된 것은 황금낙하산뿐이 다. 나머지는 '재벌 특혜'라는 반대 논리에 막혀 허용되지 않고 있다. 벤처 업계는 차등의결권 도입을 강하게 요구하고 있다. 스타트업은 외부 투자 를 반복적으로 유치하는 과정에서 창업자 지분율이 희석(하락)되게 마련 인데, 이 과정에서 경영권이 불안해지는 사례가 적지 않기 때문이다.

이사회가 포이즌 필을 동원해 저항하긴 했지만 트위터는 결국 6개월 뒤 머스크의 손에 넘어갔다. 트위터 지분 100%를 확보하고 상장폐지까 지 마친 그가 남긴 트윗은 "새는 해방됐다(the bird is freed)". 이 사례는 440억 달러(약 55조 원)라는 인수금액도 화제였지만 적대적 M&A가 역동적으로 이 뤄지는 미국 자본주의의 속성을 생생하게 보여줬다.

intro

"졸면 죽는다." 산업 현장의 치열한 경쟁을 상징하는 표현이다. 맥킨지에 따르면 1935년 90년에 달하던 기업의 평균 수명은 2015년 15년으로 단축됐고 갈수록 짧아지고 있다. 기업은 경제적 이익을 위해 움직이는 조직이지만 그 과정에서 다양한 방식으로 사회에 기여한다. 일자리를 창출하고, 세금을 내고, 삶의 질을 높이는 상품과 서비스를 만들어낸다. '회사'를 뜻하는 영단어인 엔터프라이즈(enterprise)에는 '진취성, 모험심'이라는 의미도 있다.

기업

대기업

통상 공정거래위원회가 지정한 '대기업집단'에 포함된 곳을 가리킨다.

계열사 자산총액이 5조 원 이상인 그룹.

SK그룹 '재계 2위'로…두나무, 가상자산 업계 첫 '대기업' 됐다

SK그룹이 현대자동차그룹을 제치고 재계 2위로 올라섰다. 그룹의 주력인 반도체 분야가 호조를 보인 데다 배터리와 바이오 등 미래 사업을 지속적으로 발굴한 결과다. 국내 최대 암호화폐거래소 업비트를 운영하는 두나무는 자산 10조원을 초과하면서 공시대상기업집단(자산총액 5조원 이상 그룹·대기업집단)은 물론 상호출자제한기업집단(자산총액 10조원 이상 그룹)에 신규 지정됐다. 재계 순위도 단숨에 44위로 뛰어올랐다.

27일 공정거래위원회가 발표한 '2022년 공시대상기업집단 지정 현황'에 따르면 SK그룹은 자산총액이 1년 전보다 52조4390억원 늘어난 291조9690억원을 기록하며 현대차(257조8450억원)를 제쳤다. 2004년 재계

5위에서 2005년 3위가 된 지 17년 만에 2위로 올라선 것이다. SK가 재계 순위에서 현대차를 앞지른 건 18년 만이다. 삼성그룹은 자산총액 483조9190억원으로 부동의 1위 자리를 지켰다.

SK의 자산 증가는 20조9000억원이 불어난 반도체가 이끌었다. 반도체 매출 증가와 인텔 낸드사업부 인수가 결정적이었다. 이 밖에 배터리와 바이오를 중심으로 한 신성장 산업 집중 투자도 그룹의 몸집이 커진 배경이다.

두나무는 자산총액이 10조8225억원으로 불어나면서 가상자산 거래기업 중 처음으로 상호출자제한집단으로 지정됐다. 암호화폐 열풍에 힘입어 사업 이익과 현금성 자산이 큰 폭으로 늘어난 결과다. 두나무 외에 신규로 대기업집단에 편입된 곳은 크래프톤·보성·KG·일진·OK금융그룹·신영·농심 등 8곳이다.

김소현·이지훈·강경민 기자, 〈한국경제〉, 2022.4.28

① **어떤 기업을 대기업이라 부르고, 기준은 무엇인지 확인해보세요.**

→ 대기업집단으로 지정된 그룹, 자산총액 5조 원 이상

② **자산총액을 기준으로 재계 순위를 파악해보세요.**

→ 1위 삼성그룹, 2위 SK그룹, 3위 현대자동차그룹

③ **재계 순위가 오른 곳들의 특징은 무엇인지 정리해보세요.**

→ 사업이 확장하면서 매출과 이익이 늘고 자산 규모가 증가

✕✕✕✕✕✕✕✕✕✕✕✕✕✕

외국 경제신문의 한국 관련 기사에는 'chaebol'이라는 단어가 자주 등장한다. 재벌(財閥)이란 말을 영어로 옮길 마땅한 표현이 없어 소리 나는 대로 적은 것이다. 여러 계열사를 거느린 대기업은 해외에도 많다. 그러나 한국 대기업은 소유와 경영이 명확히 분리되지 않고 오너(owner) 일가가 제왕적 영향력을 행사하는 경향이 있어 다소 독특한 형태로 꼽힌다.

대기업 중심의 경제 구조는 한국을 빠르게 성장시킨 원동력으로 작용했다. 하지만 소수의 경제력 독점, 불공정 경쟁, 일부 오너의 무소불위 행태 등 부작용도 적지 않았다. 대기업과 동의어처럼 쓰이는 재벌이라는 용어에 부정적인 어감도 많이 끼어있는 이유다. 정부는 1987년부터 일정 규모 이상의 대기업을 골라 경제력 독점을 억제하는 각종 규제를 시행하고 있다.

우리가 일상적으로 쓰는 대기업이라는 말의 정확한 정의는 무엇일까. 국내에서는 공정거래위원회가 1년에 한 번씩 지정하는 대기업집단에 포함된 곳을 가리킨다. 대기업집단의 지정 기준은 꾸준히 바뀌어왔는데 지금은 계열사 자산총액이 5조 원을 넘어가는 그룹이 대상이다. 이 명단을 보면 자산을 기준으로 한 '재계 서열'도 알 수 있다.

2022년에는 5대 그룹(삼성·SK·현대자동차·LG·롯데)을 비롯한 76곳이 대기

업집단으로 지정됐다. 이들 76개 대기업집단에 소속된 2,886개사 매출을 모두 더하면 1,633조 원. 우리나라 명목 GDP(2021년 2,071조 원)의 79%와 맞먹었다.

대기업집단은 세부적으로 '공시대상기업집단'과 '상호출자제한기업집단'으로 나눈다. 공시대상기업집단은 자산총액 5조 원 이상인 그룹이 해당된다. 기업의 재무 상태, 임원 명단, 지분 구조 등을 공시해야 하고 특수관계인에 대한 부당한 이익 제공 금지 등의 의무가 부과된다. 상호출자제한기업집단은 자산총액 10조 원 이상인 그룹이 대상이다. 계열사 간에 주식을 취득·소유(상호출자)하거나 꼬리에 꼬리를 무는 지배구조(순환출자)를 만들 수 없고, 은행 대출에 계열사가 빚보증을 서는 것도 금지되는 등 무분별한 확장을 억제하기 위한 각종 규제가 추가된다.

간단히 말해 자산이 5조 원을 넘어가면 대기업이 되고, 여기서 몸집이 더 불어나 10조 원을 넘어서면 한층 깐깐한 규제를 적용받게 된다고 요약할 수 있다. 그래서 대기업집단으로 지정되는 것을 별로 달가워하지 않는 회사도 있다. 2024년부터는 상호출자제한기업집단의 기준이 자산 '10조 원' 대신 '국내총생산(GDP)의 0.5%'로 바뀔 예정이다. 경제가 계속 성장하는데 10조 원이라는 경직된 기준으로 기업을 규제하는 건 비합리적이란 지적을 반영한 것이다.

국내에는 대기업부터 중견기업, 중소기업, 소상공인에 이르기까지 705만 6,079개(2021년 기준)에 이르는 기업체가 있다. 중소벤처기업부에 따르면 국내 중견기업이 대기업으로 성장하는 비율은 2.24%, 중소기업이 중견기업에 진입하는 비율은 0.008%에 그쳤다(2015년 기준). 중소·중견기업이 대기업으로 올라서는 '성장 사다리'가 부실하다는 점은 한국 산업 생태계에서 개선해야 할 과제로 꼽힌다.

지주회사 (holding company)

다른 회사 주식을 소유하고 사업 활동을 지배하는 것이 주된 목적인 회사.

"제조업이 효자"···그룹 지주사도 줄줄이 '1조 클럽'

SK와 LG, 현대중공업, GS 등 주요 그룹 지주사들이 지난해 영업이익 '1조 클럽'에 대거 진입했다. 자회사 실적이 크게 개선된 데다 자체 사업 및 투자에서 성과를 내면서 영업이익이 크게 늘었다는 분석이 나온다.

1일 금융감독원에 따르면 지난해 영업이익이 1조원을 넘은 제조업 지주사는 SK㈜, ㈜LG, ㈜GS, HD현대(옛 현대중공업지주) 등 총 네 곳이다. 2020년엔 1조5860억원의 영업이익을 낸 ㈜LG 한 곳뿐이었다. SK㈜와 ㈜GS는 2019년에 이어 2년 만에 1조 클럽에 재진입했다. 특히 SK㈜는 SK하이닉스와 SK이노베이션 등 제조업 자회사 실적 개선에 힘입어 제조업 지주사 중 가장 많은 4조9355억원의 영업이익을 올렸다. SK㈜는 순수지주사와 달리 자체 사업도 영위하고 있다. 투자형 지주회사로서 바이오 등 유망 산업군에 선제적으로 투자해 이익을 내고 있다.

㈜GS도 정유 자회사인 GS칼텍스의 실적 회복에 힘입어 지난해 2조 6402억원의 영업이익을 냈다. 현대중공업그룹의 지주사인 HD현대는 2017년 출범 이후 처음으로 1조 클럽에 가입했다. 지난해 조선 부문의 지분법 평가손실이 발생했으나 경기 회복에 따른 정유 부문의 실적 호조가 이를 상쇄하면서 1조854억원의 영업이익을 올렸다.

당초 1조 클럽 가입이 유력했던 ㈜두산은 9459억원의 영업이익을 내면서 아쉽게 문턱을 넘지 못했다. 지난해 8월 현대중공업그룹에 두산인프라코어를 매각하면서 지분법 평가이익이 일부 감소한 영향이 컸다.

강경민 기자, 〈한국경제〉, 2022.4.2

① **지주회사의 정의는 무엇인지 정리해보세요.**

→ 그룹 계열사를 자회사로 거느리고 있음, 자체 사업을 하는 곳도 있음

② **지주회사에는 어떤 기업들이 있는지 파악해보세요.**

→ SK㈜, ㈜LG, ㈜GS, HD현대(옛 현대중공업지주) 등이 대표적

③ **지주회사의 경영 실적에 큰 영향을 미치는 요인은 무엇일까요.**

→ 그룹 규모가 커지고 자회사들이 이익을 많이 낼수록 지주사 실적도 좋아짐

식당이 장사가 잘되면 2호점, 3호점을 열기 시작한다. 한식에서 일식, 양식 등 전혀 다른 메뉴로 확장하기도 한다. 기업도 비슷하다. 회사가 성장하는 과정에서 사업영역을 계속 넓히고, 규모가 커지면 독립된 회사로 분리하게 된다. A라는 회사가 B라는 회사 지분을 보유해 지배하는 관계일 때 A를 모회사(지배회사), B를 자회사(종속회사)라 부른다. B가 지배하는 C라는 자회사가 또 설립된다면 A에게 C는 손자회사가 된다.

회사 중에는 '다른 회사 거느리는 것'을 본업으로 삼는 곳이 있다. 이런 기업을 지주회사라 부른다. 공정거래법에 따르면 지주회사는 주식 보유를 통해 자회사를 지배하는 것을 주된 사업으로 하는 회사를 말한다. 지주회사는 자회사로부터 지급받는 배당금, 그룹 브랜드 사용료(로열티) 등을 수입원으로 삼는다.

| 참고 |

기업을 쪼개는 두 가지 방법

회사의 특정 사업 부문을 분사하는 기업분할에는 '인적분할'과 '물적분할' 두 방식이 있다. 투자자 입장에서 큰 변화는 분할 이후 지분율이다. 본점이라는 회사가 2호점이란 회사를 떼어낸다고 하자. 인적분할은 본점 주주들에게 2호점 주식을 똑같은 지분율로 나눠준다. 물적분할에서는 본점이 2호점 지분을 100% 보유한다. 지배구조는 바뀌었어도 본점 주주가 여전히 2호점을 간접 지배할 수 있기 때문에 기업가치는 그대로다. 다만 본점이 상장된 상태에서 2호점도 동시에 상장시켜버리면 소액주주들이 손해를 볼 수 있다. 본점의 기업 가치가 희석되는 효과가 있어서다.

과거 한국은 지주회사 설립을 금지했지만, 1999년 허용한 이후 오히려 장려하는 쪽으로 돌아섰다. 외환위기 당시 대기업의 연쇄부도 사태가 복잡한 순환출자 구조에서 비롯됐다고 봤기 때문이다. 그 결과 2021년 말 국내 지주회사 수는 168개로 늘어났으며 이들 지주사에는 2,274개 회사가 소속돼 있다.

지주회사 체제를 도입하면 그룹 지배구조가 투명하고 간결해진다는 게 장점이다. 경영전략 수립과 사업 기능이 분리되고, 자회사별 책임경영을 촉진하는 효과가 기대된다. 미국의 구글도 사업영역이 광범위해지자 2015년 알파벳이라는 지주회사를 만든 바 있다. 일부 자회사가 자금난에 빠졌을 때 그룹 전체가 흔들리는 일도 줄일 수 있다. 국내에서 지주회사로 묶인 계열사끼리는 지급보증을 설 수 없고, 지주회사 부채비율은 200%를 넘지 못하도록 제한을 받는다.

대기업으로의 경제력 집중을 오히려 심화시킬 수 있다는 것은 지주회사 체제의 단점으로 꼽힌다. 대기업이 지주회사로 전환하려면 지분 관계를 정리하는 데 돈도 많이 든다. 진보 성향 시민단체들은 오너의 상속을 쉽게 하는 도구로 악용된다고 주장하기도 한다.

지주회사는 자회사 지분 관리만 맡는 '순수지주회사'와 지분 관리도 하면서 자체 사업도 벌이는 '사업지주회사'로 나뉜다. 예를 들어 LG그룹의 지주회사인 ㈜LG는 순수지주회사이고, SK그룹의 지주회사인 SK㈜는 정보기술(IT) 사업 부문을 함께 운영하는 사업지주회사다.

스타트업 (start-up)

창업한 지 얼마 되지 않은 신생 벤처기업.

유튜버 왕국·배달 1위도 추락…'투자 혹한기' 스타트업의 눈물

유튜버 기획사부터 배달 대행, 뷰티숍 예약, 대체불가능토큰(NFT)까지…. 각 분야 1위 스타트업들이 속절없이 흔들리고 있다. 대규모 감원과 경영권 매각, 폐업 사례가 속출하고 있다.

금리 인상 여파로 스타트업 투자 시장의 돈줄이 얼어붙으면서 몸값이 급락하고, 기업공개(IPO)가 막힌 점이 가장 큰 이유다. 그러자 가장 공격적으로 사업 확장에 나섰던 각 분야 1위 업체부터 무너지는 양상이다. 전문가들은 "최근 2~3년간 플랫폼 경제 호황과 유동성에 기대어 잘나가다가 투자 시장이 꺾이자 무리한 외형 확장, 경쟁 과열, 취약한 수익성, 사내 갈등 등 수면 아래 있던 문제점이 한꺼번에 불거지고 있다"고 설명했다.

국내 최대 다중채널네트워크(MCN)인 샌드박스네트워크는 적자 경영이 지속되자 사업조직 개편과 권고사직을 진행하기로 했다고 27일 밝혔다. e스포츠 대회 운영 등 신사업은 종료하고, 브랜드 커머스 부문은 매각한다.

샌드박스는 그나마 사정이 나은 편이다. 적지 않은 예비 유니콘 기업(기업가치 1조원 이상 스타트업)이 자금난을 버티지 못해 매물로 나왔다. 토종 온라인동영상서비스(OTT) 플랫폼으로 승승장구했던 왓챠는 지난 7월 매각에 착수했다. 한때 기업가치가 5000억원에 육박했지만 지난달 말 38억원의 자금 조달에 나서면서 780억원으로 뚝 떨어졌다.

허란 기자, 〈한국경제〉, 2022. 11. 28

① **최근 스타트업 업계의 분위기를 파악해보세요.**

→ 1위 업체까지 기업가치 하락, 감원, 매각 등이 이어지며 어려운 상황

② **이와 같은 상황의 원인을 생각해보세요.**

→ 금리 인상과 경기 위축 영향으로 투자금 유입이 급감

③ **유니콘 기업의 정의는 무엇인지 확인해보세요.**

→ 시장에서 평가된 기업가치가 1조 원을 넘는 스타트업을 의미

쿠팡, 배달의민족, 토스, 야놀자, 무신사, 마켓컬리, 당근마켓, 두나무……. 설립 10년도 안 돼 우리 일상생활은 물론 대한민국의 산업 지형까지 바꿔놓고 있는 성공한 스타트업들이다. 스타트업은 창업한 지 얼마 되지 않은 초기 단계의 벤처기업을 가리킨다. 1990년대 후반 미국에서 '닷컴 버블'로 불리는 정보기술(IT) 창업 붐이 일었을 때 처음 등장한 말이다. 한국에서도 2010년대 들어 스마트폰 대중화와 인공지능(AI) 확산을 계기로 창업이 활발해지면서 대중에게 친숙한 용어가 됐다.

스타트업은 참신한 기술과 아이디어를 갖고 있지만 인력과 자금은 풍부하지 않은 빠듯한 환경에서 굴러가는 회사다. 혁신성을 무기로 고속 성장을 지향하고, 현재가치보다 미래가치로 평가받는 점이 특징이다. 특히 '승자독식' 경향이 강한 플랫폼 분야에서는 적자를 감수하더라도 공격적으로 몸집을 키우는 데 사활을 건다. 안정적인 수익모델을 갖추기 전까지 꾸준히 외부 투자를 끌어와야 살아남는 구조다.

스타트업 기사에는 어느 회사가 얼마의 신규 투자를 유치했고, 그래서 기업가치가 얼마로 늘었다는 식의 얘기가 자주 등장한다. 창업자와 업계 종사자들이 가장 관심 있는 주제이기 때문이다. 통상 스타트업의 투자 유치는 단계에 따라 시드→시리즈A→시리즈B→시리즈C 등의 순서로 이어진다. 시드(seed)는 말 그대로 초기 개발을 위한 종잣돈을 확보하는 단계다. 사업이 본격화하면 시리즈 A, B, C 등으로 이어지는데 알파벳이 바뀔 때마다 투자금 규모도 커지는 게 일반적이다.

고위험 고수익을 노리는 벤처캐피털(VC·Venture Capital)과 사모펀드(PEF·Private Equity Fund)가 이런 스타트업에 적극적으로 돈을 대고 있다. 주로 주식 취득 등의 방식으로 자금을 공급하며 창업자에게 경영, 기술 등의 노하우를 종합적으로 지원하기도 한다. 대기업이 투자회사를 차려 스타트업에 직접 돈을 대는 사례도 많아졌다. 대기업이 설립한 VC를 기업형 벤처캐피털(CVC·Corporate Venture Capital)이라 부른다. 모기업과 시너지 효과를 내거나 신성장동력을 가져다줄 만한 회사를 발굴하는 데 집중하는 점이 특징이다.

스타트업들이 투자 유치를 중요하게 보는 또 다른 이유는 이 과정에서 '몸값'이 결정되기 때문이다. 상장사 가치는 시가총액으로 가늠할 수 있지만 비상장사 가치는 객관적으로 평가하기 쉽지 않다. 스타트업의 기업 가치는 창업 이후 수차례 외부 투자를 유치하는 과정에서 전문 투자자들의 냉정한 평가를 거쳐 산정된다. 얼마를 투자해 지분을 몇 % 가져갈지 정하는 것이다.

| 참고 |

'죽음의 계곡' 넘어야 산다

스타트업은 차리기도 쉽지만 망하기도 쉽다. 대한상공회의소에 따르면 창업 기업이 5년 후에도 생존할 확률은 29.2%. 단기간에 성과를 올리지 못하면 자금난이 찾아오면서 어려움을 맞게 된다. 보통 창업 후 3~5년차에 찾아오는 이 고비를 '죽음의 계곡'에 빗대 데스 밸리(death valley)라 부른다. 어떻게든 살아남기 위해 전략을 갈아엎는 일도 이쪽 업계에선 흔하다. 스타트업이 외부 환경 변화를 반영해 사업을 발 빠르게 전환하는 것은 피버팅(pivoting)이라 한다.

어느 잘나가는 스타트업의 창업자가 돈방석에 앉았고, 그 회사에 일찌감치 투자한 VC들도 대박을 터뜨렸다는 기사는 큰 화제를 모으곤 한다. 창업자나 투자자가 지분을 정리하고 현금화해 빠져나가는 것은 엑시트 (exit)라고 한다.

스타트업의 엑시트 전략에는 여러 가지가 있다. 경쟁사나 대기업에 경영권을 매각하는 인수합병(M&A), 회사를 주식시장에 상장하는 기업공개 (IPO) 등이 대표적이다. 지금은 인식이 많이 바뀌었다지만 엑시트가 마치 '먹튀'처럼 여겨져 비난 여론에 시달리는 때도 있었다. 그러나 엑시트에 성공한 창업자들의 이후 생활을 보면 놀고먹으며 지내는 일은 거의 없다. 투자자로 변신해 다른 유망 스타트업을 지원하거나 새로운 사업 아이템을 찾아 연쇄창업자로 커리어를 이어가는 이들이 대부분이다. 엑시트는 재창업과 재투자를 촉진한다는 점에서 창업 생태계의 선순환에 크게 기여한다.

전방산업/후방산업

가치사슬상에서 해당 산업의 앞뒤에 위치한 업종.
소재·원재료에 가까울수록 후방산업, 최종 소비자와 가까울수록 전방산업이다.

뚝 끊긴 부동산 거래…가구·인테리어社 눈물 뚝뚝

가파른 금리 인상으로 부동산 경기가 꺾이면서 가구·인테리어 업체가 고전을 면치 못하고 있다. 전방산업인 부동산시장이 집값 하락과 매수세 위축으로 얼어붙고 있어서다. 물가 급등과 금융비용 상승으로 일반 소비자마저 지갑을 닫으면서 가구·인테리어 업체의 실적이 속수무책으로 악화하고 있다.

16일 업계에 따르면 지난해 주요 가구·인테리어 업체는 실적이 크게 부진했을 것으로 추정되고 있다. 증권사가 내놓은 업계 1위 한샘의 지난해 영업이익 평균 추정치는 45억원이다. 2021년 영업이익(692억원)의 10분의 1에도 못 미치는 수준이다. 건설·인테리어 자재를 핵심 사업으로 하는 LX하우시스도 지난해 영업이익이 365억원에 그쳤을 것으로 추정됐다. 전년 672억원의 반토막 수준이다.

전문가들은 시장 예상을 뛰어넘는 금리 인상과 부동산 거래 위축이 실적에 직격탄이 됐다고 보고 있다. 국토교통부에 따르면 지난해 11월 말 기준 수도권 미분양 주택은 1만373가구로, 전월보다 36.3%(2761가구) 급증했다. 지난해 11월 서울의 아파트 매매 거래(한국부동산원 기준)는 761 건으로, 2021년 같은 기간(2305건)에 비해 약 70% 줄었다. 일반적으로 주택 거래량이 줄면 리모델링 수요가 감소하고, 신축 입주가 이어지지 않으면 가구 소비가 끊긴다.

김은정 기자, 〈한국경제〉, 2023. 1. 17

① 이 회사들 실적에 영향을 미치는 전방산업은 무엇일까요.

→ 가구·인테리어의 전방산업은 건설·부동산

② 이와 같은 연관 관계가 생기는 원인을 정리해보세요.

→ 이사·입주가 감소하면 가구 소비와 리모델링 수요도 함께 줄기 때문

③ 전방산업의 최근 상황을 파악해보세요.

→ 금리 인상, 집값 하락, 매수세 감소 등으로 부동산 시장 위축

자동차 한 대를 만드는 데는 보통 3만 개의 부품이 들어간다고 한다. 이 수많은 부품을 한 회사가 직접 다 만드는 경우는 없다. 원가를 아끼고 경영 효율성을 높이기 위해 분업(分業)이 일반화됐기 때문이다. 흔히 자동차산업이라 하면 현대, 기아, 르노, GM 같은 완성차업체부터 떠오르게 마련이지만 실제론 원재료와 부품을 공급하는 수많은 기업들이 한배를 타고 있다.

사슬처럼 엮여있는 이들의 사업은 소비자와의 상대적 거리에 따라 전방산업과 후방산업으로 분류할 수 있다. 소재와 원재료에 가까운 업종은 후방산업, 최종 소비자와 가까운 업종은 전방산업이다. 예를 들어 식품산업에서는 사료, 낙농기계 등이 후방산업이고 완제품을 파는 제과, 제빵 등의 업체는 전방산업이 된다.

전방산업과 후방산업은 다른 산업의 생산물을 중간재로 구입해 생산·판매 활동을 하면서 상호의존 관계를 갖게 된다. 이를 '전후방산업의 연관효과'라고 부른다. 후방산업에 속한 기업들의 기술력이 향상되면 전방산업에 속한 기업들의 경쟁력도 올라간다. 전방산업에 있는 업체들이 어려움에 빠지면 그 뒤에 있는 후방산업에도 동반 타격을 입게 된다.

기업들은 생산성을 높이기 위해 전·후방의 영역을 자체적으로 처리하는 구조를 갖추기도 한다. 모기업이 제품의 개발·생산·유통·판매·사후관리에 이르는 전 과정에 관련된 업체를 계열사로 두는 방식을 수직계열화(vertical integration)라고 한다. 예를 들어 CJ그룹은 영화 기획, 투자, 배급 사업을 동시에 벌이면서 CGV 극장에서 직접 상영까지 한다. 하림그룹은 사료 생산부터 사육, 도계, 가공, 유통, 물류까지 닭고기와 관련된 모든 계열사를 보유하고 있다.

수직계열화는 일사불란한 의사결정과 원가 경쟁력 확보에 유리하다. 다만 주력 제품의 업황이 나빠지면 그룹 전체의 수익성이 동시에 악화되는 취약점을 함께 안고 있다. 전체적인 산업 생태계 차원에서 보면, 특정 기업의 독식 구조가 강해지고 외부 중소업체의 설자리를 좁히는 점은 논란거리다.

수직계열화의 반대 개념으로 수평계열화가 있다. 이는 기존 사업과 관계없는 이종(異種) 산업에서 계열사를 늘리는 것을 말한다. 과거 미국의 제너럴일렉트릭(GE)이 가전 부문과 항공기 엔진 부문을 동시에 뒀던 것이 대표적이다. 수평계열화는 한 계열사의 위기가 도미노처럼 전이될 가능성이 낮고, 그룹의 수익원을 다양화할 수 있다는 게 장점이다. 하지만 계열사끼리 시너지 효과가 크지 않고, 자칫하면 문어발식 확장으로 비쳐질 여지도 있다.

| 참고 |

규모의 경제(economies of scale)

반도체·디스플레이·배터리·화학 같은 굴뚝산업에서는 국내외 업체 간의 증설 경쟁이 자주 벌어진다. 경쟁사끼리 인수합병(M&A)도 활발하다. 덩치를 키울수록 수익성과 시장 장악력이 높아지는 '규모의 경제' 효과를 노린 것이다. 생산비용은 생산량과 무관하게 들어가는 '고정비용'과 생산량에 비례해 달라지는 '변동비용'으로 나뉜다. 고정비용은 어차피 늘 일정하기 때문에 생산량을 늘릴수록 제품 하나를 만드는 단위당 비용은 내려간다. 이는 고스란히 기업의 수익으로 돌아온다.

오프쇼어링/리쇼어링 (offshoring/reshoring)

오프쇼어링은 기업이 생산기지를 해외로 옮기는 것.
리쇼어링은 해외 생산기지를 자국으로 옮기는 것.

美 심장부로 돌아온 마이크론, 뉴욕에 1000억弗 공장 짓는다

반도체 패권 장악을 노리는 미국의 정책적 노력이 결실을 보기 시작했다. 미국 최대 메모리 반도체 제조사인 마이크론이 최대 1000억달러(약 142조원)를 투자해 미국 뉴욕주에 대형 반도체 공장을 짓기로 했다.

4일(현지시간) 뉴욕타임스에 따르면 마이크론은 "뉴욕주 북부 지역인 클레이에 대규모 반도체 공장을 짓기 위해 향후 20년간 최대 1000억달러를 투자하겠다"고 이날 발표했다. 2024년 착공해 2025년 반도체 양산을 시작하는 게 목표다. 마이크론은 미국에 연구개발(R&D) 인력을 두고 일본, 싱가포르, 대만 등에서 반도체를 생산하던 기존 정책을 바꿔 미국에도 주요 생산거점을 두기로 했다. 이번 신공장 건설로 자사

일자리 9000개와 협력사, 공급업체 등의 일자리 4만 개가 창출될 것으로 예상했다.

마이크론의 투자 결정에는 지난 8월 9일 조 바이든 미국 대통령이 서명한 '반도체·과학법'의 영향이 컸다는 분석이다. 이 법안엔 반도체 생산 지원에 520억달러(약 73조7000억원) 규모의 보조금을 배정하고 미국에서 공장을 짓는 반도체 기업에 25% 세액 공제 혜택을 주는 내용이 담겼다.

한편 월스트리트저널(WSJ)에 따르면 지난달 기준 애플에 부품을 공급하는 업체 180여 곳 중 미국에 공장을 둔 기업 수는 2020년 25개에서 지난해 48개로 1년 새 두 배 가까이 늘었다. WSJ는 "바이든 행정부의 중국 견제 정책 효과가 나타나고 있다"고 분석했다.

이주현 기자, 〈한국경제〉, 2022. 10. 6

① **이 회사는 어떤 방식으로 생산거점을 운영해왔는지 확인해보세요.**

→ R&D는 미국, 생산은 일본·싱가포르·대만 등으로 역할을 분담해 왔음

② **각국 중앙정부·지방정부가 기업 유치에 노력하는 이유는 무엇일까요.**

→ 대기업을 유치하면 협력사·공급업체 등도 유입돼 일자리 창출 효과

③ **기업을 유치하기 위해 어떤 수단을 활용하는지 정리해보세요.**

→ 보조금 지원, 세액 공제 등 각종 유인책을 제공

한동안 선진국 제조업체 사이에서는 생산거점을 저개발국으로 옮기는 오프쇼어링이 대세였다. 인건비와 제조원가를 아끼고, 빠르게 성장하는 신흥 시장을 직접 공략하기 위해서였다. 이를 통해 중국과 베트남이 '세계의 공장'으로 떠올랐다. 리쇼어링은 이와 정반대 개념이다. 생산기지를 해외로 옮겼던 기업이 다시 본국으로 돌아가는 것을 말한다. 리쇼어링 이니셔티브에 따르면 미국으로 복귀한 '유턴 기업' 수는 2010년 95개에서 2020년 1,484개로 늘었다.

세계 각국 정부는 리쇼어링 촉진에 사활을 걸고 있다. 선진국들은 금융위기 이후 '제조업의 가치'에 다시 주목하기 시작했다. 고용과 투자를 늘리는 데 제조업만한 게 없다고 느낀 것이다. 오프쇼어링을 방치한 결과 자국 내 제조업 생태계는 취약해졌고, 그저 다른 나라에서 만든 제품을 열심히 소비하는 역할에 그쳤다고 판단했다. 저개발국으로 나갔던 기업들 중에서도 치솟는 인건비와 척박한 기업 환경에 지쳐 돌아가려는 수요가 생겨났다.

리쇼어링은 애국심에 호소한다고 되는 게 아니다. 기업을 옮겨오게 만들려면 '당근'을 줘야 한다. 법인세를 깎아주고, 투자에 각종 세제 혜택을 주고, 사업이 걸림돌이 되는 규제를 풀어주는 것 등이 리쇼어링 정책의 기본 방향이다. 오바마 정부는 리쇼어링 기업을 지원하는 정책 기반을 만들었고, 트럼프 정부는 '미국 우선주의'를 앞세워 기업 투자를 노골적으로 요구했다. 바이든 정부는 반도체지원법과 인플레이션감축법(IRA)을 도입해 첨단제품을 미국 안에서 만드는 기업에 차별적 혜택을 몰아줬다. 한국은 2013년 해외진출기업복귀법을 만들었지만 유턴 기업은 해마다 한두 자릿수에 그치고 있다. 더 화끈한 지원책이 필요하다는 지적이 나온다.

물론 현실적으로 모든 기업이 고향에서만 공장을 돌릴 수는 없다. 인건비가 불어나고 원자재 수송도 번거로워지는 단점도 있기 때문이다. 본국에서 멀지 않은 인접국에 공장을 짓는 니어쇼어링(nearshoring)은 리쇼어링의 대안으로 꼽힌다. 미국과 국경이 맞닿은 멕시코는 니어쇼어링을 염두에 둔 미국 기업들로부터 많은 선택을 받고 있다.

| 참고 |

프렌드쇼어링(friendshoring)

프렌드쇼어링은 동맹국끼리 뭉쳐 공급망을 공동 구축하려는 움직임을 말한다. 코로나 사태, 러시아의 우크라이나 침공, 중국의 도시 봉쇄 등이 촉발한 공급망 위기를 겪으면서 '믿을 만한 나라'와 협력할 필요성을 느꼈기 때문이다. 미국이 논의를 주도하고 있는데, 반도체와 천연자원을 놓고 경쟁하는 중국을 견제하기 위한 성격이 강하다. 오프쇼어링과 리쇼어링 사이에서 타협점을 찾은 것으로 볼 수도 있다. 일부 경제학자는 프렌드쇼어링이 지구촌을 '미국 편'과 '중국 편'으로 쪼개는 탈세계화 정책이라 비판하기도 한다. 생산비용이 불어나면 인플레이션을 유발해 경제에 악영향을 끼칠 것이라는 지적도 있다.

ESG (Environment·Social·Governance)

기업이 환경을 보호하고, 사회적 책임을 다하며,
투명한 지배구조를 갖추는 것을 중시하는 경영 활동.

ESG지수서 테슬라 빠지자…머스크 "ESG는 사기" 분노

세계 최대 전기차업체 테슬라가 미국 상장사의 ESG(환경·사회·지배구조) 성과를 측정해 반영하는 주가지수에서 제외됐다.

미국 주가지수 제공업체 스탠더드앤드푸어스(S&P) 다우존스는 18일(현지시간) S&P500 ESG지수에서 테슬라를 뺐다고 미국 CNBC 등이 보도했다. S&P는 "테슬라의 부족한 저탄소 전략과 인종차별, 열악한 근로 환경 등이 영향을 미쳤다"고 설명했다.

마거릿 돈 ESG지수 북미 책임자는 "테슬라 전기차가 배기가스를 줄이는 데 기여하고 있지만 동종업체와 비교해 관련 공시가 부족하다"고 지적했다. 또 "캘리포니아주 프리몬트 공장의 인종차별과 근로 환경 논란, 미국 도로교통안전국의 테슬라 오토파일럿(주행 보조 장치) 안전성 조사 등도 반영했다"고 말했다.

일론 머스크 테슬라 최고경영자(CEO)는 강력하게 반발했다. 그는 "석유기업 엑슨모빌도 ESG지수에 들었다"며 "ESG는 사기다. 가짜 사회 정의를 말하는 전사들에 의해 무기화됐다"고 트윗했다.

전설리 기자, 〈한국경제〉, 2022. 5. 20

① **이 회사는 ESG를 구성하는 여러 요소 중 무엇이 문제가 됐을까요.**

  → 저탄소 전략, 근로 환경, 소비자 안전 등이 부족하다는 평가를 받음

② **ESG에서 나쁜 평가를 받으면 기업에 손해인 이유를 찾아보세요.**

  → ESG지수 등을 통해 기관의 투자 결정에도 영향을 주기 때문

③ **ESG는 비판의 대상이 되기도 합니다. 근거를 파악해보세요.**

  → 평가 기준이 자의적이고 불투명하다는 반론도 있음

◇◇◇◇◇◇◇◇◇◇◇◇◇

기업의 목표는 무엇이 되어야 하는가. 경제학 교과서에 나오는 정답은 '이윤 추구'다. 요즘 회사마다 상생과 사회공헌을 강조하면서 '착한 기업' 이미지를 심기 위해 힘을 쏟고 있지만 기본적으로 기업은 돈을 잘 벌어야

한다. 이익을 많이 내서 꾸준히 성장해야 직원과 협력업체를 먹여살리고 기부도 할 수 있다.

하지만 이윤 추구에만 몰두하고 외부 시선에 무관심한 기업은 더 이상 후한 평가를 받기 어려운 세상이다. 기업을 평가할 때 숫자로 드러나는 재무적 지표뿐만 아니라 중장기적 기업 가치에 영향을 주는 비재무적 지표에도 주목해야 한다는 목소리가 힘을 얻고 있다. 이것이 구체화된 개념이 2020년을 전후해 경영계의 큰 화두로 떠오른 ESG다.

ESG는 환경(Environment), 사회(Social), 지배구조(Governance)의 앞글자를 딴 것이다. 환경(E)에서 가장 중요한 것은 기후변화 대응과 탄소배출 문제다. 사회(S) 항목에는 인권·다양성 보장, 데이터 보호, 지역사회 협력, 근로자 안전 등이 두루 포함된다. 지배구조(G) 측면에서는 이사회·감사위원회

ESG의 주요 구성 요소

환경
Environmental

· 기후변화·탄소배출
· 환경오염·환경규제
· 생태계·생물 다양성
· 자원·폐기물 관리
· 에너지 효율
· 책임 있는 구매·조달 등

사회
Social

· 고객만족
· 데이터 보호·프라이버시
· 인권·성별 평등·다양성
· 지역사회 관계
· 공급망 관리
· 근로자 안전 등

지배구조
Governance

· 이사회·감사위원회 구성
· 뇌물·반부패
· 로비·정치 기부
· 기업윤리
· 컴플라이언스
· 공정경쟁 등

*자료: 클릭ESG

등의 역할을 강화하고 법과 기업윤리를 철저히 지킬 것을 강조한다. 쉽게 말해 "돈을 많이 버는 것도 중요하지만, 양심을 지키고 모범을 보이면서 벌라"는 요구다.

세계 많은 기업이 ESG에 주목하는 것은 취지에 공감하기 때문이기도 하겠지만 무시했을 때 불이익이 커져서이기도 하다. 연기금과 자산운용사를 비롯한 '큰손'들은 투자 대상을 고르는 기준에 ESG를 반영하기 시작했다. 세계 3대 신용평가회사가 기업 등급을 매길 때도 마찬가지다. 환경오염을 유발하거나 부정부패에 연루된 기업이 발행한 주식이나 채권은 아예 사지 않는 곳이 늘고 있다. 글로벌지속가능투자연합(GSIA)에 따르면 세계적으로 ESG 관련 투자 자산의 규모는 2012년 13조 2,000억 달러에서 2020년 40조 5,000억 달러로 불어났다.

미국·유럽 기업들은 협력업체를 선정할 때 ESG 실적을 요구하기도 한다. 각국 정부는 지배구조, 지속가능성 등과 관련한 공시 의무를 비롯해 각종 규제를 강화하는 추세다. 소비자 눈높이도 올라가고 있어 이래저래 'ESG 평판'을 신경쓰지 않을 수 없는 상황이다.

하지만 다른 한쪽에선 유행처럼 퍼진 ESG 담론에 대한 비판도 존재한다. ESG 성과를 평가하는 기준이 합리적인 것 같지도 않고, 있어 보이게 포장한 또 하나의 마케팅 아니냐는 것이다. ESG를 활용해 '이미지 세탁'을 노리는 일부 기업의 위선적 행태가 도마 위에 오르기도 한다. 플라스틱 다회용 컵을 쓰는 커피전문점이 환경을 사랑하는 기업을 자처하거나 석탄발전소가 친환경 저원가 발전소라고 홍보하는 촌극이 벌어진다.

기업이 실제로는 환경에 악영향을 끼치는 활동을 하면서도 마치 친환경을 추구하는 것처럼 홍보하는 것을 그린 워싱(green washing)이라 한다.

주주총회 (general meeting of shareholders)

주식회사의 주주들이 모여 회사의 중요 사안을 결정하는
최고 의사결정 회의.

현대백화점 지주사 전환 무산…"재추진 계획 없다"

주력 계열사인 현대백화점을 인적분할해 지주회사 체제로 전환하려던 현대백화점그룹의 계획이 무산됐다. 일부 해외 기관투자가와 소액주주들이 임시 주주총회에서 반대표를 던져 안건이 부결됐다.

현대백화점은 10일 서울 암사동 인재개발원에서 열린 임시 주주총회에서 인적분할 안건이 부결됐다고 발표했다. 이날 임시 주총에는 의결권 있는 전체 주식 수 중 1578만7252주가 참여했다. 이 중 찬성 주식 수는 1024만2986주(64.9%), 반대 주식 수는 524만4266주(35.1%)였다. 임시 주총 안건이 통과되려면 3분의 2 이상이 찬성해야 한다. 찬성표가 1.8%포인트 모자랐다.

현대백화점은 지난해 9월 현대백화점과 현대그린푸드를 각각 인적 분할해 지주회사 체제로 전환하는 방안을 발표했다. 신설법인 현대백화점홀딩스(지주회사)와 존속법인 현대백화점(사업회사)으로 분리할 계획이었다.

시장에선 현금 창출 능력이 뛰어난 알짜 회사 한무쇼핑을 지주회사 아래로 보내는 것에 대한 반발이 컸다. 회사 측은 "저평가된 한무쇼핑의 가치를 제대로 인정받기 위한 선택"이라고 설명했지만 "한무쇼핑을 지주회사 아래에 넣으면 사업회사의 경쟁력이 크게 훼손된다"는 주주들의 지적이 이어졌다.

박종관 기자, 〈한국경제〉, 2023. 2. 11

① **주총에 어떤 안건이 올라왔고, 목적은 무엇이었는지 정리해보세요.**

→ 인적분할, 지주회사 체제로 전환하기 위해서

② **표결 결과를 파악해보세요.**

→ 부결, 찬성이 3분의 2를 넘어야 하는데 64.9%에 그침

③ **주주들이 이와 같은 결정을 내린 이유를 파악해보세요.**

→ 현금 창출 능력이 뛰어난 자회사를 떼어내는 것에 반대가 많았음

"주주총회를 소집해 회장님 해임안을 올릴 겁니다."

"훗, 주주들은 우리 편이야. 어디 한번 해 보시지!"

재벌가를 배경으로 한 막장 드라마에는 주주총회를 놓고 등장인물들이 옥신각신하는 장면이 자주 등장한다. 드라마만 보면 주주총회가 맨날 진흙탕 싸움만 하는 곳 같은데, 꼭 그렇진 않다.

주식회사에는 의사결정기관으로 주주총회, 업무집행기관으로 이사회, 감사기관으로 감사가 있다. 주주총회는 주식을 보유한 주주들이 모두 모여 회사의 중요 사항을 정하는 최고 의사결정 회의다. 재무제표의 승인, 임원의 임명·면직, 정관 변경, 회사의 인수·합병 등 다양한 안건을 다룬다. 회사 주식을 한 주 이상 갖고 있다면 누구나 참석할 권리를 갖는다. 소액이라도 주식에 투자했다면 주주총회에 한 번쯤 가보는 게 좋은 '경제 공부'가 된다. 직접 참석하기 어려우면 위임장을 써서 보낼 수도 있다.

주주총회는 매년 1회 개최하는 정기 주주총회와 필요에 따라 수시로 여는 임시 주주총회로 나뉜다. 정기 주주총회는 결산기(보통 1~12월)를 마감한 뒤 3개월 이내에 개최한다. 임시 주주총회는 회사에 중요한 일이 있을 때 지분 3% 이상을 확보한 주주들이 소집을 요구할 수 있다.

주주총회의 결의 사항은 안건이 통과되는 기준선에 따라 보통결의사항, 특별결의사항, 특수결의사항으로 분류한다. 대부분의 안건은 보통결의사항으로 출석 주주 의결권의 절반 이상, 발행주식 총수의 4분의 1 이상 찬성표를 받으면 통과된다. 하지만 임원 해임, 정관 변경, 인수합병(M&A)

등 민감한 사안은 특별결의사항으로 출석 주주 의결권의 3분의 2 이상, 발행주식 총수의 3분의 1 이상 찬성이 필요하다. 특수결의사항은 모든 주주의 동의를 얻어야 하는 예외적인 경우다.

국내 기업의 정기 주주총회는 3월 하순에 몰려 있는데, 이런 날을 일명 '슈퍼 주총데이'라 부른다. 주주총회가 특정일에 집중되면 여러 회사에 투자한 소액주주는 참석이 어려워 주주권을 행사하기 어렵다. 이 때문에 금융당국은 주주총회 날짜의 분산을 유도하고 있다.

| 참고 |

스튜어드십 코드(stewardship code)

기관투자가가 의결권을 적극 행사해 주주로서의 역할을 충실히 수행하도록 하는 행동 지침을 말한다. 연기금·자산운용사 같은 기관들은 다른 사람 돈을 맡아 관리하는 집사(steward) 역할을 하는 만큼 투자한 기업의 가치를 극대화하는 데 노력해야 한다는 논리다. 대표적 사례는 국민연금이다. 국민연금이 지분을 5% 이상 보유한 국내 상장사는 200곳을 넘는다. 과거 국민연금은 주총 안건에 대부분 찬성표만 던져 거수기라는 비난도 받았지만 스튜어드십 코드 도입 이후 사안에 따라 찬·반을 달리하고 있다. 이 제도는 기업의 투명성을 높인다는 긍정적 평가와 지나친 경영 간섭이라는 비판이 엇갈린다.

기업을 바꾸는 행동주의 투자
'이수만 왕국' SM을 흔든 금융맨의 정체는?

재테크에 뛰어든 철수와 영희는 A전자 주식을 함께 샀다. 철수는 "A전자 경영진은 능력 있는 사람들이니 믿고 기다리겠다"며 주가가 오를 날을 조용히 기다렸다. 영희는 "무슨 소리냐, 회사가 더 잘되려면 우리도 의견을 내자"고 했다. A전자는 주주 환원에 너무 인색하니 배당을 늘려야 하고, 이익이 적은 사업도 정리했으면 좋겠다는 게 영희의 생각이다. 영희는 최고경영자(CEO)에게 자신의 제안을 담은 편지를 보냈고, 다른 주주들과 뭉쳐 임시주주총회 소집도 요구할 기세다.

영희처럼 주주로서의 권리를 적극 행사해 기업가치를 높이는 투자전략을 행동주의 투자(activist investment)라 한다. 주주가 시세 차익이나 배당에 만족하지 않고 지배구조와 경영에도 개입하며 이익을 추구하는 것이다. 투자자들에게서 자금을 모아 행동주의 투자에 집중하는 펀드는 행동주의 펀드라 부른다. 비주력 사업 구조조정, 인수합병(M&A), 자사주 매입, 배당 확대 등이 이들의 주된 요구사항이다. 경영에 직접 관여하기 위해 이사회 참여를 시도하기도 한다.

과거 행동주의 투자는 외국계 헤지펀드가 주도했다. 엘리엇매니지먼트를 설립한 폴 싱어, 아이칸엔터프라이즈의 칼 아이칸 등은 세계적으로 유명한 행동주의 투자자다. 영국 이코노미스트에 따르면 2009년 이후 S&P500 대기업의 15%가 행동주의 헤지펀드로부터 경영진 교체, 경영전략 변화, 구조조정 실시 등을 요구받았다.

몇 년 전만 해도 국내에서 행동주의 펀드는 기업 사냥꾼 이미지가 강했다. 삼성이나 SK 같은 간판 기업이 외국계 헤지펀드의 공격에 시달렸던 기억 때문이다. 최근에는 '한국형 행동주의 펀드'가 두각을 나타내고 있다. 토종 행동주의 펀드 얼라인파트너스가 SM엔터테인먼트에 일격을 가하면서 연예계에서도 주목받고 있다.

이수만 씨가 자신이 창업한 SM을 떠나게 된 데는 행동주의 펀드의 집요한 문제 제기가 적지 않은 영향을 미쳤다. 얼라인은 2022년 SM 지분 1%를 확보한 이후 '주주 권익'을 명분으로 적극적인 여론전을 폈다. 이들은 SM이 이 씨의 개인회사 라이크기획에 해마다 매출의 최대 6%를 지급해온 계약을 중단할 것을 요구했다. 여기에 동조하는 주주가 늘자 SM은 실제로 이 계약을 조기 종료했다.

얼라인은 한발 더 나가 경쟁력이 떨어진 '이수만 체제'를 바꿔야 한다는 주장도 폈다. SM은 2023년 2월 이 씨가 독점해온 프로듀싱 권한을 내·외부로 분산하겠다고 발표했다. 최대주주인 이 씨의 동의 없이 내려진 결정이다. 처음엔 얼라인과 마찰을 빚던 SM 경영진이 어느새 창업주 퇴진에 힘을 합친 구도가 됐다. 행동주의 펀드의 도발이 K팝 산업에 불러온 '나비 효과'다.

행동주의 펀드에 대한 평가는 양극단을 달린다. 한쪽에선 경영에 사사건건 간섭해 기업 발목을 잡는다고 비판한다. 행동주의 펀드는 잠시 주가를 올린 뒤 팔고 떠나면 그만이지만, 기업은 이들의 공세에 대응하다가 진이 빠진다는 것이다. 다른 한쪽에선 경영진의 전횡을 견제하고 기업가치 상승에 기여한다는 찬사를 받는다. 금융 전문가들이 합리적 논리를 앞세워 소액주주들의 가려운 곳을 시원하게 긁어주기도 해서다. 토종 행동주의 펀드는 지배구조가 불투명하고 주주친화 정책에 인색하다는 지적을 받는 상장사들을 향해 전선을 확대하고 있다.

intro

'부동산 공화국'이라는 말이 나올 정도로 한국인의 부동산에 대한 애착은 각별하다. 지난 몇 년 동안 무섭게 폭등한 집값은 누군가에겐 짜릿한 성공을, 누군가에겐 절망과 슬픔을 안겼다. 재테크에 눈뜨는 기회로 삼은 이들도 적지 않을 것이다. 부동산은 우리 일생의 쇼핑 리스트에서 가장 비싼 물건이다. 그만큼 많은 공부와 경험이 필요한 영역이다. 부동산 기사를 쉽게 이해하려면 꼭 알아둬야 할 기본 개념들을 알아보자.

16장

부동산

부동산 공시가격

정부가 조사해 발표하는 토지와 주택의 가격.
세금·부담금·복지 등 60여 개 행정 업무의 기준으로 활용된다.

공시가 17% 급등…1주택 보유세는 동결

아파트 등 공동주택의 올해 공시가격이 작년 대비 17.22% 올랐다. 이에 따른 보유세 급등이 예상되자 정부는 1가구 1주택자에 한해 올해 세 부담을 지난해와 같은 수준으로 동결하기로 했다.

23일 국토교통부와 기획재정부 등은 전국 1454만 가구의 2022년 공동주택 공시가격 열람을 시작한다고 밝혔다. 서울의 평균 공시가격이 작년 대비 14.22% 오른 것을 비롯해 인천(29.33%) 경기(23.20%) 충북(19.50%) 등이 높은 상승폭을 기록했다. 17.22%인 전국 평균 공시가격 상승률은 지난해(19.05%)와 비교해 소폭 줄었다.

정부는 이와 함께 보유세 부담 완화 방안을 내놨다. 공시가를 기준으로 재산세와 종합부동산세를 책정하는 만큼 지난해에 이어 올해도 20% 안팎의 보유세 부담 증가가 우려되는 데 따른 것이다. 1가구 1주택자는 올해 재산세와 종부세를 계산할 때 2022년 공시가가 아니라 2021년 공시가를 기준으로 산출한다. 이에 따라 전체의 98% 정도인 1주택자는 지난해와 같은 수준의 주택 보유세를 내게 됐다.

정부는 또 공시가에 연동되는 건강보험 지역가입자의 건강보험료 과표 역시 지난해 수준으로 동결하기로 했다. 건보료 부담이 늘지 않는 것은 물론 집값이 올라 피부양자에서 탈락하는 사례도 줄어들 전망이다. 만 60세 이상 고령자를 대상으로 주택을 양도 및 증여할 때까지 종부세 납부를 유예하는 제도도 새롭게 도입한다.

노경목·이유정 기자, 〈한국경제〉, 2022. 3. 24

① **부동산 공시가격은 매년 정부가 정합니다. 올해 추이를 확인해보세요.**

→ 2022년 전국 평균 17.22% 상승, 1년 전보다 상승폭은 약간 축소

② **이와 같은 공시가 변동의 원인은 무엇일지 생각해보세요.**

→ 주택 시세 급등이 공시가 산정에 영향을 미침

③ **공시가는 여러 행정 업무에 활용됩니다. 어떤 것이 달라지는지 살펴보세요.**

→ 재산세, 종합부동산세, 지역가입자 건강보험료 등에 반영

부동산의 경제적 가치는 가격으로 드러난다. 그런데 하나의 부동산에 가격이 하나만 존재하는 게 아니다. 경제뉴스에서 자주 볼 수 있는 실거래가, 공시가격, KB시세, 한국부동산원 시세 등 다양한 가격들이 무슨 의미이고 어떻게 활용되는지 알아보자.

실거래가는 부동산이 시장에서 거래된 실제 가격이다. 2006년 부동산 실거래가 신고제가 시행된 이후 주택, 토지, 상가 등을 거래하면 반드시 실거래가를 신고해야 하며 인터넷으로 모두 공개된다. 중개업소를 끼고 계약했다면 중개업자에 신고 의무가 있으니 크게 신경 쓰지 않아도 된다.

부동산 공시가격은 정부가 1년에 한 번씩 조사하는 토지와 주택의 가격을 말한다. 재산세와 종합부동산세를 비롯한 각종 세금을 부과하는 기준으로 쓰인다는 점에서 주택 보유자들에게 민감한 가격이다. 보통 시장가격보다는 30% 이상 낮게 매겨진다. 토지에 적용되는 것은 공시지가, 주택에 적용되는 것은 주택공시가격이라 한다. 전국 구석구석을 전수조사하는 작업이 만만치 않기 때문에 국토교통부와 지방자치단체가 역할을 분담한다. 우선 토지와 단독주택은 국토부가 지역·가격·용도 등에 따라 대표성 있는 곳을 선별해 '표준지 공시지가'와 '표준단독주택 공시가격'을 매긴다. 지자체는 이를 바탕으로 나머지 모든 토지와 단독주택에 '개별 공시지가'와 '개별단독주택 공시가격'을 정한다. 아파트·연립·다세대의 공시가격은 국토부가 '공동주택 공시가격'이라는 이름으로 발표한다.

KB시세와 한국부동산원 시세는 실제 시장에서 거래되는 매매가와 전세가 동향을 분석할 때 많이 활용되는 통계다. 은행 대출도 두 가격을 기준으로 한도를 정하는 경우가 많아 주택 구매자들과 밀접한 가격이다. KB시세는 국민은행이 전국 아파트·단독·연립주택 중 표본을 선정해 집계한다. 공기업인 한국부동산원은 아파트와 단독은 물론 상가·오피스텔·토지 등의 시세도 조사하고 있다.

주택 전세 가격이 매매 가격의 몇 %인지는 전세가율이라고 한다. 전세가율이 높아질 때는 갭(gap) 투자가 성행하곤 한다. 갭 투자는 매매와 전세의 가격 차이가 크지 않은 집을 골라 전세를 끼고 매입하는 투자 방법을 말한다.

사람들이 집을 사기 쉬운지 어려운지를 가늠할 수 있는 지표들도 있다. 연 소득 대비 주택가격 배수(PIR·Price to Income Ratio)는 집값이 가구당 연소득의 몇 배인지를 가리킨다. 예를 들어 PIR이 10이라면 집 한 채를 사려면 번 돈을 한 푼도 쓰지 않고 10년 동안 모아야 한다는 뜻이 된다. 주택구입부담지수는 평범한 중산층이 대출을 받아 집을 살 때 상환 부담을 나타낸 지수다. 주택담보대출을 갚는 데 가구 소득의 25%를 써야 하면 주택구입부담지수는 100으로 나온다.

| 참고 |

거래세 vs 보유세

부동산은 살 때도, 팔 때도, 갖고만 있어도, 모든 과정에 세금이 붙는다. 부동산 관련 세금은 크게 거래세와 보유세로 나눌 수 있다. 대표적 거래세는 취득세와 양도소득세다. 취득세는 부동산을 새로 살 때 내는 세금이다. 양도세는 부동산을 파는 사람한테서 차익의 일부를 환수하는 세금이다. 대표적 보유세는 재산세와 종합부동산세다. 재산세는 매년 6월 1일을 기준으로 부동산을 소유한 사람에게 부과한다. 종합부동산세는 보유 부동산의 가치를 모두 더해 일정 금액을 넘으면 재산세와 별개로 더 걷는 일종의 부유세다.

LTV/DTI/DSR

(Loan To Value ratio/Debt To Income ratio/Debt Service Ratio)

LTV는 주택담보대출을 받을 때 인정되는 자산가치의 비율.

DTI와 DSR은 소득에서 부채의 원리금 상환액이 차지하는 비율.

LTV 완화해도…2030 "살 수 있는 아파트가 없어요"

"작년엔 20~30대 대기 손님이 꽤 많았는데, 최근엔 아예 젊은 층 발길이 뚝 끊겼습니다."(서울 마포구 공덕동 공인중개사무소 대표)

이달부터 생애 최초 주택 구입자가 집값의 최대 80%를 빌릴 수 있도록 담보인정비율(LTV) 규제가 완화됐지만 20~30대 실수요자 반응은 시큰둥하다. 가파른 기준금리 인상으로 대출 이자 부담이 불어난 데다 오히려 총부채원리금상환비율(DSR) 규제는 강화돼 혜택을 실감하기 어렵기 때문이다.

정부의 규제 완화로 지난 1일부터 생애 최초 주택구매자의 LTV는 지역, 주택 가격과 관계없이 최대 80% 적용된다. 하지만 지난달부터

DSR 40% 규제 적용 대상이 종전 총대출 2억원 초과 차주에서 1억원 초과로 조정되면서 LTV 규제 완화에 따른 효과가 크지 않다는 게 업계 설명이다.

실제 서울 여의도에 있는 한 시중은행에서 서울에 10억원짜리 아파트를 구입하고 싶은데, 연봉이 5000만원이면 어느 정도 대출이 가능하냐고 묻자 3억2000만원 수준이라는 답이 돌아왔다. 결혼을 앞두고 있는 30대 직장인 A씨는 "고액 연봉이 아니다 보니 대출 규제가 완화됐다고 해도 대출 가능 금액엔 별 차이가 없다"며 "서울 집값 수준 자체가 높은 데다 대출 이자도 부담돼 다른 수도권 아파트를 알아보고 있다"고 말했다.

김은정 기자, 〈한국경제〉, 2022. 8. 6

① **LTV와 DSR은 대출 한도에 어떻게 영향을 주는지 알아보세요.**

→ LTV는 집값 대비, DSR은 소득 대비 최대 대출 한도를 제한

② **LTV를 높이면 주택 구매자에게 어떤 영향이 있는지 정리해보세요.**

→ 대출 한도가 늘어나 집을 더 쉽게 사도록 도와주는 효과가 있음

③ **DSR로 인해 LTV 완화 효과가 떨어진다는 것은 무슨 이유일까요.**

→ LTV를 높여도 소득이 낮으면 DSR에 막혀 대출 한도가 늘지 않음

어마어마한 현금 부자가 아니고서야 100% 자기 돈으로 집을 사는 일은 흔치 않고 대부분 대출을 활용하게 마련이다. LTV(담보인정비율)와 DTI(총부채상환비율)는 주택담보대출을 받을 때 최대 한도를 결정하는 중요한 숫자다. 정부는 LTV와 DTI의 상한선을 정해 주택 구매 수요를 조절하는 수단으로 활용해 왔다. 모든 국민에게 일률적으로 적용할 수도 있고 지역, 소득, 주택 보유 여부 등에 따라 차등을 두기도 한다.

LTV는 집값 대비 얼마까지 대출할 수 있는지를 가리킨다. 예를 들어 LTV가 70%로 정해진 지역에서 시세 5억 원 아파트를 사려고 한다면, 이 집을 담보로 빌릴 수 있는 금액은 3억 5,000만 원까지다. DTI는 소득 중 대출 원리금 상환에 얼마까지 쓸 수 있는지를 의미한다. DTI가 60%이고 연봉은 5,000만 원인 직장인이라면, 원금과 이자를 갚는 데 쓰는 돈이 연간 3,000만 원을 넘지 않는 범위에서 돈을 빌릴 수 있다.

LTV·DTI 상한선을 높이면 부동산 거래가 활발해지는 효과가 있다. 주택담보대출 한도가 늘어나는 만큼 사람들이 더 많은 돈을 끌어다 더 좋은 집, 더 비싼 집을 살 수 있기 때문이다. 부동산 경기 부양에 나선 박근혜 정부는 조여져 있던 LTV를 70%로, DTI는 60%로 풀었다. 이 조치는 시장에서 일명 '빚내서 집 사라'는 신호로 받아들여졌다.

반대로 LTV·DTI를 낮추면 부동산 거래를 위축시키는 요인이 된다. 문재인 정부는 서울에서 1주택자가 집을 한 채 더 사려고 할 때 LTV를 0%로 낮췄다. '무리하게 대출받아 집 살 생각 말라'는 신호였다. 다만 지방 중소도시에서는 부동산 거래가 위축된 점을 고려해 LTV·DTI를 조이지 않았다.

그래도 '영끌 대출'로 집을 사는 사람이 계속 늘어나자 추가로 강화된 대출 규제가 DSR(총부채원리금상환비율)이다. DSR은 주택담보대출을 직접 억제하기보다 전반적인 가계부채 수준을 관리하기 위한 정책이다. 다만 주택시장에서 DSR은 LTV·DTI 못지않게 강력한 규제로 작용했는데, 주택담보대출을 받고 나서 신용대출까지 싹싹 끌어다 집을 사는 게 어려워졌기 때문이다.

DSR의 기본적인 개념은 DTI와 같다. 연 소득 중 얼마를 빚 갚는 데 쓰는지를 나타낸다. DTI와 다른 점은 연간 원리금 상환액을 계산할 때 주택담보대출 외에 모든 유형의 금융부채를 반영한다는 것이다. DTI는 애초부터 주택담보대출에 초점을 맞춘 지표여서 다른 대출은 중요하게 따지지 않았다. 주택담보대출은 원금과 이자를, 나머지 대출은 이자만 계산했다. DSR은 주택담보대출은 물론 신용대출, 마이너스통장, 카드론, 자동차 할부금 등의 원금과 이자를 모두 반영한다. 모든 유형의 금융부채에 대한 상환능력을 종합적으로 보는 지표라 할 수 있다.

국내에서 2022년 7월부터 총 대출액이 1억 원을 넘는 사람은 은행에서 DSR 40%(2금융권은 50%)까지만 대출받을 수 있다. 주택담보대출을 받을 때는 LTV·DTI와 별개로 DSR 기준도 충족해야 원하는 만큼 돈을 빌릴 수 있다.

투기지역/투기과열지구/조정대상지역

정부가 청약·대출·재건축 등 부동산 규제를 지역별로
차등 적용하기 위해 지정하는 지구의 종류.

강남3구·용산 빼고···文정부때 부동산 규제 다 푼다

정부가 3일 서울 강남 3구(강남·서초·송파구)와 용산구만 남기고 부동
산 규제 지역(투기지역·투기과열지구·조정대상지역)을 모두 해제하기로 한 것
은 주택 경기 침체가 심상치 않다고 판단했기 때문이다. 대출, 세금,
청약 등 패키지 규제로 묶인 규제 지역을 파격적으로 풀고 중도금 대출
제한도 전면 폐지해 부동산시장 연착륙을 유도하겠다는 의지다. 대표
적인 공급 규제로 꼽히던 분양가상한제 적용 지역의 대거 해제로 도심
주택 공급이 활성화될 것으로 전망된다.

이번 규제 지역 완화 조치가 5일부터 적용되면 작년 초까지만 해도
전국 지방자치단체의 절반에 육박(226곳 중 111곳)했던 규제 지역은 단 4곳

으로 줄어든다. 비(非)규제 지역이 되면 주택 거래에 적용되는 세금, 대출 등의 규제가 일시에 풀린다. 우선 규제 지역에서 50%인 담보인정비율(LTV)이 70%로 상향된다. 다주택자는 조정대상지역에서 담보대출을 받을 수 없지만, 비규제 지역에선 집값의 최고 60%까지 빌릴 수 있다.

세 부담도 대폭 줄어든다. 비규제 지역에선 다주택자가 취득세를 낼 때 중과세율(8~12%)이 아니라 일반세율(1~3%)을 적용받고, 양도소득세 최고세율도 75%에서 45%로 낮아진다. 조정대상지역에서는 1순위 청약 자격이 청약통장 가입 2년 이상이지만, 비규제 지역에선 가입 후 1년(비수도권 6개월)으로 완화된다.

분양가상한제도 강남 3구와 용산구를 제외한 모든 지역에서 5일부터 해제된다. 분양가상한제에서 해제된 지역은 아파트·분양권 전매 제한 기간이 최대 10년에서 3년(수도권 기준)으로 단축되고, 실거주 의무도 사라진다. 분양가 규제에서 벗어나면 재건축, 재개발 조합들이 분양가를 올릴 수 있기 때문에 사업에 속도가 붙을 전망이다.

하헌형 기자, 〈한국경제〉, 2023.1.4

① 부동산 규제 지역의 종류와 지정 현황을 먼저 확인해보세요.

→ 투기지역·투기과열지구·조정대상지역, 5일부터 서울 4개 구(區) 외 모두 해제

② 정부가 규제 지역을 이와 같이 바꾼 이유는 무엇일까요.

→ 주택 경기 침체가 심각해지고 있어 시장 충격을 줄이기 위해

③ 비규제 지역으로 바뀌면 세금과 대출은 어떻게 달라질까요.

→ LTV 70%로 상향, 다주택자도 대출 가능, 취득세·양도소득세 감소

④ 주택 공급과 수요 측면에서는 어떤 영향이 있을지 파악해보세요.

→ 청약 문턱이 낮아지고 재개발·재건축이 활성화되는 효과

꧁꧁꧁꧁꧁꧁꧁꧁꧁꧁꧁

집값이 들썩일 때 정부는 다양한 규제 수단을 활용해 가격을 잠재우려 한다. 하지만 전국 부동산 시장의 상황은 똑같지 않다. 서울 집값이 폭등할 때 지방 집값은 오히려 떨어지기도 하고, 서울 안에서도 강북과 강남이 또 다르다. 시장이 과열된 특정 지역을 묶어 제각각 다른 규제를 적용하기 위해 활용하는 것이 투기지구, 투기과열지구, 조정대상지역이다.

세부적인 지정 기준은 복잡하다. 간단히 살펴보면 주택가격상승률이 물가상승률보다 현저히 높은 지역이면서 청약경쟁률, 주택보급률, 지역 여건 등을 종합적으로 고려할 때 주택 투기가 성행하고 있거나 성행할 우려가 있는 곳을 지정한다고 이해하면 된다. 서울의 핵심 지역인 강남은 세 가지 유형의 규제에 중복 지정되는 바람에 가장 강력한 규제를 적용받은 바 있다. 과열이 상대적으로 약한 지방 도시는 조정대상지역으로 묶였다가 매매가 얼어붙으면 해제되곤 한다.

조정대상지역은 투기과열지구의 주요 내용 중 청약과 관련한 것을 주

로 빼내 만든 규제 지역이다. 청약 1순위 요건이 강화되고, 분양 재당첨과 분양권 전매가 제한된다. LTV와 DTI를 낮춰 대출 한도를 떨어뜨리는 등 여러 규제가 함께 적용된다.

투기과열지구는 조정대상지역보다 규제 수위가 높아 '부동산 규제 종합선물세트'라 불린다. 재건축조합원 지위 양도가 금지돼 재건축 아파트의 재산권 행사가 가로막히고, LTV와 DTI는 더 조여진다.

투기과열지구가 공급, 청약 등 주택시장 자체에 대한 규제라면 투기지역은 세금, 대출 등 금융 규제 성격이 강하다. 투기지역에서는 주택담보대출이 인당 1건이 아닌 세대당 1건만 가능하고, 양도세에 가산세율도 적용된다. 정부는 투기과열지구 중 과열이 심한 곳을 골라 투기지역으로 중복 지정함으로써 규제를 한층 강력하게 적용하는 방식을 써 왔다.

| 참고 |

토지거래허가구역

일정 면적 이상의 토지를 거래하려면 지방자치단체장의 허가를 받아야 하는 지역이다. 땅값이 급상승하거나 투기가 우려되는 지역이 지정 대상이다. 세금보다 한층 직접적이고 강력한 토지 거래 규제로 꼽힌다. 2000년대 후반에는 전체 국토의 20%가 토지거래허가구역으로 지정됐다가 2014년에는 0.2%만 남기도 했다. 부동산 규제 지역과는 별개 제도이며 보통 신도시·도로 등 대규모 개발이 예정된 시골 땅이 지정된다. 하지만 서울 강남·여의도 등의 아파트촌이 토지거래허

가구역으로 묶이는 일도 있다. 이 제도가 주택 거래를 억제하기 위한 극단적 수단

으로 활용된 사례다.

PF (Project Financing)

대규모 개발 사업을 추진하는 사업자에게 신용도나 담보와 관계없이
해당 사업의 미래 수익성을 보고 대출해주는 금융기법.

부동산 PF 대출 늘렸던 금융권 '초긴장'

금리 상승과 공급 과잉 등으로 물류센터 공사가 잇따라 멈춰서자
이런 사업장에 돈을 댔던 금융권에도 긴장감이 높아지고 있다. 수년간
부동산 경기 활황을 타고 부동산 프로젝트파이낸싱(PF) 비중을 늘려온
증권사와 보험사, 캐피털사, 저축은행 등이 동반 부실에 빠질 수 있기
때문이다.

금융감독원이 윤창현 국민의힘 의원에게 제출한 자료에 따르면
지난 3월 말 기준 증권사의 부동산 PF 대출 잔액은 4조1750억원, PF
채무보증 규모는 24조6675억원이었다. 2020년(합계 24조5897억원)보다
17% 증가했다. 2019년 1.9%였던 PF 대출 연체율은 4.7%까지 치솟았

다. 3월 말 기준 PF 대출 규모가 42조2472억원으로 금융권에서 가장 큰 보험사도 연체율이 작년 말 0.07%에서 0.31%로 3개월 새 네 배 넘게 뛰었다.

시행사가 착공부터 분양, 준공까지 필요한 자금을 조달하는 PF는 경기 민감성이 높아 부동산금융 중에서도 가장 위험이 큰 사업으로 꼽힌다. 그간 금융회사들은 집값 상승과 저금리 기조 등에 힘입어 부동산 PF를 공격적으로 확대했다.

하지만 금리 인상과 원자재값 급등 여파가 이어지고 부동산 경기가 악화하면서 금융사도 부실 리스크가 커졌다. 공사가 중단되면 시행사부터 시공사, 그리고 이들에 돈을 빌려준 금융사까지 줄도산할 수 있기 때문이다.

빈난새·장현주 기자, 〈한국경제〉, 2022. 9. 21

① **PF란 무엇을 의미하는지 정리해보세요.**

→ 착공부터 분양, 준공까지 부동산 사업에 필요한 자금을 빌려주는 것

② **PF의 부실 가능성은 어떻게 평가할 수 있는지 확인해보세요.**

→ 연체율 2019년 1.9%에서 2022년 4.7%로 상승, 금리 상승과 경기 악화 영향

③ **PF가 부실화하면 어떤 파급효과를 불러오는지 생각해보세요.**

→ 건설사는 물론 돈을 빌려준 금융회사까지 자금난에 빠질 수 있음

부동산 경기가 침체에 빠지면 "부동산 프로젝트파이낸싱(PF)의 부실화가 우려된다"라는 기사를 자주 보게 된다. PF는 아파트, 주상복합, 상가 같은 부동산은 물론 사회간접자본(SOC), 에너지 등 대규모 개발 사업에 다양하게 활용되는 금융기법이다.

대형 건설 사업에는 엄청난 돈이 들기 때문에 웬만한 대기업도 자신의 신용도나 담보만으로 자금 전체를 조달하기 쉽지 않다. 그래서 사업이 성공리에 마무리됐을 때 발생할 미래의 현금흐름과 자산을 담보로 돈을 빌리는 방식이 고안됐고, 이것이 바로 PF다. 위험이 크지만 수익성도 높아 미국, 유럽 등에서는 1960년대부터 유행했다.

부동산 개발 과정에는 시행사, 시공사, 금융회사가 낀다. 시행사는 개발을 추진하는 사업 주체이고, 시공사는 시행사 의뢰를 받아 실제 공사를 하는 건설사다. 금융회사는 자금 공급을 맡는다. 보통 시행사는 영세한 경우가 많아 금융회사는 시공사의 보증을 요구한다. 건설사가 직접 자금을 투입하고 분양해 수익금을 얻는 일반적인 부동산 개발과 달리 PF는 금융회사가 실패 위험을 부담하는 구조다.

PF 계약이 체결되면 금융회사는 시행사에 토지매입 자금 등을 빌려준다. 시행사는 그 돈으로 땅을 사고 관청의 인·허가를 받아 건물을 짓는다. 분양이 잘 되면 계획대로 대출금을 갚아 3자 모두 높은 수익을 챙길 수 있다. 하지만 경기 침체와 같은 돌발요인으로 사업이 지연되거나 미분양이 많아지면 대출 상환에 차질이 생긴다. 분양수익이 대출금보다 적다면 보증을 선 건설사가 빚을 떠안게 되고, 건설사가 망하면 금융회사의 건전성도 부실해질 수밖에 없다.

　PF의 성패는 사업성에 대한 면밀한 평가능력이 좌우한다. 국내에선 2000년대 들어 부동산 PF가 '황금알을 낳는 거위'로 떠올라 은행, 저축은행, 보험, 증권 등 많은 금융회사가 뛰어들었다. PF 대출의 수익률이 연 30%를 넘기기도 했다. 하지만 금융위기 이후 경제가 얼어붙으면서 상황이 급반전했다. PF에 몰빵 투자했던 저축은행들이 줄줄이 문을 닫으면서 2010년 초 '저축은행 사태'를 불러오기도 했다.

| 참고 |

리츠(REITs · Real Estate Investment Trusts)

연예인이 빌딩에 투자해 큰돈을 벌었다는 뉴스, 대중에겐 딴 세상 얘기처럼 들릴 때가 많다. 하지만 리츠(REITs)를 활용하면 커피 한 잔 사 마실 소액으로 값비싼 상업용 부동산에 간접 투자를 할 수 있다. 리츠는 투자금을 모아 빌딩·상가·호텔 등에 투자한 뒤 수익을 나눠주는 특수회사다. 예를 들어 유가증권시장에 상장된 '롯데리츠'는 롯데백화점·마트·아울렛 등의 15개 점포에서 임대료를 받아 돈을 버는 종목이다. 리츠는 중위험·중수익의 배당을 기대할 수 있고 건물 관리를 전문가가 대신해주는 점이 매력이다. 다만 손실 가능성도 있는 만큼 어느 회사가 운용하고 어떤 부동산을 담는지 꼼꼼히 따져봐야 한다.

미분양/공실률

미분양은 주택을 분양했지만 판매되지 않은 상태.

공실률은 상업용 부동산에서 임대되지 않고 비어있는 공간이 차지하는 비율.

빈 아파트 1억3000만채…中 119개 도시서 '모기지 상환 보이콧'

10일 중국 베이징 차오양구의 아파트단지 건설 현장. 이곳은 공사가 중단된 상태다. 곳곳에 '주택담보대출(모기지) 상환정지 통지서'가 붙어 있다. 아파트 공사가 지연되자 분양받은 소비자들이 모기지 상환 거부 집단행동에 들어간 것이다. 스마오는 2021년 기준 14위 대형 개발업체지만 자금난을 겪으면서 지난 1월 디폴트(채무불이행)에 빠졌다.

올봄부터 전국으로 확산한 모기지 상환 거부운동이 수도이자 '집값 불패'를 자랑하던 베이징에서까지 벌어지는 건 중국 부동산산업이 처한 현실을 그대로 보여준다. 대규모 아파트 단지를 조성해 판매하는 부동산개발산업은 중국 국내총생산(GDP) 통계의 10대 항목 중 하나다.

484

16장

올 상반기 GDP에서 차지한 비중은 6.7%였다. 여기에 건축(6.3%)과 철강, 가전, 인테리어 등 각종 연관산업을 더하면 GDP의 30%에 달한다.

지난해 기준 지방정부 재정 수입의 41%가 토지사용권 매각 수익이다. 중국 경제 성장의 3대 축인 부동산, 인프라, 수출 중 인프라 투자의 재원은 부동산에서 나온 것이다. 게다가 중국인 가계 자산의 70% 이상이 부동산이다.

영국 캐피털이코노믹스는 중국의 미분양 아파트가 3000만 가구, 분양됐지만 잔금 미지급 등의 이유로 비어 있는 집이 1억 가구에 달한다고 추산했다. 10년 동안 새집을 짓지 않아도 될 정도의 공급 과잉이 발생한 것이다. 과거 고도성장기에는 이런 공급 과잉도 큰 문제로 인식되지 않았다. 하지만 구조적 저성장 국면에 진입한 중국에서 부동산이 무너지면 가계, 정부, 관련 기업들이 일제히 심대한 타격을 입을 수 있다.

강현우 기자, 〈한국경제〉, 2022.6.23

① 미분양은 무슨 뜻이고 부동산 시장에서 어떤 의미인지 정리해보세요.

→ 팔리지 않은 집, 시장에 공급 과잉이 나타났다는 뜻

② 최근 부동산 시장의 업황을 정리해보세요.

→ 대형 개발사의 디폴트, 공사 중단 등이 이어지는 위기 상황

③ 부동산 경기가 국가 경제에서 중요한 이유는 무엇일까요.

→ GDP와 재정 수입에 미치는 영향이 크고 연관 산업도 매우 다양함

◇◇◇◇◇◇◇◇◇◇◇◇

우리나라 국내총생산(GDP)에서 건설투자가 차지하는 비중은 15%에 이른다. 건설투자는 한번 확장기에 들어서면 오랫동안 든든하게 경제성장률을 떠받치고 고용 창출 효과도 높은 편이다. 하지만 경기를 민감하게 타기 때문에 불황기에는 더욱 심하게 흔들리기도 한다.

부동산 시장 분위기를 보여주는 선행지표 중 하나로 미분양을 꼽을 수 있다. 미분양이란 정부 승인을 받아 일반인을 대상으로 분양했지만 소화되지 않은 상태를 말한다. 국토교통부는 국내 미분양이 6만 가구대를 넘어서면 위험 단계로 간주하고 있다.

미분양 물량은 여러 이유로 생겨날 수 있다. 단순히 청약 신청을 잘못해 부적격 판정을 받거나 돈을 제때 내지 못해 계약이 해지되는 사례가 꽤 있긴 하다. 그런데 집을 다 지어놨는데도 주인을 찾지 못하는 '준공 후 미분양'이 급증하면 문제는 심각해진다. 건설사들은 준공 후 미분양을 이른바 '악성 미분양'으로 분류한다.

미분양 주택이 500가구 이상인 시·군·구 가운데 미분양이 계속 늘고 있거나 해소될 조짐이 보이지 않아 관리가 필요한 곳은 주택도시보증공사(HUG)로부터 '미분양 관리지역'으로 지정된다. 미분양 관리지역에서 분

양 보증을 받으려는 사업자는 까다로운 심사를 거쳐야 한다. 이미 집이 남아도는 지역인 만큼 신규 공급 물량을 조절하기 위한 제도다.

경기가 안 좋을 때 경제뉴스에서 자주 보여주는 사진 중 하나가 빌딩 곳곳에 '임대' 현수막이 붙은 장면이다. 이런 사진에는 "주요 상권의 공실률이 급등했다"라는 내용의 해설 기사가 따라붙는다.

공실률은 상가, 오피스 빌딩 등의 상업용 부동산에서 임대되지 않고 비어 있는 공간의 비율을 가리킨다. 경기가 좋을 때는 새로 창업하거나 사무실을 늘리는 수요가 늘어나므로 공실률이 낮아진다. 반대로 경기가 나쁠 땐 폐업과 인력 감축이 이어지면서 공실률이 높아진다. 관련 업계에서는 통상 공실률이 10%를 넘어가면 상황이 좋지 않다는 신호로 해석한다.

경기와는 무관하게 빌딩 자체에 문제가 있어서 공실률이 높게 나올 때도 있다. 엄청나게 큰 랜드마크 빌딩이 들어섰는데, 주변에 유동인구와 임대 수요가 충분히 발달하지 못했다면 한동안 높은 공실률을 감수해야 한다. 건물주 입장에서는 공실률이 높아지면 손해가 이만저만이 아니다. 빈 공간을 채우기 위해 임대료를 낮추는 등 다양한 유인책을 내놓는 일이 많다.

청약가점제/분양가상한제

청약가점제는 무주택 기간, 부양가족 수, 청약통장 가입기간을 반영해
청약 당첨자를 선정하는 제도. 분양가상한제는 택지비, 건축비, 건설업체
적정이윤 등을 반영해 새 주택의 가격을 정하고 그 이하로만 분양하도록 하는 제도.

'85㎡ 이하' 추첨제 늘리고 무순위 청약 거주요건 폐지

내년 4월부터 서울에서 민간 아파트를 분양할 때 중소형 면적(전용 85
㎡ 이하)은 물량의 최대 60%를 추첨제로 공급한다. 부양가족이 적고 무
주택 기간이 짧아 상대적으로 불리했던 청년층과 신혼부부의 청약 당
첨 확률이 높아질 전망이다.

국토교통부는 청년 가구 수요가 많은 중소형 주택 분양 때 추첨제
비율을 높이고 중장년층 수요가 많은 대형 주택은 가점제를 높이는 '주
택공급에 관한 규칙' 개정안을 입법예고한다고 14일 발표했다. 이 개정
안은 40일간 입법예고 기간을 거쳐 내년 4월 1일부터 시행된다.

지금까지는 투기과열지구 내 전용면적 85㎡ 이하 주택은 100% 가

점제로 분양했다. 하지만 이번 개정에 따라 앞으로는 전용면적 60㎡ 이하 민간 아파트는 가점 40%, 추첨 60%로 분양한다. 전용면적 60㎡ 초과~85㎡ 이하는 가점 70%, 추첨 30%로 분양한다. 중소형 주택의 추첨제 비율이 높아지는 대신 전용면적 85㎡ 초과 아파트는 가점제 물량이 기존 50%에서 80%로 확대되고 추첨 물량은 줄어든다.

아울러 내년 2월부터 무순위 청약에서 거주 지역 요건이 폐지된다. 국토부는 최근 가파른 금리 인상, 집값 하락세 등에 따라 무순위 청약이 지속적으로 발생하고 있어 지역 거주 요건을 폐지하기로 했다. 현재는 규제 지역 내 무순위 청약 신청 자격을 '해당 시·군 거주 무주택자'로 제한하고 있다.

김은정 기자, 〈한국경제〉, 2022. 12. 15

① **주택 분양에 가점제를 적용하면 불리해지는 계층은 누구일까요.**

→ 청년층과 신혼부부, 부양가족이 적고 무주택 기간이 짧아 점수가 낮음

② **가점제를 추첨제로 전환하면 어떤 변화가 있을까요.**

→ 가점에 관계없이 누구나 동등한 확률로 청약에 도전할 수 있음

③ **무순위 청약에서 거주지역 요건을 없애면 어떤 효과가 있을까요.**

→ 청약을 신청할 수 있는 사람이 늘어나 주택 수요 회복에 도움

살면서 한번쯤 내 집 마련을 계획한다면 사회생활을 시작하자마자 만들어둬야 할 통장이 있다. 바로 주택청약종합저축이다. 주택청약은 새로 지은 아파트를 구입하겠다고 신청하는 절차를 말한다. 청약에서 당첨돼야 분양받을 수 있는데, 청약하려면 이 통장이 필요하다. 이미 2,000만 명 넘게 가입한 통장이니 무주택자라면 일찌감치 시작하길 권한다. 은행예·적금과 비슷한 금리로 이자도 붙는다.

정부는 새 집이 절실한 사람에 더 많은 기회를 준다는 취지에서 2007년 청약가점제를 도입했다. 지역과 면적에 따라 물량의 일정 비율을 할당해 청약가점제를 적용하고 있다. 청약가점제는 무주택 기간, 부양가족 수, 청약통장 가입 기간을 점수화해 분양 당첨자를 선정하는 제도다. 청약가점은 84점 만점으로 부양가족 수에 35점, 무주택 기간에 32점, 청약통장 가입 기간에 17점이 배정된다. 젊은 층에게는 불리한 측면이 있는 제도다.

정부는 새 아파트가 너무 비싸지는 것을 막기 위해 분양가상한제라는 제도도 두고 있다. 분양가상한제는 말 그대로 새로 분양하는 아파트 가격에 상한선을 설정하는 것이다. 공공기관이 개발·공급한 택지에는 2005년부터 적용됐는데, 2019년에는 투기과열지구의 민간 아파트로 대상이 넓어졌다. 당시 정부가 이 제도를 확대한 이유는 비싸게 분양된 새 아파트가 주변의 기존 주택값까지 끌어올리는 현상이 나타났기 때문이다.

분양가상한제는 주택 실수요자에게 보다 저렴한 비용으로 내 집 마련 기회를 주는 측면이 있다. 하지만 부동산시장 전문가들은 대체로 이 제도에 찬성하지 않는다. 사유재산인 민간택지에서 가격을 직접 통제하면 당장은 억제 효과를 낼 수 있겠지만 중·장기적으로 후유증이 더 크다는 이유에서다.

분양가가 낮아지면 재건축조합과 건설사 입장에선 수익성이 떨어지므로 재건축·재개발 사업을 미루거나 접게 된다. 이렇게 되면 인기 지역의 주택 공급이 위축될 수 있다. 또 당첨만 되면 시세보다 훨씬 낮은 가격에 '로또 아파트'를 얻는 셈이어서 청약 열기를 오히려 과열시킬 여지가 있다. 분양가를 내리면 공사비도 깎아야 하는 만큼 건축물 품질을 떨어뜨릴 것이란 지적도 있다.

| 참고 |

재개발 vs 재건축

재개발과 재건축은 '개발 호재'로 묶여 언급될 때가 많지만 개념상 차이점은 크다. 국내에는 1970~1980년대 대량 공급된 노후주택이 밀집해 체계적 정비가 필요한 지역이 꽤 있다. 도로·상하수도·공원 등 기반시설은 상태가 괜찮지만 건물들이 낡아 문제인 곳도 있고, 달동네처럼 주택과 기반시설 모두 뒤처진 곳도 있다. 재개발은 기반시설을 포함해 주거환경 전반을 개선하는 사업이다. 특정 지역을 아예 싹 갈아엎고 주택·도로·상권 등을 다시 배치한다. 공공성이 강한 도시계

획 정책으로 인정돼 토지 강제수용까지 허용된다. 반면 재건축은 기반시설은 그

대로 두고 건물만 새로 짓는 사업이다. 재개발에 비해 지역 범위가 좁고 기존 집

주인이 큰 혜택을 보는 사익성 사업에 가깝다.

아파트를 더 넓게, 더 높게
건폐율과 용적률? 공급면적과 전용면적?

누군가 나에게 서울 도심의 널찍한 금싸라기 땅을 선물하면서, 원하는 모양대로 새 건물도 하나 지어주기로 약속했다고 해 보자. 대부분의 사람은 최대한 크고 높은 빌딩을 짓길 원할 것이다. 부동산 가치와 임대수익을 극대화하려면 당연한 선택이다. 하지만 현실에서는 넓이와 높이를 마음대로 정할 수 없다. 건폐율과 용적률에 제한이 있기 때문이다.

건폐율은 건물을 얼마나 '넓게' 지을 수 있는지를 나타내는 지표다. 전체 대지면적(땅 넓이)에서 건축면적(1층의 바닥면적)이 차지하는 비율을 말한다. 예를 들어 위에서 내려다봤을 때 1,000㎡ 대지 위에 600㎡의 건물이 있다면 건폐율은 60%가 된다. 나머지 40%는 마당이나 녹지공간이 된다. 하나의 대지에 2개 이상의 건축물이 들어서면 건축면적의 합계로 계산한다.

용적률은 건물을 얼마나 '높게' 지을 수 있는지를 뜻한다. 전체 대지면적에서 건축물의 연면적(모든 층 바닥면적의 합계)이 차지하는 비율이다. 예를 들어 1,000㎡ 대지에 바닥면적이 각각 400㎡인 2층 건물이 서 있다면, 연면적은 800㎡(1층 400㎡+2층 400㎡)이기 때문에 용적률은 80%가 된다. 참고로 용적률을 계산할 때 지하층이나 주민 공동시설 등은 제외한다.

건폐율과 용적률을 정하는 이유는 도시를 쾌적하게 유지하기 위해서다. 건물이 다닥다닥 붙어있고 초고층 빌딩이 빽빽하게 들어서면 미관상 답답할 뿐만 아니라 일조, 채광, 통풍 등에도 지장이 많다. 용적률은 재개발·재건축 사업에 있어 수익성과 직결되는 요소이기도 하다. 용적률이 높으면 분양물량이 증가해 투자 수익이 높아진다. 하지만 무조건 용적률이 높다고 좋은 것도 아니다. 아파트를 재건축할 때는 토지에 대한 지분을 세대주들이 나눠 가져야 하는데, 용적률이 클수록 세대 수가 늘어나 대지 지분은 더욱 잘게 쪼개진다.

건폐율과 용적률은 국토계획법에서 최대 한도 범위를 규정하고 있으며, 이를 근거로 각 지방자치단체가 지역 상황에 맞게 정하고 있다.

부동산 뉴스에서는 시세나 규제 지역 못지않게 다양한 종류의 면적도 등장한다. 전용면적부터 공급면적, 공용면적, 서비스면적에 이르기까지 용어도 제각각이다. 집을 고를 때는 어떤 것을 중요하게 봐야 할까.

실수요자에게 가장 중요한 것은 전용면적이다. 전용면적은 주택 소유자가 독점적으로 사용하는 공간의 넓이다. 방, 주방, 거실, 욕실, 화장실 등이 포함된다. 쉽게 말해 현관문을 열고 들어가면 나오는 '우리 가족만의 공간'이라 보면 된다. 아파트 청약, 세금 부과, 부동산 규제 등도 전용면적을 기준으로 이뤄진다.

공용면적은 여러 사람들이 함께 쓰는 공간의 넓이로, 주거공용면적과 기타공용면적으로 나뉜다. 주거공용면적은 공동현관, 계단, 엘리베이터, 복도 등 같은 동 주민들과 공동 사용하는 면적이다. 기타공용면적은 주차장, 경비실, 관리사무소 등 건물 밖 부대시설의 면적이다. 분양 광고나 매물 정보에는 전용면적과 함께 공급면적이 표시된다. 공급면적은 전용면적과 주거공용면적을 합친 것을 말한다.

서비스면적은 건설사가 '덤'으로 제공하는 공간의 넓이다. 대표적인 사례가 발코니다. 발코니 공간은 전용면적, 공용면적, 공급면적 등 어디에도 포함되지 않지만 집주인이 사실상 마음대로 쓸 수 있다. 똑같은 전용면적의 아파트라면 발코니가 있는 곳이 유리한 셈이다. 건설사들은 한 뼘이라도 숨은 공간을 찾아내 집을 넓게 쓸 수 있도록 아이디어를 짜내고 있다.

intro

투자자들의 관심이 세계로 확장하면서 경제매체들의 취재 영역 또한 넓어지고 있다. 요즘 경제신문을 과거와 비교해 보면 글로벌 뉴스의 비중이 확연히 커졌다. 첨단 기술이 쏟아지는 해외 박람회나 투자 거물들이 집결하는 국제 행사에 참여하는 한국 기자단의 규모는 해마다 커지는 추세다. 국내에 있는 독자들도 꼭 눈여겨봐야 할 '빅 이벤트'를 정리했다.

'글로벌 개미'가
주목해야 할
해외 이벤트

FOMC (Federal Open Market Committee)

미국 중앙은행(Fed) 산하의 연방공개시장위원회를 말한다. 매년 8회 열리는 FOMC 정례회의에서는 미국의 기준금리가 결정된다. Fed 의장을 포함한 12명이 투표권을 갖고 있다. 세계적으로 여러 중앙은행이 있지만 가장 큰 영향력을 행사하는 곳은 역시 미국인 만큼 투자자들은 이들이 무슨 생각을 하고 있는지를 궁금해한다. 정례회의 3주 뒤에는 회의록이 공개돼 통화정책에 관한 FOMC 위원들의 생각을 보다 상세히 확인할 수 있다. Fed 의장이 분기에 한 번씩 언론 앞에 나서 발언하는 기자회견도 주목해야 할 일정이다.

2023년 주요국 중앙은행의 기준금리 회의 일정

미국	한국	유럽연합	일본	영국
1월 31일~2월 1일	1월 13일	2월 2일	1월 17~18일	2월 2일
3월 21~22일	2월 23일	3월 16일	3월 9~10일	3월 23일
5월 2~3일	4월 13일	5월 4일	4월 27~28일	5월 11일
6월 13~14일	5월 25일	6월 15일	6월 15~16일	6월 22일
7월 25~26일	7월 13일	7월 27일	7월 27~28일	8월 3일
9월 19~20일	8월 24일	9월 14일	9월 21~22일	9월 21일
10월 31일~11월 1일	10월 19일	10월 26일	10월 30~31일	11월 2일
12월 12~13일	11월 30일	12월 14일	12월 18~19일	12월 14일

잭슨홀 미팅 (Jackson Hole Meeting)

미국 캔자스시티연방은행이 매년 8월 와이오밍주 휴양지 잭슨홀에서 개최하는 경제정책 심포지엄이다. 주요국 중앙은행 수장과 경제 전문가들이 만나 경제 현안을 논의하는 자리다. 원활한 토론을 이유로 120명 정도만 초청한다. 여기서도 세간의 관심은 미국 중앙은행(Fed) 의장의 입에 집중된다. 2010년 벤 버냉키 당시 Fed 의장은 잭슨홀 미팅 연설에서 2차 양적완화 정책을 처음 언급했다. 2022년에는 제롬 파월 Fed 의장이 기준금리를 계속 큰 폭으로 인상하겠다는 발언으로 세계 증시를 뒤집어놨다. 파월은 8분짜리 연설에서 '인플레이션'이란 단어를 45차례 언급하며 작심한 듯 강력한 긴축 의지를 드러냈다.

양회 (兩會)

매년 3월 초 베이징에서 열리는 중국 최대 정치행사다. 전국인민대표회의(전인대)와 전국인민정치협상회의(정협)을 합쳐 양회라 부른다. 그해 중국의 경제성장률 목표치와 주요 정책 방향이 공개된다는 점에서 늘 국제사회의 주목을 받는다. 전인대는 우리나라로 치면 국회 격으로 국가의사결정권, 입법권 등을 가진 중국 최고 국가권력기관이다. 전인대에서 총리는 업무보고를 통해 전년도 경제 상황을 정리하고 향후 경제정책과 사업계획을 발표한다. 정협은 중국 공산당이 정책을 결정할 때 의견을 수렴하는 국정 자문기구다. 전인대에 의견을 낼 수는 있지만 직접 법을 제정하거나 정책을 결정할 수는 없다.

블랙 프라이데이/광군제 (Black Friday/光棍節)

블랙 프라이데이는 미국 유통업체들이 추수감사절 다음 날인 11월 마지막 주 금요일에 벌이는 대규모 할인 행사를 말한다. 평소 적자(red)를 보던 상점도 이때만큼은 흑자(black)로 돌아설 정도로 손님이 많다고 해서 붙은 이름이다. 블랙 프라이데이를 신호탄으로 개막하는 연말 쇼핑 시즌은 미국 유통업체 1년 매출의 20% 이상을 차지해 미국의 소비 심리를 파악하는 잣대로도 활용된다. 광군제는 중국 유통업체들이 11월 11일에 벌이는 할인 행사다. 2009년 알리바바가 '솔로의 날'을 기념해 독신자를 위한 세일을 시작한 것이 판이 커졌다. 해외 직구가 대중화하면서 이들 행사는 한국인에게도 익숙한 쇼핑 축제가 됐다.

춘제/국경절

중국의 양대 연휴로 각각 7일씩 긴 휴일이 주어진다. 춘제는 우리나라

의 음력 설과 같은 명절이며 국경절은 중국의 건국 기념일(10월 1일)을 가리
킨다. 연휴 기간 주식시장이 쉬는 것은 물론이고 '민족 대이동'이 이뤄지
면서 경제에 미치는 파급효과가 상당하다. 해외로 여행을 떠나는 중국인
이 늘면서 한국을 포함한 여러 나라가 '관광 특수'를 누린다. 춘제와 국경
절은 중국 내수시장 상황을 가늠할 수 있는 기회라는 점에서도 중요하다.
외식을 하고 공연을 보거나 선물을 주고받는 사람이 워낙 많기 때문이다.
다만 코로나 사태와 같은 특수 상황에서는 확진자 급증을 유발하는 경제
의 불안 요인으로 작용하기도 했다.

미국경제학회

매년 1월 개최되는 미국경제학회 연례총회는 국내외 경제학자들의 지
식 향연장으로 꼽힌다. 노벨경제학상 수상자를 비롯한 세계적 석학들
이 총출동해 실물경제를 진단하고 통화·재정정책 방향을 제언한다. 500
개 넘는 학술 세미나가 열려 다양한 논문이 발표되기도 한다. 다보스포럼
이나 밀컨 콘퍼런스와 비교하면 학구적 분위기가 강하다고 볼 수 있다.
1885년 설립된 미국경제학회는 세계에서 가장 큰 경제학 학술단체인데
언론에 따라 '전미경제학회'로 쓰기도 한다. 이 학회가 발행하는 '아메리칸
이코노믹 리뷰'는 경제학계에서 가장 권위 있는 학술지로 인정받고 있다.

다보스포럼

스위스의 비영리재단인 세계경제포럼(WEF)이 개최하는 연차총회다. 매년 1월 스위스의 지방 휴양지 다보스에서 열려 다보스포럼이라는 별칭으로 더 많이 불린다. 정계·학계·재계 유명 인사들이 총집결해 세계가 직면한 정치·경제 현안을 논의한다. 다보스포럼은 4차 산업혁명, 기후변화, 경제적 불평등 같은 거대 담론을 선제적으로 제시하는 싱크탱크 역할을 해 왔다. 하지만 '억만장자의 사교 모임'이라는 비판도 많이 받아왔다. 3만 달러에 육박하는 참가비를 내고 온 부자들끼리 친목 쌓는 자리에 불과하다는 것이다. 행사장 주변은 반(反)세계화를 외치는 시민단체 활동가들의 시위 무대가 되기도 한다.

밀컨 글로벌 콘퍼런스

미국 밀컨연구소가 매년 4월 로스앤젤레스에서 여는 민간 회의다. 금융회사 최고경영자(CEO)와 고위 경제 관료들이 한데 모이는 '미국판 다보스포럼'이라는 별명을 갖고 있다. 월스트리트 거물들이 경기 진단, 국제 질서, 산업 트렌드, 투자 전략 등을 놓고 다양한 시각을 제시한다는 점에서 국내외 주식 투자자들이 관심을 갖고 보는 행사다. 밀컨연구소는 1980년대 미국에서 고수익·고위험 채권 투자로 떼돈을 벌어 '정크본드의

제왕'으로 군림했던 마이클 밀컨이 설립한 싱크탱크다. 밀컨은 주가조작
과 내부자거래로 감옥에 다녀온 이후 자선 사업가로 변신한 인물이다.

CES/MWC/IFA

세계 3대 정보기술(IT) 박람회로 산업의 첨단 트렌드를 한눈에 볼 수 있
는 자리다. CES(Consumer Electronics Show)는 매년 1월 미국 라스베이거스에
서 열린다. 가전제품 전시회로 출발했지만 최근 모빌리티·인공지능·메
타버스 등으로 전시 영역이 넓어지면서 혁신 기술의 각축장으로 변신했
다. MWC(Mobile World Congress)는 2월 스페인 바르셀로나에서 개최된다. 최
신 스마트 기기와 통신 기술이 이곳에서 많이 공개된다. IFA(Internationale
FunkAusstellung Berlin)는 9월 독일 베를린에서 열리는데 가전제품이 주인공이
다. 역사가 가장 오래된 산업 박람회로도 유명하다.

애플 WWDC/'구글 I/O'

'IT 덕후'라면 세계적인 기술 기업들이 매년 자체적으로 개최하는 개
발자 콘퍼런스에도 관심을 가져볼 만하다. 애플이 6월마다 여는 '세계
개발자회의(WorldWide Developers Conference)'와 구글이 매년 5월 진행하는 'I/

O(Input/Output)'가 가장 유명하다. 시작은 업계 전문가들을 위한 행사였지만 두 기업의 신제품과 운영체제(OS)도 이 자리에서 공개되면서 대중적으로도 큰 관심을 받게 됐다. 마이크로소프트·엔비디아·메타 등도 연례 개발자 행사를 개최하고 있다. 이런 행사는 주로 미국 실리콘밸리 인근의 대형 행사장에서 열렸지만 코로나 사태 이후 온라인으로 바뀌는 추세다.

intro

경제 용어 중에는 언뜻 보기엔 딱딱해도 그 유래만 알면 쉽게 이해되는 비유적 표현이 많다. 동물이나 색깔에서 의미를 따온 것도 있고, 스포츠와 밀접한 것도 있고, 일상에서 쉽게 볼 수 있는 물건이 등장하기도 한다. 경제뉴스 읽는 맛을 더 해주는 재미난 용어들을 모아봤다. 기사를 술술 이해하는 데 도움이 될 것이다.

알고 보면
정말 쉬운
경제 용어

불 마켓/베어 마켓 (bull market/bear market)

증시가 강세를 보이면 불 마켓(황소장), 약세를 보이면 베어 마켓(곰장)이라 부른다. 황소가 상승, 곰이 하락을 의미하게 된 데는 여러 설(說)이 있다. 우선 두 동물의 자세와 공격 성향이다. 황소는 뿔을 높이 치켜들고 있고, 다른 동물을 공격할 때 위로 들이받는다. 곰은 느릿느릿 굼뜨게 움직이는 데다, 싸울 때 상대방을 아래로 내리찍는다. 1900년대까지 미국 캘리포니아에서는 황소와 곰의 싸움이 스포츠로 인기를 누렸다고 한다. 수시로 등락을 거듭하며 투자자를 긴장시키는 주식시장의 속성과 잘 들어맞는다. 서울 여의도, 미국 뉴욕, 독일 프랑크푸르트 같은 금융 중심지에는 상승장을 기원하는 의미에서 웅장한 황소상을 세워놓고 있다.

비둘기파/매파 (the doves/the hawks)

통화정책에서 비둘기파는 완화론자, 매파는 긴축론자를 가리킨다. 비둘기파는 경제가 원활하게 돌아갈 수 있도록 기준금리를 인하하고 시중에 돈을 풀자는 입장이다. 반면 매파는 경제가 과열되고 물가가 뛰는 일을 막기 위해 기준금리를 인상하고 돈을 거둬들이자고 주장한다. 중앙은행의 결정은 비둘기파와 매파의 치열한 내부 토론을 거친 결과물이다. 이 표현은 원래 외교정책에서 먼저 쓰였다. 1960년대 베트남전 당시 확전을 주장하는 강경파를 매에, 전쟁의 최소화를 원하는 온건파를 비둘기에 빗댄 것이 통화정책 분야로 확장했다. 경제 분석가들은 중앙은행에서 발언권을 쥔 인사들의 성향을 비둘기와 매로 분류해 정책 방향을 예측하기도 한다. 매파도 비둘기파도 아닌 중립적 입장은 올빼미파라 부르기도 한다.

블랙 스완/회색 코뿔소 (black swan/gray rhino)

경제에 큰 위기를 불러올 수 있는 잠재적 불안 요인들을 경고하는 기사에서 두 표현을 자주 볼 수 있다. 블랙 스완은 우리말로 검은 백조다. 평소에는 가능성이 극히 낮아 보이지만 일단 발생하면 엄청난 충격을 가져오는 사건을 비유하는 말이다. 백조는 모두 하얀 줄로만 알았던 유럽인들이 1697년 오스트레일리아에서 검은 백조가 실존하는 걸 발견하고 깜짝 놀란 데서 유래했다. 회색 코뿔소는 발생 가능성이 충분히 예상되지만 대비하지 않고 간과하고 있는 위험 요인을 뜻한다. 코뿔소는 덩치가 커서 멀리서 달려올 때부터 쉽게 알아챌 수 있는데도 가만히 있다가 큰 위험에 빠지는 상황을 떠올리면 된다.

메기 효과 (catfish effect)

강력한 경쟁자의 등장을 계기로 다른 기업들의 역량도 강해지는 현상을 뜻한다. 건전한 경쟁을 촉진하면 결국 모두에게 이익이 될 수 있음을 상징하는 용어다. 과거 북유럽 어부들이 바다에서 잡은 정어리를 항구까지 싱싱하게 운반하기 위해 어항에 천적인 메기를 풀어놨던 데서 유래했다. 원래 정어리는 그냥 놔두면 금세 죽어버리지만, 메기가 있으면 잡아먹히지 않으려 필사적으로 움직여 오랫동안 살아남았다. 생존이 걸린 절체절명의 상황에 직면할 때 숨은 잠재력을 발휘해 위기를 헤쳐나가는 습성은 물고기뿐 아니라 기업도 마찬가지다.

카피캣 (copycat)

복사(copy)와 고양이(cat)을 합친 말이다. 독창성 없이 남을 모방하기에 급급한 기업이나 제품을 비하해 부르는 표현이다. 아무래도 중국 기업들이 대표적인 카피캣 사례일 것이다. 중세 유럽에서는 고양이를 불길한 동물로 여겼고, 경멸하는 사람을 고양이라 부르기도 한 데서 유래한 것으로 알려져 있다. 사실 치열한 연구개발(R&D) 전쟁이 벌어지는 산업 현장에서 누가 원조이고 누가 카피캣이냐를 따지는 건 큰 의미가 없을 때도 많다. 선두 기업의 장점을 발 빠르게 흡수해 격차를 좁히는 것이 '빠른 추격자',

이른바 패스트 팔로어(fast follower)라는 전략으로 불리기도 한다.

히든 챔피언 (hidden champion)

외형이 작아 널리 알려지지 않았지만 자신의 분야에서 세계적 경쟁력을 갖춘 강소기업을 말한다. 경영학자 헤르만 지몬의 베스트셀러《히든 챔피언》을 통해 유명해진 단어다. 지몬은 세 기준을 충족시키는 기업을 히든 챔피언으로 정의했다. 첫째, 시장 점유율이 세계 1~3위거나 해당 기업이 속한 대륙에서 1위여야 한다. 둘째, 연 매출액이 40억 달러 이하여야 한다. 셋째, 대중적인 인지도가 높지 않은 기업이어야 한다. 사업 범위를 좁지만 명확하게 설정하고, 내수시장을 벗어나 세계화를 통해 광범위한 수요를 발굴하는 전략을 구사하는 것이 이들의 특징이다. 제조업 강국 독일이 히든 챔피언 기업이 많은 나라로 유명하다.

피터팬 증후군 (peter pan syndrome)

중소기업이 중견기업으로 올라서면 각종 정부 지원이 끊기고 규제가 강화되는 점을 꺼려 계속 중소기업으로 남으려 하는 현상이다. 영원히 어린아이이고 싶어하는 장난꾸러기 소년인 영국 동화 속 피터팬에서 유래했다. 중소기업이 중견기업으로 올라서는 순간 잃는 게 너무 많기 때문이다. 국내 중소기업은 조세, 금융, 인력, 판로, 보조금 등에서 500종에 가까운 정책 지원을 받는다. 하지만 중견기업이 되면 지원은 70개로 줄어들고 규제는 대폭 늘어난다. 정부의 공공구매 입찰에는 중소기업만 지원할 수 있는 품목도 많다. 일각에선 이런 '중소기업 과보호 정책'이 피터팬 증후군을 부추기고 있다고 지적한다.

유니콘 (unicorn)

기업가치가 10억 달러(국내에선 통상 1조 원)를 넘어선 비상장 스타트업을 뜻한다. 신화 속 동물인 유니콘과 같이 현실에서 보기 쉽지 않다고 해서 붙은 이름이다. 유니콘은 많은 스타트업 창업자들의 꿈이라 할 수 있다. 스타트업의 몸값이 조(兆) 단위에 진입했다는 것은 일정 수준 이상의 성과를 이룬 '대박 벤처'로 공인받았다는 의미가 있다. 기업가치가 더 높아져 100억 달러를 돌파하면 데카콘(decacorn), 1,000억 달러를 넘어가면 헥토콘(hectocorn)이라 한다. 물론 유니콘에 오른다고 탄탄대로가 보장되는 건 아니다. 사업이 지속적으로 성장하지 못해 기업가치가 떨어지면서 유니콘에서 탈락하는 사례도 있다.

특허괴물 (patent troll)

특허관리전문회사(NPE)를 북유럽 신화 속 괴물에 빗대 비판적으로 부르는 표현이다. NPE는 개인과 기업이 보유한 특허를 사들인 뒤 이를 침해했다고 판단되는 기업에 소송을 제기해 합의금·로열티 등으로 수익을 얻는 회사다. 특허를 '돈을 받아내는 도구'로만 활용하기 때문에 기술 개발과 산업 발전이라는 특허 제도의 취지에 어긋난다는 비판을 많이 받는다. 삼성·LG·애플·구글·아마존 같은 정보통신기술(ICT) 기업이 주된 먹잇감이다. 한편에선 "특허괴물을 꼭 나쁘게만 볼 필요는 없다"는 반론도 나온다. 지식재산권을 기반으로 수익을 추구하는 것은 부동산 임대와 다를 바 없는 정당한 사업모델이라는 것이다.

베이지 북/그린 북 (beige book/green book)

베이지 북은 미국 중앙은행(Fed)이 연 8회 발행하는 미 경제 동향 종합 보고서다. 책 표지가 베이지색이어서 이렇게 부른다. 베이지 북에는 Fed 산하 지역 연방준비은행이 기업인, 경제학자 등 시장 전문가의 견해와 각 지역의 산업생산 활동, 소비 동향, 물가, 노동시장 상황 등 경기지표를 분석한 내용이 담겨 있다. 미국의 금리 정책을 논의할 때 주요 참고자료로 활용된다. 그린 북은 한국 기획재정부가 정기적으로 발간하는 경제 동향

보고서다. 베이지 북과 마찬가지로 표지가 초록색이어서 그린 북이라 한다. 매달 한 번씩 한국은행 금융통화위원회를 앞두고 나온다. 각종 통계와 더불어 경제 상황에 대한 정부의 진단과 평가까지 확인할 수 있다.

커플링/디커플링 (coupling/decoupling)

흔히 커플링이라 하면 연인끼리 끼는 반지를 떠올리게 되지만, 경제에서는 한 나라의 경제가 다른 나라나 지역의 경제와 비슷하게 흘러가는 동조화 현상을 의미한다. 예를 들어 증시에서 "미국이 재채기를 하면 한국은 감기에 걸린다"는 말이 있는데 두 시장이 단단히 묶여 비슷하게 움직인다는 뜻으로 이해하면 된다. 커플링은 주가, 환율, 금리, 경제성장률 등 다양한 지표를 설명하는 데 활용할 수 있다. 세계 모든 나라가 끊임없이 영향을 주고받는 상황에서 어느 정도의 커플링은 당연한 현상일 것이다. 하지만 특정 국가나 시장이 독자적으로 움직일 때도 많이 있다. 이런 탈동조화 현상은 디커플링이라 부른다.

골디락스 (Goldilocks)

경제성장률과 고용지표가 좋으면서 물가상승률도 안정적인 최적의 호황 상태다. 영국의 전래동화《골디락스와 세 마리 곰》에 등장하는 골디락스라는 이름의 금발머리 소녀에서 따온 표현이다. 숲속을 헤매던 골디락스는 우연히 들어간 집에서 곰이 끓여놓고 간 수프 세 그릇을 발견했다. 첫 번째 수프는 너무 뜨거웠고, 두 번째 수프는 너무 차가웠다. 세 번째 수프는 딱 먹기 좋은 따뜻한 상태였다. 너무 또겁지도 차갑지도 않은 적당한 온도의 수프를 싹싹 비운 골디락스는 단잠에 빠져들었다. 골디락스 경제의 대표적 사례로는 1996~2005년 미국이 누린 장기 호황을 들 수 있다.

소프트 랜딩/하드 랜딩/더블 딥 (soft landing/hard landing/double dip)

경기 침체를 묘사하는 표현이다. 소프트 랜딩은 비행기가 활주로에 부드럽게 내려앉는 연착륙(軟着陸)에서 유래했다. 급격한 경기 침체나 실업 증가를 야기하지 않고 경제가 서서히 둔화하는 것이다. 반면 하드 랜딩은 비행기가 부서질 듯 거칠게 내려앉는 경착륙(硬着陸)이다. 경기가 갑자기 얼어붙으면 가계·기업·정부 모두에 충격이 크고 회복에도 오랜 시간이 걸릴 수밖에 없다. 불황을 달가워할 사람은 아무도 없지만, 피할 수 없다면 경착륙보다는 연착륙이 차라리 나을 것이다. 더블딥은 반짝 좋아질 조짐을 보이던 경기가 다시 주저앉는 상황을 말한다. 두 번이라는 뜻의 더블, 급강하를 의미하는 딥을 합친 말이다.

랠리 (rally)

증시가 약세에서 강세로 전환하는 것을 말한다. 원래 자동차의 질주, 배구의 난타전 등을 가리키는 스포츠 용어지만 박진감 넘치는 그 느낌을 본떠 경제 용어로도 쓰인다. 랠리에는 여러 종류가 있다. 여름에 나타나는 급등장은 서머 랠리(summer rally)라 한다. 긴 휴가를 떠나기 전 미리 주식을 사두려는 수요가 몰리면서 증시의 단기 상승으로 이어진다는 속설이다. 새 정부가 출범한 직후 주가가 오르는 현상은 허니문 랠리(honeymoon rally)라 부른다. 대선이 끝나 정치·사회적 불확실성이 해소된 데다 정권에 대한 기대감이 반영돼 주가 상승을 견인하는 것이다. 크리스마스 전후의 연말 상승장은 산타 랠리(santa rally)라 한다.

어닝 쇼크/어닝 서프라이즈 (earning shock/earning surprise)

상장사들은 1년에 네 차례 분기별 실적을 발표한다. 매출·영업이익·순이익을 비롯해 경영 성과를 보여주는 주요 지표가 투자자들에게 공개된다. 기업들의 실적이 줄줄이 발표되는 시기를 어닝 시즌(earning season)이라 부른다. 발표된 실적이 시장의 예상치를 한참 밑돌면 투자자를 충격에 빠뜨렸다고 해서 어닝 쇼크라 한다. 반대로 예상을 훨씬 뛰어넘는 호실적을 공개하면 투자자들을 기분 좋게 놀래켰다고 해서 어닝 서프라이즈라 한다. 항상 그런 건 아니지만 일반적으로 어닝 쇼크는 주가에 악재로, 어닝 서프라이즈는 호재로 작용한다. 실적이 예상과 비슷하게 나오면 주가는 무덤덤한 반응을 보일 때가 많다.

사이드 카/서킷 브레이커 (side car/circuit breaker)

증시 급변동으로 인한 충격을 막기 위해 거래를 잠시 멈추는 안전장치다. 사이드 카는 코스닥·코스피 선물가격이 짧은 시간에 너무 오르거나 떨어지면 프로그램 매매를 5분간 중단시키는 제도다. 달리는 차 옆에 따라붙어 과속을 막는 경찰차에서 유래한 용어다. 선물시장의 급변동이 전체 증시의 불안으로 옮겨붙기 전 싹을 잘라내는 역할을 한다. 서킷 브레이커는 코스닥·코스피지수가 일정 수준 이상 하락하면 전체 거래를 일시 중단하는 제도다. 전기가 과열되면 자동으로 회로를 차단하는 두꺼비집에서 따온 이름이다. 사이드 카가 증권시장의 '경계경보'라면, 서킷 브레이커는 상황이 더 심각해질 때 발령하는 '공습경보'라 할 수 있다.

황제주/동전주

황제주는 보통 한 주에 100만 원을 넘는 초고가 주식을, 동전주는 1,000원이 안 되는 값싼 주식을 비유하는 말이다. 정식 증시 용어가 아니고 일종의 별명이다. 황제주는 주식시장을 대표하는 종목이라는 상징성은 있지만 가격이 너무 비싸면 거래량이 줄어들어 유동성이 떨어질 수 있다. 그래서 주가가 너무 많이 뛴 기업은 액면분할을 단행하는 경우가 많다. 동전주가 되는 이유는 다양하다. 주식이 너무 저평가됐거나 액면분할이 매우 잘게 이뤄져서일 수도 있고, 기업가치가 정말 형편없어서일 수도 있다. 동전주는 손쉽게 대량으로 살 수 있다는 점 때문에 작전세력의 표적이 되기도 하니 종목을 꼼꼼하게 검토하고 투자하는 게 좋다.

치킨 게임/제로섬 게임 (chicken game/zero-sum game)

시장에서 경쟁이 과열된 모습을 가리키는 표현들이다. 치킨 게임은 다른 업체를 무너뜨리기 위해 가격 폭락, 수익 감소 등을 감수하며 벌이는 출혈 경쟁을 뜻한다. 원래 치킨 게임은 1950년대 미국의 객기 넘치는 젊은이들에게 유행했던 경기다. 두 명이 도로 양쪽에서 차를 몰고 정면 돌진하다가 먼저 핸들을 꺾어 피하는 사람이 지는 것이었다. 제로섬 게임은 승자의 득점과 패자의 실점을 더하면 항상 0이 되는 상황을 말한다. 상대방이 무언가를 얻으면 나는 반드시 잃기 때문에 극한 경쟁이 불가피하다. 제로섬 게임과 달리 참가자 모두가 이득을 보는 것은 '포지티브섬 게임'이라 한다.

블루 오션/레드 오션 (blue ocean/red ocean)

블루 오션은 경쟁자가 없는 새로운 유망 시장을, 레드 오션은 경쟁이 매우 치열한 포화 시장을 의미한다. 2005년 프랑스 인시아드 경영대학원의 김위찬 교수와 르네 마보안 교수가 쓴 베스트셀러《블루오션 전략》을 통해 유명해진 개념이다. 레드 오션은 성장의 한계가 명확해 소모적 경쟁이 벌어지는 시장이다. 블루 오션은 기존에 존재하지 않았거나 알려지지 않았던 새로운 시장이다. 경쟁자가 없으니 선점하면 고수익과 고성장을 독식할 수 있다. 물론 블루 오션은 영원히 푸르지 않다. 결국 여기에도 경쟁자가 뒤따라오기 때문이다. 꾸준한 연구개발(R&D)과 혁신으로 또 다른 블루 오션을 개척하는 것이 기업들의 숙제다.

카니발리제이션 (cannibalization)

동족 살해를 뜻하는 카니발리즘에서 유래한 단어다. 우리말로는 '자기잠식효과'라 부른다. 기업이 새로 내놓은 제품이 매출 증대에 기여하는 게 아니라 오히려 기존 주력상품의 매출을 떨어뜨리는 현상이다. 기업들은 경쟁사의 시장 침투를 막기 위해 꾸준히 신제품을 출시하지만, 때론 카니발리제이션에 대한 두려움 때문에 머뭇거리다 기회를 놓치는 패착을 범하기도 한다. 하지만 뒤집어 보면, 자기잠식이 일어날 수 있다는 것은 시장에 아직 성장 가능성이 남아있다는 뜻도 되는 만큼 카리발리제이션을 지나치게 걱정하는 것은 바람직하지 않다.

유리천장 (glass ceiling)

여성들이 승진에서 받게 되는 보이지 않는 차별을 뜻한다. 겉보기엔 위로 쉽게 올라갈 수 있을 것처럼 투명하지만 실제론 막혀 있다는 얘기다. 1978년 경영 컨설턴트 메릴린 로덴은 미국 대기업에서 여성 임원의 비율이 현저히 낮지만 인사규정에는 이들이 불이익을 받을 만한 명시적 조항이 없다는 점을 발견했다. 기업들이 암묵적으로 백인 남성을 우대했고, 여성은 리더십이 부족한 존재로 여겼다고 결론지었다. 1986년 〈월스트리트저널〉에 〈유리천장〉이라는 제목의 기고문이 실리면서 이 표현은 세간에 널리 알려지게 됐다. 최근에는 여성뿐 아니라 유색인종과 소수자에 대한 차별로 의미가 넓어졌다.

팻 핑거 (fat finger)

금융회사 직원들이 거래 과정에서 주문을 잘못 입력해 생긴 사고다. '두꺼운 손가락' 탓에 키보드를 잘못 눌렀다는 데서 유래한 말이다. 의도

하지 않은 단순 실수일 때 쓰는 말이다. 2010년 미국에서는 한 투자은행 직원이 주식을 파는 주문을 내다가 m(100만)을 누른다는 게 b(10억)를 눌러버렸다. 비정상적인 주문에 여러 금융사의 프로그램 매매가 연쇄적으로 작동하면서 다우지수가 15분 만에 9.2% 폭락하는 일이 있었다. 국내에는 팻 핑거 때문에 파산한 회사도 있다. 2013년 한맥투자증권 직원이 옵션 상품 만기일을 365일이 아닌 0일로 잘못 입력해 하루 만에 463억 원의 손실을 냈고 결국 회복하지 못했다.

빅 배스 (big bath)

기업이 과거에 누적된 손실과 잠재적 부실 요소를 회계장부에 한꺼번에 반영해 모두 털어버리는 행위다. 부실을 감출 목적으로 회계장부를 조작하는 분식회계와 달리 불법이 아니다. 빅 배스는 보통 최고경영자(CEO)가 바뀌고 나서 이뤄지는 경우가 많은데 두 가지 이유 때문이다. 우선 취임 초기에는 실적이 좋지 않아도 "전임자 책임"이라는 변명이 통한다는 것이다. 이 시기에 잠재적인 부실 요인을 선제적으로 정리하면 남은 재임 기간 동안 부담이 줄어든다. 또 첫해 실적이 부진하면 이듬해에는 기저 효과 덕에 실적 상승세가 더욱 도드라져보이게 된다. 신임 CEO가 자신의 공을 더욱 부각시킬 수 있는 것이다.

왝더독 (wag the dog)

'꼬리가 몸통을 흔든다'는 뜻으로 증시에서 선물시장이 현물시장에 큰 영향을 미치는 현상이다. 투자심리가 위축된 약세장에서 주로 발생한다. 원래 주식시장에선 현물이 몸통, 선물이 꼬리 격이다. 선물은 현물 거래의 위험을 줄이기 위해 고안된 파생상품이기 때문이다. 하지만 선물시장 규모가 커지면서 현물시장을 좌지우지하는 일도 가능해졌다. 선물과 현물의 가격 차만 이용해도 돈을 벌 수 있어서다. 선물이 현물보다 싸면 선물을 사고 현물을 팔려는 수요가 늘고, 이렇게 되면 현물시장에 매도물량이 쏟아져 주가를 떨어뜨리는 요인이 된다. 반대로 선물이 현물보다 비싸면 현물 주식을 사려는 수요가 늘어 주가를 밀어올릴 수 있다.

쿼드러플 위칭 데이 (quadruple witching day)

주가지수 선물, 주가지수 옵션, 개별주식 선물, 개별주식 옵션의 만기일이 겹치는 날이다. 우리말로는 '네 마녀의 날'인데 마치 네 마녀가 빗자루를 타고 날아다니는 듯 정신이 없다는 뜻이다. 판타지 영화 제목 같은 낭만적인 이름이지만 투자자들에겐 불안한 날이다. 네 가지 파생상품의 만기가 동시에 돌아오는 영향으로 주식시장이 어느 방향으로 움직일지 예측하기 어렵다. 선물·옵션을 많이 들고 있는 기관들이 만기를 연장할 수도 있고, 물량을 그대로 시장에 쏟아낼 수도 있기 때문이다. 물론 보합세를 보이며 조용히 지나갈 때도 많다. 국내 증시의 쿼드러플 위칭 데이는 매년 3·6·9·12월 둘째 주 목요일이다.

아리랑본드/양키본드/사무라이본드

기업들은 회사채를 자기 나라에서 자국 통화로 발행하는 게 일반적이지만 다른 나라로 나가 찍기도 하는데 이런 채권을 국제채(international bond)라 한다. 국제채는 다시 발행국의 현지통화로 발행하는 외국채(foreign bond)와 제3국 통화로 발행하는 유로채(eurobond)로 나눈다. 외국채 사례로 해외 기업이 한국에서 원화로 발행한 채권인 아리랑본드를 들 수 있다. 외국채가 미국에서 발행되면 양키본드, 중국은 판다본드, 일본은 사무라이본드, 호주는 캥거루본드, 영국은 불독본드라 부른다. 유로채 중 홍콩에서 발행된 위안화 표시 채권은 딤섬본드라 한다.

한국경제신문

취업을
원한다면
테샛이 답

모든 기업이 인정하는

경제이해력 테스트

취업 모의고사 TESAT

▲ 테샛 홈페이지
(https://www.tesat.or.kr/)

▼ 테샛 정시 시험 일정 ▼

80회차	2023년 3월 18일(토)
81회차	2023년 5월 20일(토)
82회차	2023년 8월 19일(토)
83회차	2023년 9월 16일(토)
84회차	2023년 11월 18일(토)

* 정시시험 이외의 월에는 응시 수요를 파악하여
수시 시험을 진행합니다